Peter Filzmaier

DER ZUG DER LEMMINGE

Peter Filzmaier

DER ZUG DER LEMMINGE

Heute stehen wir am Abgrund, morgen sind wir einen großen Schritt weiter

ecowin

Peter Filzmaier
Der Zug der Lemminge
Heute stehen wir am Abgrund,
morgen sind wir einen großen Schritt weiter

FSC
Mix

Produktgruppe aus vorbildlich bewirtschafteten Wäldern
und anderen kontrollierten Herkünften

Zert.-Nr. SGS-COC-004295
www.fsc.org
© 1996 Forest Stewardship Council

Das für dieses Buch verwendete FSC-zertifizierte Papier
EOS lieferte Salzer, St. Pölten

Umschlagidee und -gestaltung: kratkys.net X

1. Auflage
© 2010 Ecowin Verlag, Salzburg
Lektorat: Dr. Arnold Klaffenböck
Gesamtherstellung: www.theiss.at
Gesetzt aus der Sabon
Printed in Austria
ISBN 978-3-902404-91-6

1 2 3 4 5 6 7 8 / 12 11 10

www.ecowin.at

Inhaltsverzeichnis

Vorwort

Ich bin ein Wiederholungstäter. Noch dazu einer, der immer weniger auf mildernde Umstände hoffen kann. Schon einmal wollte ich ein Buch schreiben, das frei von Fußnoten meine höchstpersönliche Sichtweise darstellte. Höchst subjektiv sagen, was mir auf dem Herzen liegt. Natürlich mit Argumenten auf fundierter Grundlage und auch auf Daten gestützt, jedoch ohne bis zur Fadesse sorgsame Abwägung. Stattdessen emotional. Für einen Wissenschaftler und Analytiker ist das ein Tabubruch. Bei meinem Erstversuch eines solchen Buches vor ein paar Jahren beschränkte ich mich allerdings auf mein Fachgebiet im engeren Sinn. Das spontan in den Computer geklopfte Werk hieß „Wie wir politisch ticken!" und beschrieb hauptsächlich Wahlprozesse und Medienabläufe. Wer sich wie ich mit politischer Kommunikation beschäftigt, hatte da wenigstens ein Heimspiel.

Nun werde ich rückfällig und wage mich an gesellschaftliche Problemfelder heran. Natürlich bilden Politik und Wahlen wiederum den Hintergrund, doch wollte ich auch zu Wirtschaftskrise, Generationskonflikt oder Ausländerthema meine Meinung schreiben. Ebenfalls als private Ansichten frei von akademischen Zwängen. Nicht zufällig waren daher erneut vor allem meine Zeitungskolumnen thematische Basis des Buches. „Filzmaier am Montag" erscheint seit 2007 wöchentlich in den „Salzburger Nachrichten", der „Kleinen Zeitung" Steiermarks und Kärntens, den „Oberösterreichischen Nachrichten" und der „Tiroler Tageszeitung". Hinzu kommen Gastkommentare in anderen Medien sowie die Stichworte vieler Vorträge.

Kolumnen und Kommentare sind ein Meinungselement. Um Missverständnissen vorzubeugen, wird das durch ein Kästchen jedem klargemacht. Wer also neutrale Analysen von den nachstehenden Kapiteln erwartet, den muss ich enttäuschen. Der Spaßfaktor des Buches beruht für mich ein zweites Mal darauf, frei von der Leber weg drauflosformulieren zu können. Mein Dank gilt daher jenen Chefredakteuren und Herausgebern, welche mich seit so langer Zeit ohne jedwede Beeinflussung in ihren Zeitungen schreiben lassen. Respekt gebührt auch dem ORF, der darauf vertraut, dass ich den Unterschied zwischen Analyse und Meinung kenne. Objektiv ist niemand, doch Professionalität bedeutet, nur am passenden Ort seine Privatmeinung hemmungslos auszuleben. Wahlsendungen sind nicht der richtige Platz dafür, das vorliegende Buch schon.

Ich hoffe, dass es trotzdem oder gerade deshalb viel Lesevergnügen bereitet, Anregungen für Diskussionen bietet und zum inhaltlichen Widerspruch einlädt. Das Gesagte versteht sich jedenfalls durchaus auch als Selbstkritik des Autors, da ich in Politik, Wirtschaft und Medien Teil der privilegierten Elite bin, welche den Zug der Lemminge betreibt.

PS: Meine Danksagung gilt zudem jenen Freunden und Kollegen aus Wissenschaft, Politik und Medien, welche mir Feedback zu den Buchkapiteln gaben und ihre Kritik einbrachten. Namentlich sind das insbesondere Maria Beyrl, Dagmar Dreger, Christina Hainzl, Flooh Perlot und Peter Plaikner sowie u. a. Wolfgang Braun („Oberösterreichische Nachrichten"), Hannes Gaisch („Kleine Zeitung") und Johannes Huber („Vorarlberger Nachrichten"). Zudem wäre die Berufsbezeichnung Lektor für Arnold Klaffenböck völlig unzureichend, weil seine inhaltlichen Rückmeldungen enorm wertvoll waren. Danke! Für alles Geschriebene bin ich trotzdem allein verantwortlich.

Peter Filzmaier
Wien / Krems / Graz, im Sommer 2010

Kapitel 1:
Keine Zukunft für unsere Kinder

Die Idee für dieses Buch kam Weihnachten 2009. Die Weihnachtszeit in Österreich sieht so aus: Es handelt sich um Tage des schwülstigen Gesülzes über Familienzusammenhalt in der pseudo-besinnlichen Verwandtschaft und von inhaltsleer-optimistischen Jahresausblicken der Politiker. Wir alle privat unter dem Christbaum und die Massenmedien spielen dabei mit. Da und dort wird von fetten Karpfen fabuliert, ohne die Gefahr des Verhungerns zu erkennen. Damit die Geilheit des Traditionsfisches nicht allzu übel aufstößt, gibt es glücklicherweise Ablasszahlungen in Spendenform, welche Licht ins Dunkel bringen sollen.

Wirklich düster ist es auf der Welt für 17.000 Kinder, die täglich an Unterernährung sterben. Dabei ist das bloß die Spitze des Eisbergs. Laut Statistik Austria und der Armutskonferenz wachsen auch in Österreich über 100.000 Kinder in Armut auf. Das bedeutet im Extremfall ohne anständige Ernährung, ohne vollständige Kleidung sowie ohne ausreichende Heizungswärme in der Wohnung und anderswo. Plätze zum Spielen und zum Lernen haben sie daheim nicht. Ihre Zukunft ist verbaut.

Ich gehöre als Politikwissenschaftler und Kommunikationsberater zu den extrem Privilegierten der heimischen Gesellschaft. Beruflich und finanziell sowieso. Doch im weihnachtlichen Gedenken kam mir als Vater einer Tochter ein Gedanke: Statt des brutal kalten Nebeneinanders privilegierter und benachteiligter Gruppen wird unser gesellschaftliches System bald zerbrechen. Total und gewaltsam. Bis im Stil und Jargon der Casinos nichts

9

mehr geht. Die Kugel ist unaufhaltbar in Gang gesetzt. Trotz Gewissheit des tödlichen Einschlags bleiben alle mit idiotischer Gemütsruhe sitzen. Es wird russisches Roulette gespielt, weil vielleicht erst die Nachkommen erschossen werden und Eltern noch rechtzeitig auf natürliche Art abgehen.

Dieses Buch handelt davon, warum wir trotzdem alle weitermachen, als bestünde keine Gefahr. Wir steuern einem Zug der Lemminge entsprechend dem sicheren Ende entgegen. Schon rein biologisch gehören Alter und Sterben zu den Tabuthemen der heimischen Gesellschaft. Über deren generellen Weg in den Untergang will erst recht keiner sprechen. Obwohl wir uns längst nicht mehr nach den Prognosen Neil Postmans zu Tode amüsieren, sondern schmerzvoll und in paradoxer Form das Fahren gegen die Wand zelebrieren.

Das symbolische Bild mit dem Auto bietet sich an, weil der kollektive Selbstmord im Umweltbereich am offensichtlichsten ist. Dort allerdings hat der Widerspruch von Ökonomie und Ökologie mehr internationale Implikationen als nationale Bezüge. Österreichische Eigenheiten der Förderung von Horrorszenarien sind neben dem allgemein fehlenden Zukunftsdenken der Politik a) ein Pensionssystem wider jedwede Vernunft, b) Bildung als angebliche Priorität voller Verlogenheit und mit faulen Kompromissen statt klaren Konzepten, c) bloße Schein- und Kurzzeitlösungen im Umgang mit Wirtschaftskrise und Arbeitslosigkeit, d) Realitätsverweigerung gegenüber Generationskonflikten sowie e) eine massive Fremdenfeindlichkeit. Und noch mit viel mehr bis hin zu x, y und z.

Der Klimawandel beispielsweise zerstört die Erde. Im Spätherbst 2009 kam beim umweltpolitischen Weltgipfel der lächerlichen Ergebnisse in Kopenhagen seitens der Mächtigsten der Mächtigen heraus, dass das irgendwie schlimm wäre. Irgendwann wollen sie mehr dagegen tun. Vermutlich in 20 Jahren. Was für eine Erkenntnis fast zwei Jahrzehnte nach dem Umwelt- und Entwicklungsgipfel in Rio de Janeiro mit dem Begriff der Nachhaltigkeit im Mittelpunkt. Barack Obama und seine russisch-chinesischen Pendants übten sich in der Perfektion des Blockierens. Top-Meldung in den dänischen Zeitungen war übrigens phasenweise ein Protest der Prostituierten gegen Diskriminierungen. Mit Gratisangeboten an die Gipfelteilnehmer zwecks kostenloser Höhepunkte.

Warum das wichtig ist? Die letztgenannte Gruppe vertrat ehrlich und offen ihre Anliegen, während angesichts der Altbekanntheit des Ozonlochs & Co von Obama bis zum mit Lustwandeln auf Christkindlmärkten beschäftigten Durchschnittsösterreicher man sich lieber mit der Perfektionierung von Verdrängungsmechanismen die knapper werdende Zeit zur Rettung der Welt vertrieb. Halbwahrheiten, Beschwichtigungen und Doppelmoral haben für die Gestaltung und Erhaltung unseres Lebensraums Hochsaison.

Das glückliche Österreich und seine kleinen Leute sind um nichts besser als die große Politik. In der hiesigen Bevölkerung sind angeblich 90 Prozent für Umweltschutz. Im österreichischen Nahbereich herrscht Glückseligkeit, wenn gestopfte Truthähne und ihre Verpackung nicht in derselben Mülltonne landen. Weniger zu fliegen und nicht Auto zu fahren ist genauso sozial erwünscht. Am besten in Form einer Lande- und Fahrpiste zu meiner Wohngegend, was beim fernen Nachbarn Schadstoffe spart, wenn er diese nicht benutzen darf.

Umfragedaten zur Befürwortung der bestmöglichen Umweltpolitik sind ein typischer Fall falscher Prestigeantworten. Sogar in anonymen Befragungen deklariert sich schließlich niemand gerne als Öko-Schwein. Womit nichts gegen eine edle Tierrasse gesagt werden soll. Doch ist das Umweltbewusstsein mit hohem Abstraktionsgrad. Geht man in Gesprächsrunden statt zahlenorientierter Fragebögen mehr in die Tiefe, so stellt sich bald heraus, dass Mülltrennung für viele das höchste der Gefühle ist.

Warum im lustvollsten Egoismus umweltpolitisch für Kinder und Kindeskinder sorgen? Schließlich hegen und pflegen wir ein

Pensionssystem, das diese ruiniert. Rentieren würde sich die Entscheidung, dass es fast ohne Ausnahme nur Rentner mit 70 und mehr Jahren geben darf. Jedes Kleinkind kann im Internet in kürzester Zeit eine Abbildung der Bevölkerungspyramide als Erklärung der Notwendigkeit eines dramatisch zu erhöhenden Pensionsalters finden. Wobei von einer Pyramide mittlerweile noch kaum etwas zu sehen ist. Im Jahr 2000 gab es noch eine sich verengende Spitze der über 60-Jährigen und am meisten 40-Jährige, also Menschen im besten erwerbsfähigen Alter. Bereits 2020 wird der Altersjahrgang der Sechziger der zahlreichste sein. Genauso gibt es in einem Jahrzehnt etwa gleich viele 20- und 70-Jährige.

Ist das Kleinkind im Volksschulalter, genügen ebenda vermittelte Rechenkünste, um zu erkennen, dass eine Zahlung der Pensionen für erfreulicherweise immer mehr ältere Menschen durch immer weniger junge Erwerbstätige nicht funktionieren kann. Als logischer Schluss bleiben nur hohe Pensionskürzungen oder eine Erhöhung des sowohl gesetzlichen als auch faktisch viel niedrigeren Pensionsalters. Die Bevölkerungspyramide wird freilich politisch ignoriert, weil jetzt schon 25 Prozent Wahlberechtigte in Pension sind und die arbeitende 50plus-Generation – in Summe mehr als ein Drittel der Stimmen – sich halb pensioniert fühlt. Wohlerworbene Rechte der Älteren werden von auf Wahlerfolge angewiesenen Politikern daher einzementiert. Sie garantieren in Österreich, dass es den Kindern schlechter geht. Richtig schlecht geht es natürlich mehr Kindern in Somalia und weniger Kindern bei uns, obwohl auch das zu viele sind. Schlechter als den Nachwuchsgenerationen vor 40 Jahren – so mein geschöntes Lebensalter – wird es unseren Kindern jedoch gehen.

In ihrer Hilflosigkeit suchen Politik und Medien übrigens nach schwarzen Schafen unter den Rentnern, um Neidkomplexe zu schüren. Das Aufspüren gut bezahlter sowie junger und fitter Ruheständler dient quasi als Ersatzbefriedigung, statt ehrlich von einer radikalen Erhöhung des Pensionsalters zu sprechen. Dabei sind weder vergleichsweise lächerlich wenige 1300 National-bank-Angestellte mit Spitzenpensionen noch zehntausende ÖBB-Bedienstete, welche als Frühfünfziger pensioniert werden, des Pudels Kern. Es geht darum, dass alle – in Worten und Zahlen wirklich alle – viel länger arbeiten müssen. Ein Strategiepapier der EU-Kommission spricht von 70 Jahren als Mindestalter, bevor man in Pension geht.

Wir sind zudem einer Meinung, dass Bildung der Jugend die perfekte Langzeitlösung für alles wäre. Inhaltlich ist die Einigkeit auf betonierende Dienstrechtsdebatten beschränkt. Bei maximalem Problembewusstsein und ohne Lösungsansatz. Kein Politakteur verfügt glaubhaft über umfassende Konzepte vom Kindergarten bis zum lebenslangen Lernen. Würde es sie geben, ist der wahrscheinlichste Fall ihre Verwässerung in den Verhandlungen mit den Gewerkschaften und Pensionistenverbänden. Deren Forderungen dürften die Ressourcenfrage als unlösbar klären.

Doch die Politik plus Wirtschaft und Medien sowie Anwesende eingeschlossen faseln von der schönen Zukunft des Landes. In der Realität ist das Vertrauensniveau in das politische, wirtschaftliche und soziale System so, dass eine von Jesus persönlich gegründete Firma als Heuschrecke gelten würde. Es fehlt der demokratiepolitische Grundkonsens. Viele wollen große Keulen herausholen und sich den Schädel einschlagen. Was bald passieren wird, egal wer selbst prügelt oder nur andere dazu anstiftet und nach historischem Vorbild wegschaut.

Das Gewaltpotenzial ist größer denn je und Österreich steht am Rande des Abgrunds. Als Zug der Lemminge sind wir in naher Zukunft einen bedeutenden Schritt weiter. So sieht die wahre Weihnachtsgeschichte aus, welche für Kinder allerdings mangels Jugendfreiheit ungeeignet ist.

Das fehlende Zukunftsdenken der Politik

Trotz des Modeworts Krise und meiner düsteren Einleitung sind bis zu zwei Drittel der Österreicher die Zukunft betreffend Optimisten. Nur jeder Zehnte sieht sich als hoffnungslosen Pessimisten. Obwohl zugleich eine Mehrheit meint, dass es früher besser war. Das ist inhaltlich und rechnerisch nicht logisch, doch typisch österreichisch. Auf politischer Ebene gehören viele der Restmenge von totalen Antwort- und Themenverweigerern an. Es kommt zur Bevorzugung tagesaktueller Aktionen statt nachhaltigem Zukunftsdenken. Nicht nur beim Pensionsthema, wenn Hacklerpensionen wenige Tage vor der Nationalratswahl als Kampagnengag in aller Kürze im Parlament beschlossen werden. Auf lange Sicht entdeckt man dann, dass sie mangels ausreichender Beschäftigungs- und Versicherungszeiten nicht erschöpften Schwerstarbeitern zugute kommen. Wer 35 Jahre von Hochbau bis Hochofen geschuftet hat, würde eine solche Pension verdienen. Profiteure waren freilich öfter Schreibtischtäter vulgo Büroangestellte ohne zwischenzeitliche Arbeitslosigkeit. Dumm gelaufen.

Parteien gehen für ihre Zukunftsplanung in Klausuren, manchmal sogar in Klöster als Ort der Besinnung. Auch ohne Religion und Kloster sollte es durch innere Einkehr plus fehlende Störungen von außen zu Gedanken darüber kommen, was wirklich wichtig ist. Doch vermitteln Faymann-SPÖ und Pröll-ÖVP sowie ihre rotschwarzorangegrünen Pendants in allen Landesregierungen beim für morgen angekündigten Gesetz viel zu selten, dass sie das Übermorgen fest im Blick haben.

Die gute Nachricht für Regierungsparteien ist, dass sie umfragemäßig besser für Herausforderungen der Zukunft vorbereitet gelten als die Opposition. Die schlechte Nachricht ist, dass das inhaltlich nicht stimmen muss. Jahrelang sind in Bundesländern Zukunftsstiftungen oder -fonds entstanden und wurden je nach Mehrheit von unterschiedlichsten Parteifarben propagiert. Echte

Antworten auf die Frage, was mit der Region XY im Jahr 2015 oder 2020 los sein wird, fand man kaum.

Auf nationaler Ebene sagte SPÖ-Bundeskanzler Franz Vranitzky: „Wer Visionen hat, braucht einen Arzt!" Das passt zum Aus für die Zukunftswerkstätte seiner Partei. Was man als Symbol für deren Zustand verstehen darf. Unter den parteipolitischen Konkurrenten beschränken sich zukünftige Denkmuster offenbar auf 15. Familiengehalt (ÖVP) und Jugendstartgeld (BZÖ) als Wahlkampfaktionen. Die gesellschaftliche Vordenkfähigkeit der Parteiakteure hat den Wert von ein paar tausend Euro.

Ob Alfred Gusenbauers „Netzwerk Innovation" oder das „Perspektivenpapier" von Josef Pröll als Ausnahme – alle Beteiligten wirkten irgendwie froh, dass sich öffentlich keiner zu sehr damit beschäftigte. Werner Faymann lässt sich sowieso nicht auf brotlose Ausblicke ein und lächelt lieber. Erst kürzlich wurde der Renovierungsbedarf von Parteiprogrammen aus dem vorigen Jahrhundert entdeckt. Der spät in „Österreich 2020" geänderte Titel von „Strategie 2020" als Ausdruck der nach regionalen Wahldebakeln beschlossenen SPÖ-Programmarbeit wies als ursprüngliches Schlagwort Namensgleichheit auf mit einem Konzept des Rates für Forschung und Technologieentwicklung bei der österreichischen Universitätenkonferenz, mit dem Startschuss für das staatliche Krisen- und Katastrophenschutzmanagement (!), mit einem Programm für Klimaschutz und nachhaltige Energieversorgung sowie mit wirtschaftsministeriellen Förderungsmaßnahmen für Klein- und Mittelbetriebe. Was das mit der Sozialdemokratie zu tun hat, blieb schleierhaft.

In der ÖVP folgte prompt im November 2009 die Ankündigung einer Erarbeitung des neuen Grundsatzprogramms der Partei. Das Programm soll 2012 debattiert und beschlossen werden. Bis dahin werden analog zur SPÖ die Regierungsmitglieder der Partei Fachausschüsse zu Themenfeldern von Finanzen über Bildung bis hin zu Sozialem leiten. 2010 sei das Analysejahr mit „Zuhören, Studien, Recherchen", 2011 das Konzeptionsjahr,

2012 schließlich das Präsentationsjahr. Es wäre naiv anzunehmen, dass sich angesichts des Zeitdesigns dahinter als wahre Strategie nicht eine Nutzung der Wertedebatte für den politischen Wettbewerb und den Nationalratswahlkampf 2013 verbirgt. Bereits die Darstellungsform der ÖVP-Pläne für mehr programmatische Arbeit im Stil von Werbebroschüren legt den Verdacht der Verknüpfung mit einer ausgeklügelten Öffentlichkeitsarbeit nahe.

2008 bis 2010 verlangten zugegeben die Themen Teuerung und Wirtschaftskrise konkrete Maßnahmen statt abstrakter Strategiemodelle. Doch schließt für Parteimenschen das eine das andere aus? Akutmaßnahmen wie eine Verschrottungsprämie für alte Autos bekämpfen bestenfalls Symptome der Wirtschaftskrise und nicht dahinter stehende Konfliktlinien der Gesellschaft. Solche gibt es zwischen Jung und Alt, Inländern und Ausländern sowie Öffentlich und Privat in ungeahntem Ausmaß.

Die Beschränkung des politischen Horizonts bis zum nächsten Wahltag gleicht Kurzzeitverträgen für an Vierteljahresberichten gemessenen Spitzenmanager, welche diese zu spontanen Spekulationen verführen. Die Früchte mehrjähriger Gesamtpläne würden sie ja nicht ernten. In der Politik bedeutet das die Verabschiedung von ihrer Aufgabe. Diese wäre die langfristige Gestaltung menschlichen Zusammenlebens. Trotzdem ist es keine Lösung, für mehrjährige Planungen einfach die eigene Amtszeit zu verlängern. Das geschah auf Bundesebene 2007 mit einer Ausdehnung der Legislatur- und somit Regierungsperioden von vier auf fünf Jahre. Doch irgendwo ist immer eine Wahl. Niemand glaubt allen Ernstes, dass die Politik des Bundes nicht etwa von der Wienwahl im Herbst 2010 massiv beeinflusst wurde.

Nach der Wirtschaftskrise im Sanierungsfall Österreich dringend notwendige Budgetentscheidungen wurden bis nach der Wahl verschoben. Offenbar musste der Bundeskanzler das dem Wiener Bürgermeister versprechen, weil dieser im Wahlkampf keine Spar- und Steuerdebatte haben wollte. Wer also das Argument einer Förderung langfristiger Planungen für die Zukunft ehrlich meint, muss alle Landtags- und Gemeinderatswahlen mit der Nationalratswahl auf einen Tag zusammenlegen. Das mag unrealistisch sein, weil die Parteiergebnisse zwischen Bund und Land in den jeweiligen Wahlen um bis zu 20 Prozentpunkte voneinander abweichen. Dementsprechend gering wird beispielsweise die Begeisterung eines niederösterreichischen ÖVP-Landespolitikers sein, sich gleichzeitig mit seinen Kollegen aus dem Nationalrat wählen zu lassen. Schließlich haben er und sein Chef Erwin Pröll ohne Rücksichtnahme auf Parteifarben bisher alle Volksvertreter außerhalb der regionalen Grenzen zum strategischen Feindbild erklärt. Damit gelang eine perfekte Stimmenmaximierung. Doch nur wenn Wahlkämpfe als Zeiten „fokussierter Unintelligenz" – so Michael Häupl – in ganz Österreich zusammengelegt werden, bleibt genug Spielraum für inhaltliche Zukunftsarbeit statt des üblichen Mediengetöses.

Allerdings ist das mit der Zukunft für Parteien eine heikle Sache. Die österreichische Seele ist für Fortschritt, solange alles beim Alten bleibt. Wenn etwas anders sein soll, dann nur bei den jeweils anderen. Die Angst vor Veränderung kann Wahlen entscheiden. Strukturkonservativismus ist zudem von den Ministerien bis zur Universität als Albtraum verbreitet. In einem Land, wo es eine mittlere Krise auslöst, wenn das Büro vom zweiten in den dritten Stock verlegt wird, ist die Aufgeschlossenheit gegenüber dem Wandel manchmal gegen null tendierend. Die Veränderungsbereitschaft sieht so aus, dass der Durchschnittsamerikaner beruflich fünf Jahre in derselben Stadt lebt, was ein Normalo unter den Österreichern locker verzehnfacht. „Er hat seiner Firma 50 Jahre lang treu gedient!" als Slogan heimischer Todesanzeigen würde anderswo den Kopf schüttelnde Fragen auslösen, warum derjenige nie einen besseren Job gefunden hätte. Bei uns ist es die Aufnahme in den Olymp. Die Folge sind politische Leerformeln, dass wir eine schöne Zukunft verdienen und alles besser bleibt. Was in der Vergangenheit prompt plakatiert wurde.

Politikverdrossenheit

Trotzdem sitzen Politiker und Parteien damit einem Irrtum auf. Entgegen der landläufigen Meinung werden sie vor allem gewählt, weil ihrerseits mehr oder weniger glaubwürdig eine sichere Zukunft versprochen wird. Leistungsbilanzen machen bestenfalls ein Drittel der Wahlmotive aus. Zwei Drittel der Motive sind Absichtserklärungen, in Hinkunft dieses und jenes so oder so und alles besonders gut zu machen. Für die Gestaltung der Zukunft des Gemeinwesens ist freilich eine Berufsgruppe und Branche zuständig, welche sich in Anbetracht eines erschütternden Images selbst um ihren zukünftigen Bestand Sorgen machen sollte.

Rund 90 Prozent der Österreicher halten Familie und Freunde für einen wichtigen Lebensbereich, bis zu 80 Prozent sagen das von ihrer Arbeitswelt und Freizeit. Politik ist für 20 Prozent wichtig. Dahinter rangiert mit ähnlich dramatisch sinkenden Daten nur die Religion. Während man trefflich streiten kann, ob und inwiefern religiöse Überzeugungen unverzichtbar sind – Atheisten würden das bestreiten –, ist Politik nichts anderes als die zweifelsfrei nötige Gestaltung unseres Zusammenlebens.

Für die zuständigen Institutionen werden vernichtende Vertrauenswerte gemessen. Parteien, egal welcher Farbe, werden von einem Fünftel geschätzt und vier Fünftel haben eine eher negative Meinung. Fast jeder vertraut Feuerwehrleuten und Krankenschwestern, bei Politikern tut das höchstens jeder Zehnte. Paradox ist, dass wir somit denjenigen am wenigsten vertrauen, welche wir uns mittels Wahl aussuchen können. Blindes Vertrauen gegenüber Ärzten fällt – obwohl weiße Götter es genauso missbrauchen können – leichter als jedweder Vertrauensvorschuss gegenüber Politikern. Ein bisschen Kuschelkurs statt Dauerstreit wird kaum genügen, um das zu ändern.

Eine Konstante in allen Studien sind ein Drittel mit der Demokratie Unzufriedene. Dabei handelt es sich weder um Möchtegern-Faschisten noch Nostalgie-Kommunisten, sondern bloß um das theoretische Potenzial für politische Rattenfänger. In einigen Jahren könnte allerdings Politik so aussehen, dass radikale Gruppen als in Wahlen regelmäßig erstplatzierte Parteien diese Option nutzen. Der Grund dafür liegt in den Verschiebungen des Verhältnisses aktiver, passiver und latenter Öffentlichkeit.

Die aktive Öffentlichkeit als jener Teil der Bevölkerung, welcher sich regelmäßig und unmittelbar am Politikprozess beteiligt, wird kontinuierlich abnehmen. Schon jetzt haben sämtliche Parteien gewaltige Rekrutierungsprobleme für Mitglieder, Mandatare und Amtsträger. Wenn jemand vor Zeugen gebeten wird, zu einer Partei zu gehen, gilt es im Freundeskreis beinahe als gesellschaftlich erwünschtes Verhalten, den Zeigefinger zur Stirn zu führen. Nicht-Regierungs-Organisationen sind gleichermaßen mit einer Erosion ihres sozialen Kapitals konfrontiert, weil das Engagement abnimmt.

Zwar ist es durchaus normal und geradezu notwendig, dass nicht absolut jeder ständig politisch aktiv ist und eine Partei gründen will, für Wahlen kandidiert oder Aktivist für Volksbegehren ist. Das hält keiner sein Leben lang durch. Eine hochmoderne und komplexe Gesellschaft wäre so gar nicht mehr organisierbar. Im Regelfall gehört die Mehrheit zur passiven Öffentlichkeit, welche in unterschiedlicher Prozentzahl an Wahlen teilnimmt und sich ansonsten weniger als eine Stunde in der Woche gedanklich mit Politik beschäftigt. Zusätzlich gibt es eine latente – im Politsinn nicht existierende – Öffentlichkeit, welche den noch so indirekten Bezug zu demokratischen Entscheidungen der Politik total verweigert.

Das Problem für Österreichs Zukunft ist die mangelnde Durchlässigkeit zwischen den Gruppen. Wer nicht extrem früh politisch sozialisiert wird, findet den Weg zur Politik nie. Egal in welcher Rolle, ob innerhalb des Systems oder als Systemkritiker. Was Hänschen nicht interessiert, lockt Hans schon gar nicht hinter dem Ofen hervor. Es findet lediglich eine Wanderung von ehemals aktiven Personen zur Gruppe der Passiven statt, umgekehrt tut sich nichts. Genauso sind immer mehr Latente gar nicht politisch re-integrierbar, sei es aus sozialen, ethnisch-religiösen, sprachlichen oder anderen Gründen. Irgendwann wird die aktive Gruppe so klein und derart verfestigt sein, dass Politik nichts mehr mit Demokratiequalität zu tun hat.

Die Mediendemokratie reagiert darauf mit immer schrilleren Inszenierungen. Das mag, siehe die hohe Wahlbeteiligung nach einer gigantischen Werbeschlacht in der Kärntner Landtagswahl, Parteien im politischen Wettbewerb helfen. Da wurde in Klagenfurt kein Baum ausgelassen, den man nicht mit Parteiplakaten verziert hätte. Das sogar ausgewogen, weil meistens mehrere Plakate auf einen Baum kamen. Weder dem Umweltschutz noch der Demokratie wurde freilich damit Gutes getan.

Ein Lösungsansatz wäre es, systemische Rahmenbedingungen zu schaffen, um eine Annäherung der Öffentlichkeitsgruppen zu fördern. Zu den Möglichkeiten zählen ein mehr personenbezogenes (Mehrheits-)Wahlrecht, mehr Direktdemokratie – etwa als verpflichtende Volksabstimmungen ab einer Unterschriftenzahl von zehn Prozent der Wahlberechtigten –, alternative Formen der Interessenvertretung ohne realpolitische Verflechtung von Parteien und Kammern sowie ein Selbstverständnis der Politiker als Treuhänder der Interessen ihrer Wählerschaft und nicht als Parteidelegierte.

Apropos Parteien: Weil eine Umgestaltung des politischen Systems weg vom Parteienstaat Machtverlust bedeutet, werden sich diese nicht quasi selbst abschaffen. Es sei denn, etablierte Parteien akzeptieren ihre relative Schwächung als mittelfristig notwendig, um nicht langfristig noch mehr zu verlieren. Man gibt einen Teil der Macht absichtlich auf und an die demokratische Zivilgesellschaft ab, um ungleich heftigere Wählerströme in Richtung nicht wirklich demokratischer Basisbewegungen im Populismusstil zu verhindern.

Von heute auf morgen gedacht, klingt eine freiwillige Selbstbeschränkung ihrer Macht für großkoalitionäre Regierungspar-

teien wenig verlockend. Wer jedoch in diesen kein pragmatisier-
ter oder pensionierter Altfunktionär mit dem Besserwissen des
vorigen Jahrhunderts ist, sollte den Handlungsbedarf für System-
reformen im auch spätestens übermorgigen Eigeninteresse erkennen. Dummerweise denkt nicht jeder Politiker strategisch.
Umgekehrt hat es keinen Sinn, im Stil des billigsten Boulevard-
journalismus allen Strategen etablierter Parteien pauschal vorzuwerfen, seit einem halben Jahrhundert sowohl nur am Erhalt der
Macht interessiert als auch dafür zu blöde zu sein. Das ist ein
Widerspruch in sich.

Ho-ruck-Aktionen statt Langzeitdenken

Eine Pseudo-Lösung der zukünftigen Politik wäre es, Planungssi-
cherheit dadurch zu schaffen, indem aufwendige Demokratiepro-
zesse und individuelle Freiheiten reduziert werden. Das ist selbstverständlich abzulehnen. Nichtsdestoweniger stellt sich die Frage,
ob in einer hochgradig verunsicherten Gesellschaft – vergleichbar
mit den dreißiger Jahren in Deutschland, jedoch ebenso (bis
1938) mit Österreich – entsprechende Parolen nicht zwangsläufig
auf fruchtbaren Boden fallen. Einfachheit und Vereinfachung
befriedigen das Bedürfnis nach Sofortlösungen. Hinzu kommt
eine dadurch fortschreitende Polarisierung, welche bereits vor
fast 80 Jahren den österreichischen Ständestaat und das Ende der
Demokratie einläutete. Dass die damals als Partei zum Teil ver-
botenen und jedenfalls aufeinander schießenden Lager der Politik
sich später im gemeinsamen Leid und Kampf gegen den Nationalsozialismus nahegekommen sind, das zählt heute nichts mehr.

Logischer und weniger einfach wäre es für eine Politik der
Zukunft, zunächst jenseits des Lagerdenkens die Frage zu klären,
welche Bedürfnisse wir wirklich haben oder haben sollen – und
wie diese politisch erreichbar sind. Es ist vom Luxusdenken der
Konsumgesellschaft bis zur Neiddebatte in der Wirtschaftskrise

eine unkontrollierbare Eigendynamik des Wollens entstanden, die Steuerungsaufgaben der Politik unterminiert. Zum Glück geht es umgekehrt in EU-ropa für die Bevölkerungsmehrheit nicht mehr darum, durch Nahrung, Kleidung und Wohnen nur elementarste Bedürfnisse zu befriedigen. Politik der Zukunft brauchte einen Grundkonsens, welche zusätzlichen Wünsche und Erwartungen wir an sie haben.

Besteht ein solcher Konsens, könnte es zu einem inhaltlichen Ideenwettbewerb politischer Akteure kommen, wie eine Zielerreichung erfolgen kann. Schaumschläger würden sich disqualifizieren. Die Politik könnte ihr Negativimage ablegen, da sie sich letztlich grosso modo für allgemein anerkannte Bedürfnisse einsetzt. Rotschwarzblauorangegrüne Schafe sind keine Katastrophe, weil Einzelfälle – während gegenwärtig der Politik prinzipiell abgesprochen wird, sich für gemeinsame Ziele einzusetzen.

Daher müsste die Politik ihr Selbstverständnis und wir unser Verständnis von Politik ändern. Ob das funktioniert, ist sehr zweifelhaft. Die Politik der Zukunft leidet unter der gesellschaftlichen Komplexität. Diese ist derart groß, dass nicht einmal Probleme und ihre Ursachen sowie Folgen – und schon gar nicht persönliche Betroffenheiten – vermittelt werden können. Mit anderen Worten: Die jetzige und zukünftige Politik hat etwas zu gestalten, von dem sie nicht einmal weiß, was und wie es ist.

Ein provokantes Beispiel: Schreckensmeldung zu Jahresbeginn 2010 war – neben einem bevorstehenden Budgetdefizit des Staates von rund fünf Prozent plus Schuldenstand in der Höhe von 75 Prozent des Bruttoinlandsprodukts – die damalige Rekordzahl von über 400.000 Arbeitslosen in Österreich. Hinzu kam der Vergleich, dass es seit 1945 noch nie so viele Menschen ohne Beschäftigung gab. Als Folgegedanke kann man sich von der Verbindung zu den Jahren davor nicht befreien. Auch in den dreißiger Jahren herrschte Massenarbeitslosigkeit, bevor ein Massenmörder kam und mit Scheinlösungen als Rattenfänger die Massen begeisterte.

Wo das hinführte, ist tragisch bekannt. Jenseits von sensiblen Vergleichsbeispielen sollten folgende Zahlen zu denken geben: Überall in Österreich war 2009 wenig überraschend die Arbeitsmarktpolitik ein Top-Wahlmotiv. Von Salzburg und Kärnten über Vorarlberg bis nach Oberösterreich und unabhängig von der gewählten Parteifarbe nannten rund 75 Prozent, also drei Viertel, Arbeitsplätze als zentrales Thema. Weniger als ein Viertel – unter 25 Prozent – trauten der jeweils gewählten Partei da Lösungskompetenz zu. Lemminge unter sich.

Bitte genau lesen: Die letztgenannten 25 Prozent stammen aus Wahltagsbefragungen und beziehen sich auf jene Partei, welche jemand gerade gewählt hat, und die er demnach irgendwie mag – und trotzdem ist der Wert so niedrig! Für andere Parteien, denen die eigene Stimme nicht gegeben wurde oder welche vielleicht gar abgrundtief verabscheut werden, ist das Vertrauen logischerweise viel geringer. Der Durchschnitt für alle Parteien ergibt, dass weniger als jeder zehnte Österreicher Hoffnung hat, diese könnten erfolgreich Arbeitsplätze sichern. Da soll irgendjemand den Parteipolitikern glauben, dass die gegen Ende des Jahres 2010 erfreulicherweise sinkende Zahl der Arbeitslosen ihr Verdienst ist? Eher werden beschönigende Vergleichsrechnungen mit dem besonders schlechten Vorjahr als Verschaukelung des Gesäßmuskels empfunden.

Natürlich gibt es Unterschiede je nach Parteifarbe und im Wahlzusammenhang stets einen relativen Gewinner auf niedrigem Niveau. Genauso ist aus den Zahlen nicht erkennbar, ob nicht den Parteien oder zumindest der gewählten Partei ehrliches Bemühen zugesprochen wird und die Misere mehr an einem Ohnmachtgefühl gegenüber der Wirtschaftskrise liegt. Und jenseits der omnipräsenten Krise müssen wir womöglich darüber nachdenken, ob es in der Dienstleistungsgesellschaft mit ihren Technologien überhaupt Arbeit für alle geben kann.

Anderenfalls haben wir ein Gesellschaftsmodell zu organisieren, in dem ohne künstliche Schaffung und Subventionierung bloß Arbeitsplätze für 60, 70 oder höchstens 80 Prozent da sind. Das ist der eigentliche Punkt: Politik hat als langzeitige Aufgabe die bestmögliche Regelung menschlichen Zusammenlebens. Abgesehen von Sofortaktionen der Jobvermittlung muss sie überlegen, mit welchem Konzept sie ein lebenswertes Österreich gestaltet, in dem einmal eine halbe oder ganze Million keine Arbeit hat.

Die Ohnmacht der Politik ist nicht neu, oft wird eine zu große Entscheidungsmacht der Wirtschaft beklagt. Die pure Summe aller Firmen ist jedoch bei aller sozialen Verantwortung für eine systematische Arbeitsplatzsicherung weder zuständig noch in der Lage und schon gar nicht demokratisch legitimiert. Österreichs Hoffnungsschimmer ist somit bestenfalls die Sozialpartnerschaft, in deren Rahmen Arbeitgeber- und Arbeitnehmervertreter all das sind. Wenigstens haben Wirtschafts- und Arbeiterkammer anders als die Politik im engeren Sinn ein kompetentes Image.

Die Unfassbarkeit der großen Zahl

Leider ist es sinnlos, gesellschaftliche Probleme mit seriösen Zahlen zu erklären. Weder die Überflutung der Medien mit Balkendiagrammen noch mögliche Fehlinterpretationen oder gar gefälschte Zahlen sind das Problem, sondern Politiker und gleichermaßen ein Teil der Bevölkerung erfassen numerische Werte nur bedingt. Wie viele Nullen haben zwei Billionen? Bildungsbürger werden ihr Zögern nicht zugeben, doch vielleicht müssen manche mit mangelhafter Zehn-Finger-Mathematik mindestens je einen Schuh und eine Socke ausziehen. Bis zur richtigen Antwort – nämlich zwölf – dürfte es mehrere Zehenlängen dauern.

Deutschsprachig ist die Billion eine Million hoch zwei. Bloß im amerikanischen Englisch zählt man so zehn hoch neun, auf kontinentaleuropäisch also eine Milliarde. Briten können gar beides meinen. In Dollar wiederum sind knapp zwei Billionen das mittlerweile im US-Staatshaushalt erwartete Defizit nach EU-

Zählmethoden. Alles klar? Durchschnittsbürger kennen sich in Wirtschaftsstatistiken sicher nicht aus.

Medial werden solche Zahlenbotschaften ohnedies auf vage „Wow"-Kategorien reduziert. Der konkrete Wert ist für uns unfassbar. Ein gefinkelter Fernsehsprecher mit Hysterie-Geschick kann halb so große Beträge doppelt dramatisch bringen. Umgekehrt wäre das Mehrfache mittels sonorer Stimme als wirtschaftliche Normalität kommunizierbar. Zu viel oder zu wenig ist in den USA, was Barack Obama in den Medien so nennt, und hat mit Zahlen nichts zu tun.

Wir zählen ebenfalls numerisch bis tausend, nachher in Zehner-Sprüngen bis zur Million und anschließend in diffusen Vorstellungen. Das österreichische Beispiel: Im Schulbudget fehlen 525 Millionen Euro. Zweifellos kennen sich im Unterrichtsministerium, das im Vorjahr die Zahl bekanntgab, und auf Gewerkschaftsseite ein paar Experten für Besoldungsrecht damit aus. 99,99 Prozent der Eltern dürfte das nullkommanull sagen. Für Otto und Ottilie Normalverbraucher sind 100 oder 900 Millionen dasselbe. Es klingt gigantisch. Für mich jedenfalls. Wer nicht krankhafter Achselzucker ist, schwankt zwischen panikartigen Sorgen um die Zukunft seiner Kinder und Neidkomplexen, wofür das Geld ausgegeben wird.

Einerseits ist es gegenüber der Politik ungerecht, wenn kleine Spesenrechnungen kleinlicher beurteilt werden als Riesenverschwendungen. Andererseits missbrauchen Politiker laufend das mangelnde Zahlengefühl des Volkes. Wahlkämpfer wissen mit Start- oder Anschubhilfen von tausend Euro zu beeindrucken und verschweigen das Tausendfache an blockierenden Verwaltungskosten. Nur bei wechselweisen Attacken gehört es zum Handwerk aller Pressesprecher auszurechnen, dass dies oder jenes unzähligen Mindestpensionen widerspricht. Was den davon Betroffenen kaum hilft.

Bei Prozent- und absoluten Zahlen geht es nach dem Kriterium hin und her, was übler oder harmloser klingt. Bis zu fünf

Prozent ewiggestrige Rechtsradikale etwa sind eine Verniedlichung. Mehr als 300.000 Alt- und Neonazis in Österreich würden weniger beruhigend klingen. Der fünfte Teil von über sechs Millionen Wahlberechtigten führt jedoch zu dieser Zahl. Bei den Rassisten, siehe das entsprechende Kapitel, wiederholt sich dieses nachdenklich stimmende Zahlenspiel.

Aus Gründen der politischen Korrektheit verbietet sich der furchtbarste Vergleich. Der übelste Handlanger des größten Massenmörders der Geschichte – wir sprechen von den Adolfen mit Nachnamen Eichmann und Hitler – soll gesagt haben, dass hundert Tote eine Katastrophe sind und eine Million Leichen nur Statistik. Ohne jedwede Parallelen zum bisher Gesagten zeigt das ein noch unglaublicheres Dilemma: Zahlen des mörderischen Unrechts sind nicht schrecklich, solange sie abstrakt, und menschliche Schicksale dahinter verborgen bleiben.

Vor lauter Stolz: Erlaubt ist, was gefällt

Obige Zeilen dürfen nicht als pures Bashing der Politik missverstanden werden. Am Zug der Lemminge sind wir alle schuld. Also ist Selbstkritik angebracht. Am besten gelingt diese anhand der seltsamen Einstellungen der Mehrheitsbevölkerung: Wenn ich heute mit 50 bis 60 Personen Bus oder Bahn gefahren bin und überlebt habe, darf ich mir gratulieren. Nein, es geht nicht um Verkehrsunfälle oder den Körpergeruch im Wageninneren als große Gefahr. Aus statistischer Sicht war ich auf engstem Raum mit fünf bis sechs Möchtegern-Mördern. Nach Daten des Linzer market-Instituts hält nämlich jeder zehnte Österreicher Mord für keine allzu schlimme Sünde.

Das stimmt nachdenklich. Angesichts des Umfragewahns und der kleinen Fallzahl ist gesunde Skepsis angebracht, wie genau das Ganze erhoben wurde. Doch macht es die Sache besser, wenn aufgrund der Schwankungsbreite in Wirklichkeit bloß jeder

26

Zwanzigste Mord für durchaus vertretbar hält? Ich würde mich in besagtem Autobus oder Waggon mit nur drei Mördern in Schlagdistanz nicht viel besser fühlen.

Genauso zum Denken anregen sollten weitere Studienergebnisse. Tierquälerei finden mehr Menschen schlimm, als Kinder zu schlagen. Männer werden frohlocken, dass Untreue im Sündenregister mittlerweile gleichauf mit Zechprellerei und Gotteslästerung liegt. Sogar Atheisten dürften sich darüber wundern, wenn das Auto gleich heilig wie der Glaube an Gott ist. Im Gegenzug ist Unehrlichkeit sündiger als Drogensucht und Umweltverschmutzung. Der Freundeskreis rangiert übrigens als Wert weit vor der Demokratie.

Parallel dazu hat dasselbe Institut erhoben, worauf wir Österreicher stolz sind. Landschaftliche Schönheit und gute Küche liegen mit Riesenvorsprung an der Spitze. Drei Viertel und mehr lassen da ihre nationale Brust vor Begeisterung anschwellen. Beim Brauchtum und anhand der Leistungen heimischer Sportler leben wir auch halbwegs gerne den Nationalstolz aus. Ein im Vergleich dazu jämmerliches Drittel ist hingegen auf Österreichs politische Stabilität stolz.

Angesichts von in der Welt knapp 350 Konflikten mit latenter Kriegsgefahr ist das verwunderlich. Kaum mehr Staatsbürger – nämlich klar weniger als die Hälfte – sind auf Wirtschaft und Industrie sowie Bildungssystem, Wissenschaft und Geschichte unseres Landes stolz. Das internationale Ansehen der nationalen Politiker ist der Studie zufolge sowieso etwas, für das sich mehr als neun von zehn Österreichern schämen. Wehe jedoch, wenn sich einer aus dem Ausland über Kurt Waldheim und seine Nachfahren aufregt. Dann gehen wir vom Schamzustand ansatzlos in künstliche Empörung über.

Die Sozialforschung kann nur Meinungen messen und darf niemals den Fehler machen, den Leuten zu erklären, was sie eigentlich sagen wollten. Bei derartigen Vorlieben und Abgründen der österreichischen Seele drängt sich trotzdem die Frage auf,

27

ob wir gesellschaftspolitisch nicht sehr seltsam ticken. Vielleicht geht es uns einfach zu gut, um derart kuriose Vorstellungen und Prioritäten von Sünde und Stolz zu haben.

Leider ist die Stichprobe zu klein, um die Daten nach Bundesländern, soziodemographischen Kriterien oder gar Parteipräferenz aufzuschlüsseln. Schade. Es wäre interessant, ob Wiener Strizzis besonders mordlustig und dem Regionalstolz verpflichtete Bundeslandpatrioten eher friedfertig sind. Oder umgekehrt. Wer welchen Alters, Geschlechts und welcher Herkunft wohl hilfsbereiter, sozialer und ausländerfreundlicher ist?

Typisch für Österreich und die Österreicher

Klappt es mit dem Erscheinungstermin dieses Buches, befinden wir uns so ungefähr zwischen oder kurz nach dem Nationalfeiertag und Allerheiligen. Also beim staatstragenden Abfeiern des Landes. Am 26. Oktober wurde des Bundesverfassungsgesetzes über die Neutralität gedacht. Derartige Details interessieren freilich wenige, bejubelt hat man am früheren Tag der Fahne fast alles, das irgendwie rot-weiß-rot war. Die meisten glauben fälschlich, wir feiern das Kriegsende, den Staatsvertrag oder sonst etwas. Was kümmern uns historische Details, schließlich glauben dafür am 1. Mai als bereits zu Beginn der Ersten Republik eingeführtem „Staatsfeiertag" viele, es wäre der letzte Soldat aus dem Zweiten Weltkrieg abgezogen.

Danach liegt am 1. November eine Zeit der Besinnlichkeit vor uns. Das führt zum Nachdenken, was typisch für Österreich ist. Nicht zu Unrecht wird uns das fragwürdige Talent nachgesagt, mittels kreativer Geschichtsdeutung Ludwig van Beethoven vom Deutschen zum Österreicher zu machen. Im Gegenzug sind wir großartig darin, einen Braunauer geburts- und gefühlsmäßig ins benachbarte Ausland zu verdrängen. Als Adolf Hitler noch GröFaZ – der größte Führer aller Zeiten für alte und neue Na-

28

zis – war, wurden einige Großeltern nicht müde, seine Wurzeln zu betonen. Mit der mangelnden Vergangenheitsbewältigung ist unabhängig vom angeblich größten Führer aller Zeiten bereits ein Merkmal unserer politischen Kultur erwähnt.

Den Patriotismus betreffend, sind wir Europameister. Nirgendwo sonst außer den USA, Australien und Venezuela ist die Liebe zu den Seinen mehr ausgeprägt. Infolge der hiesigen Jammerkultur kaum zu glauben und trotzdem wahr: Unter den weltweiten „Top 10" des subjektiv empfundenen Nationalstolzes fand sich in einer Vergleichsstudie noch 2006 außer Österreich kein europäisches Land. Wir zeigen das vielleicht nur weniger selbstbewusst als Bürger anderer Länder. Manchmal kippt das nationale bis nationalistische Stolzgefühl der Österreicher in Richtung des Hasses oder zumindest tiefen Misstrauens gegenüber den anderen. Ob es sich dabei um Deutsche, Russen, Ex-Jugoslawen oder gar Türken handelt, das macht wenig Unterschied. Jedenfalls streiten Österreicher mit den Briten um den letzten Platz einer EU-ropäischen Identität. Wir sind wir! Das ist im Donauland sehr mehrheitsfähig, obwohl der blaue Strom durch sechs Länder fließt und vier Staaten an der Grenze berührt.

Gelegentlich paaren sich zum Nationalismus gewordene Nationalgedanken mit einem Minderwertigkeitskomplex. Nicht alles ist historisch erklärbar, doch hat das Kaiserreich es nicht verwunden, bald nach Franz Joseph I. zum Kleinstaat geworden zu sein. Es bestanden anfangs Zweifel an dessen Überlebensfähigkeit, was die Stimmungslage für einen Anschluss an Nazi-Deutschland begünstigte. Bis heute wird in Österreich das Kleinsein mittels Idealisierung von punktuellen Sporterfolgen und Kulturleistungen bekämpft. Notfalls wird die Kulinarik der Kultur angefügt.

Siegen Hermann Maier & Co, so sind wir nicht bloß wir, sondern endlich auch wieder wer. Niederlagen im Schnee führen dazu, dass das Krankjammern vulgo Nörgeln und Raunzen fröhliche Urständ feiert. Österreicher reden gerne Leistungen schlecht und zeigen wenig Selbstbewusstsein. Jemand, der im amerikanischen Stil von sich überzeugt ist, bleibt uns unverständlich. Apropos Skifahren. Mensch, Hermann! Unser Skifahrer der Nation trat 2009 zurück. In den Hintergrund getreten sind zeitgleich im Herbst sowohl eine Rede des Vizekanzlers zur Lage der Nation als auch das erwähnte Projekt „Österreich 2020" der Kanzlerpartei. Bei den Maier'schen Rückblicken reichte der mediale Zukunftshorizont nur bis zur strittigen Schlagzeile der Hacklerpension.

Grundsätzlichere Modelle zum Zustand des Landes in 10 oder 20 Jahren interessieren offenbar kaum. Glückliches Österreich! Maximilian I. vergrößerte vor 600 Jahren sein Reich durch Hochzeiten. Andere Länder wurden nur mithilfe des Kriegsgottes Mars mächtiger, dem Alpenland genügte die liebestolle Venus. Mangels republikanischer Heiratschancen wird hierzulande beispielsweise Hermann Maiers Abgang zelebriert, als würde vom Rücktritt eines Sportstars die Zukunft der Nation abhängen. Solange wir keine schlimmeren Sorgen haben, ist fast alles gut.

Nur Konflikte wollen wir noch weniger. Sich irgendwie anzupassen, das ist spätestens seit dem Bürgerkrieg der politischen Lager im Februar 1934 ein heimisches Charakteristikum. Für den kleinen Mann von der Straße im Alltag und für das ganze Land. Anderswo gab es Partisanenkriege, während Österreich sich mit dem diktatorischen Nazi-Regime zu arrangieren versuchte. Ein fast unendliches Harmoniebedürfnis hat nach den turbulenten Zeiten der Ersten Republik und bis 1945 jedwede Konfliktkultur verdrängt und ist vom Boden- bis zum Neusiedler See stärker als anderswo. Selbstbewusst und demokratisch für eigene Standpunkte einzutreten, das ist heute unerwünscht. Wer es trotzdem tut, gilt sofort und ungeachtet noch so guter Sachargumente als Querulant. Deshalb findet an den staatlichen und kirchlichen Feiertagen keine allzu kritische Auseinandersetzung der Österreicher mit dem Österreichersein statt.

Konfliktlinien, Bruchstellen und Sprengbomben der Gesellschaft

Es gibt gesellschaftliche Bruchstellen in Österreich, die Parteidebatten als unstrittige Lappalie erscheinen lassen. Sie haben nichts mit Stilfragen zu tun, sondern stellen Sprengbomben des staatlichen Zusammenhalts dar. Öffentlich und Privat etwa sind seit Langem gegensätzliche Begriffe, doch waren sie und die dahinter stehenden Sektoren der Gesellschaft und Berufswelt bisher nicht im Kriegszustand.

Gegenseitige Vorurteile über Ellbogenschoner mit arbeitsloser Arbeitsplatz-Garantie und windige Job-Hopper mit der Mentalität von Haustürkeilern haben stets das Verhältnis von Beamten und in der freien Wirtschaft Tätigen geprägt. Schlimm ist, dass nun auf beiden Seiten ein Verlust der Planungs- und Lebenssicherheit durch die Schuld des anderen gesehen wird. Aufgrund geringer Einkommen fehlen mittlerweile dem Staat über 50.000 Lehrer und tummelt man sich bei den Privaten in prekären Beschäftigungsverhältnissen.

Gibt es seitens der ÖVP zu Recht Lob für Leistungsträger, so geschieht das inklusive Unterton, da wäre jede Menge leistungs- und womöglich lichtscheues Gesindel. Propagiert die SPÖ Steuerfreiheit für den Hackler, der zu wenig zum Leben verdient oder schon arbeitsunfähig ist, sind in diesem Fall Klassenkampf-Thesen ebenso berechtigt. Hängen bleibt freilich, dass die Hälfte der Arbeitenden und Erwerbsfähigen keine Lohnsteuer leistet. Das führt unter Besserverdienern zur Gegenreaktion: „Wir sind Idioten, welche für alle Nichtstuer blechen!"

Geschürt wird das rassistische Vorurteil, dass Inländer die Leistungsträger und Ausländer Sozialschmarotzer wären. FPÖ und BZÖ rühmen gute Einwanderer in einer Form, als würden lediglich schlechte Ausländer zu uns kommen. Innerhalb der ausländischen Mitbürger wird genauso Hass und Zwietracht gesät. In Wiens Außenbezirken gibt es Straßenzüge, wo Lokal für Lokal

31

strikt nach der geographischen und sprachlichen Herkunft getrennt wird, wer wohin geht. Wobei in der politischen Kommunikation nach Parteigutdünken die einen gut und die anderen böse sind. Es ist menschlich, sich der positiv dargestellten Gruppe zugehörig zu fühlen und subjektiv Begegnungen im Berufs- und Freizeitleben dummerweise immer mit den „Falschen" zu haben. Irgendwann folgt daraus eine Empfänglichkeit für politische Anti-Demokraten, diese müssten weg oder Schlimmeres.

Demographisch ignorieren alle Parteien das angesprochene Phänomen einer alternden Gesellschaft – und verweigern sich der Notwendigkeit von Anhebungen des Pensionsalters oder Senkungen der Pensionshöhe. Genauso wird Interkulturalität lediglich als latenter oder manifester Rassismus in Wahlkämpfen eingesetzt, mit ein paar Multikulti-Positionen als Gegenüber. Das verschleiert, dass die Demokratie an bestimmte ethnische Gruppen gar nicht herankommt. Die sozioökonomischen Ungleichheiten dahinter – ob nach Alter, Geschlecht oder Herkunft – interessieren nach einem Parteislogan nur „für unsere Leute".

Der Generationskonflikt: Junge Kerle und ältere Damen

Stellen Sie sich vor, in Österreich dürften nur Männer unter 30 wählen. In Oberösterreich 2009 wäre die ÖVP, welche fast die absolute Mehrheit schaffte, nur Zweiter geworden – knapp hinter der Strache-FPÖ, welche insgesamt nicht einmal ein Drittel der schwarzen Stimmen erhielt. Die Blauen lagen auch in Vorarlberg und Tirol unter Jungmännern auf Platz eins, und in der jüngsten Nationalratswahl genauso. In Salzburg war man nahe dran, in Kärnten dominierte bei der männlichen Zukunft des Landes statt der FPÖ das BZÖ mit absoluter Mehrheit.

Bei berufstätigen Frauen von 30 bis 59 Jahren hingegen muss die FPÖ hoffen, dass alle daheim bleiben, weil sowieso fast keine sie wählt. In Oberösterreich waren es schlappe 5 Prozent im Vergleich zu 36 Prozent der bis 30-jährigen Männer. Noch mehr sind Wählerinnen mit kleinem „i" über 60 das letzte Refugium von ÖVP und SPÖ, ohne dass irgendeine Oppositionspartei wettbewerbsfähig ist. Angesichts der steigenden Lebenserwartung, welche für Frauen noch höher ist, müssen die traditionellen Parteien nicht einmal den sofortigen Totalabsturz befürchten. Längerfristig erleben sie jedoch eine laufende Verengung ihres Zielpublikums.

Die FPÖ als Jungmännerverein überrascht kaum, weil mit seltenen Ausnahmen – etwa Susanne Winter mit ihrer unseligen Religionsfeindlichkeit im Grazer Gemeinderatswahlkampf – auch das Kandidatenangebot der FPÖ maskulin ist. Paradox ist freilich, dass die FPÖ zugleich mit dem Sicherheitsthema massiv punktet. Kraftstrotzende Kerle jüngeren Geburtsdatums sind nicht jene Menschen, die sich am meisten fürchten. Am allerwenigsten davor, von Pensionistinnen nächtens im Park überfallen und mit Handtasche oder Gehstock verprügelt zu werden.

Im Normalfall haben Männer ein Aggressionspotenzial, vor dem sich Frauen fürchten, und nicht umgekehrt. Müssten also nicht eher Letztere und weniger das angeblich starke Geschlecht wegen ihres Bedürfnisses nach mehr Sicherheit Proteststimmen der FPÖ geben? Nein. Einerseits bleiben ältere Damen den Traditionsparteien treu, weil sie ihnen jahrzehntelang soziale Sicherheit gegeben haben.

Andererseits ist exakt Straches Mannsbildtruppe von dieser Sicherheit ausgeschlossen. Noch ist der Generationskonflikt nicht ausgebrochen, doch eine Neiddebatte gegen Pensionisten steht womöglich bevor. In der Nachkriegszeit konnte man seinen Nachkommen Arbeit geben und garantieren, dass es ihnen später besser gehen wird als den Eltern. Die heutigen Pensionen sind eine Einlösung dieses Versprechens.

2009/10 stieg die (Jugend-)Arbeitslosigkeit und es steht fest, dass es unseren Kindern irgendwann schlechter geht. Ein Blick auf die Bevölkerungspyramide, wie oben beschrieben, beweist das: Das Sozialsystem braucht Wachstum, doch ist die nächste und arbeitende Generation zahlenmäßig viel zu gering. Jung und Alt werden einander in Zukunft als Gegner begegnen. Wer wie ich seine Tochter und ihr Lächeln ansieht, dem fällt es schwer, das zu glauben. Wir sollten uns trotzdem nichts vormachen. Übrigens beruhen Prognosen zur Bevölkerungs- und Generationenentwicklung auf zusammengefassten Daten, die nicht in die Intimsphäre des Einzelnen eindringen. Der Datenschutz ist ein anderes Problem.

Ein Vierteljahrhundert nach George Orwells „1984"

Schon vor einem Jahr schrieben wir das Neujahr zum 25-jährigen Jubiläum nach dem Big-Brother-Jahr 1984. Gemeint ist nicht das voyeuristische Fernsehspektakel aus der Schlüsselloch-Perspektive, sondern George Orwells literarisches Meisterwerk. Hatte Orwell mit seinem Szenario eines Überwachungsstaats recht?

Der Handel mit Privatdaten ist ein wirtschaftliches und politisches Geschäft. Nicht nur Werbematerialien werden zielgerichtet verschickt, sondern in den USA sollen die Parteien von jedem Wähler eine Computerdatei haben, was er einmal gemacht hat. Grundlage ist der Ankauf von Informationen via Kundenkarten von Lebensmittelketten und Drogeriemärkten, Tankstellen und Fluglinien, Bekleidungsindustrie und Freizeitshops.

Wollen Sie, dass eine politische Partei weiß, ob Sie vegetarisch einkaufen oder regelmäßig Medikamente nehmen, wann Sie wohin für welches Vergnügen reisen und was Form und Farbe Ihrer Unterwäsche ist? Vermutlich nicht. Während jedoch bei Orwell die Mehrheit der willenlos überwachten Neusprech-Menschen entweder ihr Schicksal hinnimmt oder in der Folterkammer endet, wäre es hierzulande leicht, anhand der obigen Frage öffentlich Anti-Technik- oder Anti-Politik-Vorurteile zu schüren.

Doch Vorsicht. Das Problem ist nicht zwangsläufig, dass wir im Orwell'schen Sinn von Fans eines totalitären Systems regiert werden. Auch vermeintlich machtlose Mitmenschen sind dem Datenwahn verfallen und Demokratie von unten kann sehr übel sein: Unter http://www.criminalsearches.com versuchen gute Nachbarn mithilfe des Internets, das Vorleben der Eltern und Lehrer von Kindern im Volksschulalter, eines Babysitters, des Hauselektrikers usw. auszuspionieren. Eine Graphik zeigt mittels Stadtplan auf Haus- und Türnummern punktgenau, wo angeblich suspekte Elemente leben.

Die Denunziantenplattform http://www.rottenneighbor.com bot bis vor Kurzem eine deutschsprachige Variante und sogar einen Preis von tausend Dollar für die gelungenste Privatüberwachung. Die Seite wurde inzwischen eingestellt, doch es gibt unzählige Nachahmer. Dass so etwas sich vor allem für Blockwartnaturen eignet, das ist noch freundlich gesagt. Positivvarianten, wenn auf der Datenautobahn als Bürgerbeteiligung rassistische Wandschmierereien oder schlicht eine kaputte Verkehrsampel gemeldet werden, sind demgegenüber brustschwach. Wie gut, dass unsere Kinder Computerfreaks sind. Das ist der Weg in den Untergang.

Es gibt bloß einen Hoffnungsschimmer für Österreich: Lemminge stürzen sich gar nicht in den Tod! Das ist pure Erfindung Walt Disneys. Es handelt sich dabei um einen Mythos. Im Tierdokumentarfilm „White Wilderness" hat man für die Dreharbeiten eine Herde Lemminge regelrecht von einer Klippe gescheucht, um Bilder für diese Aufnahme zu erhalten. Statt das angebliche Phänomen zu beweisen, hat man es nachgestellt. Wir Österreicher führen uns trotzdem so auf. Heute stehen wir am Rande des Abgrunds, morgen sind wir einen bedeutenden Schritt weiter.

Kapitel 2:
Österreich in Zeiten der Wirtschaftsmisere

Das nationale und internationale Top-Thema der letzten Jahre lautete Konjunktur. Im Mittelpunkt standen diverse Pakete für deren Ankurbelung in Zeiten der kapitalen Wirtschaftsmisere. Daraus ergibt sich das klitzekleine Problem, dass wir über die offenbar wichtigste Sache der Welt als Betroffene nur wissen, was ein Paket und eine Kurbel ist. Von Konjunktur haben Nicht-Wirtschaftsheinis im Regelfall keinen Detailschimmer. Lexikalisch liest sich das so:

In der Volkswirtschaftslehre versteht man als Konjunktur, wenn Nachfrage- und Produktionsschwankungen zu Veränderungen des Auslastungsgrades der Herstellungskapazitäten führen – in Abgrenzung von der Entwicklung der Kapazitäten im Sinn von wirtschaftlichem Wachstum selbst – und sie eine gewisse Regelmäßigkeit aufweisen. Das Ganze in Abgrenzung von einmaligen Sondereinflüssen. – Haben Sie verstanden? Wenn ja, aufrichtigen Glückwunsch zur goldenen Ananas. Falls nicht, herzlich willkommen in der Mehrheitsfraktion. Als solche quatschen wir eben von der Krise, ob wirtschaftlich oder sonst wie. Das versteht wenigstens fast jeder. Komplexe Prozesse der österreichischen Wirtschaft sind allen zu kompliziert – den Politikern, den Medien und für beider Publikum.

Nun ist das Phänomen komplizierter Zusammenhänge, die wir nur teilweise kapieren, nicht neu. Sogar windige Automechaniker können Durchschnittsfahrern durch geschickte Verwendung von Spezialausdrücken einreden, dass der Untersatz für die

Ewigkeit sicher oder an der nächsten Straßenecke Schrott sei. Die Differenz findet sich bei unbedarften Lenkraddrehern auf der Rechnung wieder. Wahrscheinlich in vierstelliger Höhe. Zahnärzte perfektionieren das sowieso bis hin zur unglaublichen Gewinnmaximierung. Wir müssen ihnen glauben, weil sich niemand ins eigene Maul schauen kann. Genauso steigen die meisten vertrauensvoll in ein Flugzeug, obwohl es für Physikdilettanten ein Mysterium bleibt, warum das tonnenschwere Ding nicht vom Himmel plumpst.

Man muss nicht alles verstehen. Die Luftfahrt funktioniert blendend, ohne dass die Passagiere Kontrollinstanz des Piloten sind und ihn während des Fluges basisdemokratisch (ab-)wählen. Dummerweise hat die österreichische Fluglinie AUA andere Sorgen als flugtaugliche Steuerleute in der Luft. Die Fehler für eine Fast-Pleite waren mehr in den obersten Etagen zu suchen. Parteipolitische Postenbesetzung inklusive. Der Passagier kann da nicht Kontrollinstanz sein, der Bürger und Wähler möglichst schon.

In der Politik und beim Thema Wirtschaft ist das Verhältnis von Macht und Kontrolle also sensibler. Das Volk soll seine Volksvertreter kritisch beäugen, was sie Gutes oder Schlechtes anstellen. Niemals dürfen Regierte regierenden Entscheidungsträgern ausgeliefert sein, welche einem alles erzählen können. Ob das Hilfspaket der EU für Griechenland mit vielen Milliarden Euros als Schutzschirm im Frühjahr 2010 notwendig war, bleibt dem Volk freilich angesichts der obigen Komplexität und Kompliziertheit nicht erklärbar. Was als wahres Schlamassel sinngemäß für jede Ausgabe von Steuergeld übertragbar ist.

In Demokratien sind Informationsflüsse von oben nach unten sowie umgekehrt Grundkonsens und -bedingung, doch bei der Wirtschaftskrise geraten wir zunehmend in einen Zustand der informativen Überfrachtung. Was medial über die Wirtschaftskrise zu lesen ist, grenzt entweder an hochkarätige Voodoo-Beschreibung mit sensationellem Fachchinesisch. Oder die Vereinfachung wird zum unseriösen Newsflash. Rezession, Baisse-Spekulationen und/oder Vorlaufindikatoren jeweils in Sekunden erklärt. Das nutzt Politikern, weil sie weder tiefer gehende Kenntnisse unter Beweis stellen müssen, noch wir diese überprüfen können.

Mit Vorwürfen als Rundumschlag an Politik und Medien ist es dabei nicht getan. Im Internet ist jedwede Information über Wirtschaft und andere Krisen inklusive Politikeraussagen dazu in bibliothekarischem Umfang verfügbar. Theoretisch. Es fehlt die Mediennutzungskompetenz der Österreicher, um virtuell selbst Chefredakteure zu sein. Zwei Informationen zur globalen Finanzmisere sind besser als eine, zehn besser als zwei. Sind jedoch 100 Infos auch besser als 10, 1000 besser als 100, 10.000 besser als 1000 usw.? Spätestens bei den letztgenannten Zahlen stimmt die Rechnung nicht mehr.

Das wäre nicht tragisch, wenn Herr und Frau Österreicher eben zu dem Schluss kommen, dass Meinungsbildung, Entscheidungen und Verhalten stets auf unsicheren und unvollständigen Informationslagen beruhen. Man muss halt mit 100 Informationen bestmöglich nachdenken und das Beste daraus machen. Leider beweisen Studien der Psychologie, dass es dazu nicht kommt. Stattdessen neigen Überforderte zur Themenverweigerung und hören lieber zu, was ein politischer oder wirtschaftlicher Spinner erzählt.

Nun ist es wenig realistisch, dass in kürzester Zeit lauter Österreicher mit perfekter Mediennutzungskompetenz herumlaufen. Sozusagen der Idealtypus des mündigen Bürgers, welcher sich in allen Wirtschaftsbereichen nichts vormachen lässt. Alle zu ökonomischen Experten für alles zu machen, das ist ein absurder Ansatz. Demnach müssen – neben einem Schwerpunkt für wirtschaftspolitische und mediale Bildungsarbeit – mehr und stärkere Institutionen der Informationskontrolle geschaffen werden. Dazu zählen gezielt geförderte Medien mit Wirtschaftsressorts außerhalb des Gängelbandes der Politik oder von Großkonzernen – und mit genügend Geld für wirklich journalistische Arbeit statt verlautbarendem Wirtschaftsjournalismus.

Es fehlt eine Presseförderung, die den Namen verdient und zugleich an eine Verpflichtung zur Qualitätskontrolle sowie Aus- und Weiterbildung der Journalisten gebunden ist. Wer wiederholt unseriös berichtet oder bloß ungelernte Frischlinge zu Hungerlöhnen anstellt, wird nicht nur moralisch mit erhobenem Zeigefinger getadelt, sondern bekommt kein Steuergeld mehr. Beim Rechnungshof und in der Justiz dürfen windige Wirtschaftstypen ebenfalls nicht mit Fantasiegeschichten durchkommen, weil zu wenig und wenig kompetentes Personal vorhanden ist. Doch vor allem sind gut gemachte Medien jene Instanz, die als Schleusenwärter aus unzähligen Informationen im positiven Sinn das Wichtigste selektiert und verständlich aufbereitet.

Schlecht- und Schönreden als wirtschaftliche Disziplin

In der Bekämpfung der Wirtschaftskrise sind wir jedenfalls Weltmeister des destruktiven Grants. Negativität der Eliten und Pseudo-Eliten bis hin zu den Intellektuellen unterdrückt jedweden Optimismus. Schlechte Nachrichten sind bekanntlich stets gute Nachrichten. Ganz besonders in den heimischen Medien. Diese machen mit Berichten über Katastrophen und Krisen ihre Quote. Wer in Medien auftritt, läuft Gefahr, ähnlich zu denken und so seine Rolle zu finden. Politische, wirtschaftliche oder kulturelle Erfolgsgeschichten interessieren im Vergleich dazu keine Laus. Das mag weltweit so sein, doch im geographisch und medial extrem kleinräumigen Österreich wird aus dem Gejammere automatisch ein in den wenigen Fernsehsendern und Zeitungen verfestigtes Meinungsbild.

Für das Jahr 2011 meinen nun Kommunikationsexperten, dass die Bevölkerung Schreckens- und Angstszenarien satthat. Max Mustermann als typischer Österreicher will im Grunde optimistisch in die Zukunft blicken. Angeblich möchten das mindestens zwei Drittel. Falls das kein Wunschdenken von PR- und

Marketing-Fuzzis ist, haben wir im Land der Grantigen und Meckerer ein ziemliches Problem.

Seit der griechischen Tragödie am Rande des Staatsbankrotts 2010 ist es nämlich sogar für sonnige Wirtschaftsjournalisten schwer, Gutes in und aus der Welt zu verbreiten. Dauerstreit und Gezänk politischer Parteien stellen für nach Negativmeldungen lechzende Journalisten aufgelegte Elfmeter dar, wobei der Tormann Tag für Tag eine 24-stündige Mittagspause genießt. Doch Nicht-Politiker haben ebenso mit positiven Fremd- und Selbstbeschreibungen so ihre Schwierigkeiten.

Beim Thema Bildung etwa werden mitten in der Wirtschaftskrise ständig Notstände ausgerufen und medial in den Notfall als Regel umbenannt. Die für Wissenschaft zuständige Ministerin sollte nach wenigen Monaten Amtszeit zum gefühlt hundertsten Mal zurücktreten, was von ihrem Vorgänger ohnedies täglich gefordert wurde. Jedem Nachfolger würde selbiges passieren. Im Gegenzug heißt es, die unglaubwürdige Hochschülerschaft hätte das gefälligst Hand in Hand mit ihr und ihm zu tun. Einerseits behaupten alle, dass in einem guten Bildungssystem der perfekte Lösungsansatz für Österreichs Problem verborgen ist. Andererseits stellen von den Parteipolitikern über Rektoren und Experten bis hin zu den mit erschütternd geringer Wahlbeteiligung gekürten Studierendenvertretern alle das eigene System Bildung als unter aller Sau sowie hoffnungslos unterfinanziert dar. Wie sollen Österreichs Akademiker da konstruktiv arbeiten und sich optimistisch mit der Bekämpfung von Krisen aller Art auseinandersetzen?

Einig ist man sich bloß darin, dass quasi an Universitäten das Geld für Klo- und Kopierpapier fehlt und für immer fehlen wird. Von wirtschaftlich tragfähigen Ressourcen ganz zu schweigen – seit Jahren gab es keine einzige Meldung in diese Richtung, für die nächsten Jahrzehnte werden ausreichende Mittel geradezu ausgeschlossen. Zur Klarstellung: Der Autor dieser Zeilen lehrt und forscht an einer Universität. Das ist mein Traumberuf. Trotzdem mutet es seltsam an, permanent zu hören, dass man für ein schlecht organisiertes und mies ausgestattetes Unternehmen arbeitet, das seine Aufgaben nicht erfüllen kann und zahlungsunfähig ist. Dazu später mehr.

In der Rubrik Gesundheitsökonomie geht es auf Zeitungsseiten um Krankheiten und manchmal darum, dass das System zu deren Heilung mehr oder weniger Schrott wäre. Und pleite sowieso. In den Kassen werden Millionen sinnlos verbrannt, die Medikamentenpreise sind eine Frechheit und Zwei-Klassen-Medizin wird zum Schlagwort. Was Studien zufolge in der Tat eine Zukunftsangst der Österreicher ist, welche trotz aktueller Positivbefunde fröhlich geschürt wird. Als Rahmen für alle Lösungen sollte vielmehr gelten: Bildung und Gesundheit sind öffentliche Güter, das heißt Staaten haben sich offensiv darum zu kümmern und dürfen in diesen Politikfeldern niemals bloß auf Gesetzmäßigkeiten des Marktes vertrauen.

Wenn Medien über Medien berichten, wird der Untergang des sich finanziell jenseits des Endes befindlichen ORF herbeigeredet, ohne dass dessen elektronische oder gedruckte Konkurrenz gut wegkommt. Am Ende sind alle am Sand. Im Sport matchen sich Doper um Schlagzeilen. Die Kirche hat jahrzehntelang selbst den Stoff für die Negativmeldungen des Jahres 2010 aufgebaut. Wessen Vertreter Kinder sexuell missbrauchen oder schlagen, kann kaum das Wort Gottes als Positivbotschaft verbreiten. Erfreuliches ist jedenfalls Fehlanzeige.

Natürlich sind obige Medieneindrücke das Produkt meiner subjektiven Wahrnehmung. Wer daran schuld ist? Nur Einfaltspinsel schreiben Negativität den sensationslüsternen Schreiberlingen zu. In Wahrheit ist es ein österreichisches Kulturmerkmal, dass Schönrederei zu Recht verpönt und Schlechtreden zu Unrecht salonfähig ist. Wenn also in den kommenden Jahren nach der Krisenzeit Aufbruchstimmung vermittelt werden soll, werden Meinungsführer und -macher aller Art das kaum zulassen.

2011/12 werden übrigens Jahre der Sparbudgets. Das ist kein Widerspruch zur Hoffnung auf Neu- und Wiederaufschwung, weil eine Chance zur Reform inklusive Ballastabwurf unsinniger Ausgaben. Doch die Vorhersage, dass stattdessen Kaputtsparen, Sparen am falschen Ort und gescheiterte Sparvorhaben als Begriffe zu Modewörtern sowie Kampfslogans werden, ist weniger gewagt als jede Wahlprognose. Zudem stimmt es pauschal von Bildung bis Gesundheit. Da liegen objektiv die größten Sparmöglichkeiten einer Verwaltungsreform begraben. Mit Betonung auf Grab, denn kein Provinzkaiser hat bisher die Schließung von Landesschulräten oder Landesspitälern zugelassen.

Umgekehrt hat das Argument natürlich etwas für sich, viel gefährlicher als jedweder Skeptizismus wäre es, sich hässliche Negativentwicklungen hübschzureden. In der Wirtschaftskrise entdecken beispielsweise manche die großen Denker und Dichter, um zu sagen, dass alles gar nicht so schlimm wäre. Das passende Zitat dazu liefert Max Frisch: „Jede Krise ist eine Chance. Man muss ihr nur den Beigeschmack der Katastrophe nehmen!" Nun war Herr Frisch Schweizer und ist 1991 gestorben. Wer nicht an unmittelbare Wiedergeburt glaubt, kann geographisch und biologisch ausschließen, Frisch hätte seine tröstenden Worte auf die Wirtschaftslage in Österreich zwei Jahrzehnte nach seinem Tod bezogen.

Noch viel verräterischer ist das frisch-fröhliche Eingeben der großen Worte in eine Internetsuchmaschine. Neben ein paar Literaturseiten führt uns das massenhaft zu Slogans von Werbeagenturen. Ob die dortigen Gurus oft ins Theater gehen? Womit klar ist, wer die wahren Krisengewinner sind. Krise als Chance zur Veränderung in Abwandlung des Originalzitats, das hat vermutlich jeder irgendwo gelesen. Es klingt gut, doch stehen dahinter Interessen, Geld zu machen. Mit dem geänderten Zustand an sich oder der Kommunikation desselben.

Was soll sich eine Alleinerzieherin mit Halbtagsjob und drei Kindern, ein Kleinunternehmer am Rande des Bankrotts oder ein auf dem Arbeitsmarkt diskriminierter Mensch mit Migrationshintergrund dabei denken? Wer krisenbedingt täglich Arbeitsplatz und Existenzgrundlage zu verlieren droht, hat nichts von schönen Worten, was das für tolle Veränderungschancen mit sich bringen soll. Das gilt generell für die Wirtschaftskrise: Sämtliche Optionen für einen wirklichen Wandel wurden großartig verpasst, lediglich bisherige Gewinner haben neue Möglichkeiten der Profitsicherung gefunden. Soziale Verlierer sind solche geblieben.

Zusammengefasst ist Österreich also ein Volk der Schön- oder Schlechtredner. Himmelhochjauchzend oder zu Tode betrübt. Den goldenen Mittelweg finden wir nicht. Konsequenz ist eine gigantische Kluft zwischen sich als rechte Leistungsträger verstehende Bürger, welche den Rest der Gesellschaft als linke Schmarotzer sehen. Dem stehen nicht die wirklich Armen gegenüber – solche haben kaum eine Stimme oder Lobby –, sondern Klassenkämpfer, für die trotz privater Bürgerlichkeit öffentlich jeder Andersdenkende ein spießig-reaktionärer Großkapitalist ist. Nicht umsonst ist der Mittelstand die Gruppe der Verlorenen. Zum Teil aus eigener Schuld. Doch was sagt in Österreich eine Partei, egal welcher Farbe, einfachen Bürotätigen mit mittlerem Einkommen, warum er oder sie ausgerechnet rotschwarzblau-orangegrün wählen sollte? Von der kuriosen Hacklerregelung zum Vorteil der Büroangestellten bis zur gesenkten Körperschaftssteuer für Unternehmer gibt es für alle wenigstens populistische Antworten. Für die meisten Angestellten herrscht Schweigen im Walde.

Leistung ja, aber wie? Mittelstand und Neiddebatte

Grundsätzlicher Streitpunkt zwischen den Regierungsparteien ist in der Großen Koalition vulgo GroKo, ob sich Leistung mehr lohnen soll oder der Staat (noch) größere Obsorgeleistungen zu erbringen hat. Die ÖVP argumentiert, dass Leistungsträger der Gesellschaft als Mittelstand netto zu wenig Mehrwert für ihre

Arbeit erhalten, wenn schlechter verdienende Österreicher durch Sozial- und Transferleistungen sowie geringere bis keine Steuern sowieso auf einen ähnlichen Monatslohn kommen.

Demgegenüber sagt die SPÖ, dass niedrigere Einkommen nicht am geringen Leistungswillen liegen, sondern an mangelnden Chancen infolge sozialer Ungerechtigkeiten, welche eben durch staatliche Zuschüsse verstärkt auszugleichen sind. Dieser Auffassungsunterschied innerhalb der Bundesregierung führt zur spannenden Frage, welche Leistung sich finanziell in welchem Ausmaß lohnen soll. Das Linzer IMAS-Institut hat 2010 versucht, das herauszubekommen. Die simple Fragestellung war, wovon es in erster Linie abhängig sein soll, was ein Mensch im Beruf verdient.

Herr und Frau Österreicher meinen dazu, dass Muskelkraft allemal anerkennenswerter wäre als geistige Arbeit. Wichtigster Richtwert für die Bemessung der beruflichen Leistung wäre demnach, so meinten rund zwei Drittel, die körperliche Schwierigkeit und Anstrengung des jeweiligen Jobs. Art der Ausbildung und Höhe der Qualifikation sowie denkerische Schwierigkeit der Arbeit rangieren im Vergleich dazu unter ferner liefen. Wer Maschinen bedienen kann oder sie gar zur Arbeitserleichterung aller erfindet, leistet angeblich weniger als der dadurch rückläufige Körperarbeit Verrichtende.

Modernisierung und das theoretisch gemeinsame Ziel nicht so körperlich anstrengender bis abnützender Arbeit für alle werden also skeptisch gesehen. Völlig abgeschlagen als Maßstab der Entlohnung sind Ideenreichtum und Kreativität, Mobilität und Flexibilität sowie Freundlichkeit im Umgang mit Kunden. Letzteres sieht bloß etwa ein Fünftel als im Leistungszusammenhang wichtig an. Auch das Bekenntnis zum Verzicht auf Eigeninitiative dürfte der Wirtschaft kaum zur Behauptung im internationalen Wettbewerb helfen.

Mit dem unbestrittenen Wandel von der Agrar- und Industrie- zur Dienstleistungsgesellschaft hat so ein Meinungsbild wenig bis gar nichts zu tun. Obwohl die Arbeitsplätze im primären und sekundären Sektor der Güterherstellung beziehungsweise -verarbeitung zunehmend verschwinden und höchstens in der tertiären Angestelltenwelt mehr werden, sollte es dafür der öffentlichen Meinung zufolge am wenigsten Geld geben.

Paul Eiselsberg, Forschungsdirektor von IMAS, fasste das Ergebnis sinngemäß so zusammen: „Wir haben ein Berufsverständnis und einen Leistungsbegriff aus den siebziger Jahren!" Dem ist nichts hinzuzufügen. Der gesellschaftliche Sprengstoff liegt darin, dass man einerseits veraltete Vorstellungen des Leistungsbegriffs kritisieren kann: IMAS schlussfolgert, dass das berufliche Anforderungsprofil der Bevölkerung sich als Realitätsverweigerung an der Schornsteinindustrie orientiert. Andererseits werden ebenda schlechte Löhne bezahlt. Also werden Arbeiter und Angestellte gleichermaßen wenig geschätzt und sind entsprechend frustriert.

Das führt zu einer enormen Neiddebatte innerhalb des Mittelstandes. Ein Beispiel: Die EU-Bediensteten bekamen 2009 eine Gehaltserhöhung von 3,7 Prozent. So eine Sauerei, empörten sich Österreichs Staatsdiener. Ach ja, die heimischen Beamten erhielten im selben Jahr zwischen 0,9 und 1,2 Prozent mehr. Auch eine ziemliche Ferkelei, sagten Nicht-Beamte. Als richtig schweinisch gelten unter allen Genannten besagte Hacklerpensionen, Arbeits- und Rentenvorteile von ÖBB bis Nationalbank, Unkündbarkeit und Versetzungsschutz für Lehrer – kurzum alles, das irgendjemand bekommt, der nicht ich bin.

Was übrigens Politiker, (ORF-)Journalisten, Wissenschaftler und sonstiges Gesindel verdienen, ist sowieso eine tierische Frechheit! Für mittlere Einkommensschichten entsteht die eigene Misere oft durch Wehklagen, dass es dem jeweils anderen zu gut geht. Von den angeblich Millionen (Er-)Schwindlern von Sozialleistungen ganz zu schweigen. Was die FPÖ, egal ob früher in der Haider'schen Variante und heutzutage in Strache-Form, mit solchen Klischees als Propaganda macht, sind im Grunde nichts als Fingerübungen. Ein lebender Max Frisch hätte uns anhand des

Falls der Schweizerischen Volkspartei erzählen können, wie man den Hass auf Bessergestellte so richtig hochzieht, um in die Regierung einzuziehen und dort unverdrossen Oppositionspolitik zu machen.

Schließlich haben wir sogar einen Parteichef – so mehrmals wörtlich Heinz-Christian Strache –, der stolz darauf ist, trotz Nächstenliebe bereits den Übernächsten nicht zu mögen. Umgekehrt handelt es sich natürlich um wohlerworbene Rechte. Sparen ist super, doch bitte nur in Nachbars Garten. Nicht etwa bei Zulagen, Schutzbestimmungen und sonstigen Extrawürsten im persönlichen Schreberreich.

Bei einer Befragung im Frühjahr 2010 durch IMAS erklärten zwei Drittel, dass sie strenge Sparmaßnahmen der Regierung zur Budgetsanierung für notwendig halten. So weit, so gut. Die Bereitschaft der Österreicher, selbst Opfer zu bringen, hält sich jedoch in Grenzen: Dieselben zwei Drittel treten für eine höhere Besteuerung von Managergehältern ein. Manager dürften gegenteiliger Ansicht sein. Mehr als die Hälfte stimmt einer Reduzierung der Ausgaben für Flüchtlinge und Asylwerber zu. Was Betroffene weniger gut finden. Für den Abbau von Beamten und eine Verwaltungsvereinfachung sprechen sich auch knapp über 50 Prozent aus. Vermutlich nur Nicht-Beamte meinen das. Doch lediglich fünf Prozent sind für eine höhere Besteuerung des 13. und 14. Monatsgehalts. Jeweils vier Prozent treten für eine Nulllohnrunde bei den Gehältern ein sowie für ein Einfrieren von Pensionen. Muss man noch mehr sagen?

Es ist gemeingefährlicher Unsinn, Neiddebatten der Alpenrepublik so darzustellen, als würde Superreichen und Banken ihr Geld missgönnt. Der Neid des Mittelstandes ist vielmehr das Verübeln jedweder Gutstellung anderer Personen, so klein diese auch sein mag und obwohl es einem selbst gut geht. Gründe dafür sind – neben Bosheit oder Minderwertigkeitskomplexen – das Unvermögen und die fehlende Bereitschaft, sich in die Lage des besagten anderen zu versetzen.

Es darf bezweifelt werden, dass hierzulande vom Bahnange-
stellten bis zum Kleinunternehmer lauter Nichtstuer herumlaufen, die sich ungerechtfertigte Vorteile verschaffen und zudem aus
Tollerei oder Sadismus ihre benachteiligten Mitbürger verhöh-
nen. Das Klischee von Privilegienrittern aller Art denkt sich leichter für den, der nicht über Sorgen der anderen nachdenkt. Ebenso
zu empfehlen ist ein Gedanke an Vorteile des eigenen Berufs, um
sie in der Folge zuzugeben.

Bloß die Ärmsten der Armen tief unten beklagen sich völlig zu
Recht über privilegierte Gruppen hoch oben. Doch sind pauschale Schuldzuweisungen an ausländische oder sonstige Feindbilder
falsch. Es sind die Menschen in der Mitte, welche – und das ohne
Ironie – einerseits tatsächlich hart arbeitende Leistungsträger sind
und andererseits sich trotzdem nicht von Gott und der Welt aus-
genutzt fühlen müssen.

Ein Beispiel für wechselseitiges Verstehen: Wenn schulische
Lehrende in der unterrichtsfreien Zeit zu Hause arbeiten, so ist
das ein Privileg. Wer es als Lehrer den ortsgebundenen Fließ-
bandarbeitern oder Schalterbeamten gegenüber zur schrecklichen Bürde erklärt, hat Sprünge in der Schüssel statt Hirn-
schmalz im Kopf. Besagte Angestellte könnten dafür einsehen,
dass junge Volksschullehrerinnen knapp über tausend Euro
verdienen und nie in ihrem Leben bezahlte Überstunden haben.
Die Vor- und Nachbereitung der Schulstunden können von diesen Frauen – Männer im Beruf sind ähnlich den Kindergärtnern
absolute Mangelware – im trauten Heim geleistet werden. Wenn
das jedoch nicht zuletzt infolge der Doppelbelastung Beruf
und Familie viel länger dauert, zahlt niemand einen Extra-Cent
dafür.

Die Welt der Beamten und Nicht-Beamten unterscheidet sich
gewaltig. Der Durchschnittsbürger wirft mit Bescheid auf Dauer
berufene und somit beamtete Diener des Staates und Vertrags-
angestellte in einen Topf. Auch sonst handelt es sich vom Müll-
arbeiter der Gemeinde Wien über Landes- und Bundeslehrer bis

zum Primararzt eines Krankenhauses oder Ministerialrat bei den öffentlich Bediensteten um eine sehr heterogene Gruppe.

In der Wahlforschung wird diese ungern analysiert, weil generalisierende Aussagen über Leute, die mit Abfallkübeln oder chirurgisch in Menschenbäuchen herumfuhrwerken, unseriös sind. Die Mehrheit unter ihnen haben übrigens die christdemokratischen Gewerkschafter, welche eher den beamteten (Büro-) Dienstleister verkörpern. Gleichzeitig kämpft der Arbeiter- und Angestelltenbund der ÖVP gegen den Eindruck, sich als knallharte Interessenvertretung für Beamte einzusetzen und Arbeitnehmer anderen Typs zu vergraulen.

Stammtischurteile transportieren das Bild vom Beamten als seine Ellbogen schonenden Fetischisten der Mittagspause, welcher Tag für Tag den nahtlosen Übergang vom Besprechungsfrühstück in die nachmittägliche Kaffeeschale perfektioniert. Beamte kontern mit dem Gegenklischee, dass ja überall sonst in der Schattenwirtschaft mehr verdient würde. Der Gegensatz vom öffentlichen und privaten Sektor ist uralt. Die Vorurteile vom Pfuscher und amtlichen Federfuchser hatten lange Zeit eine gewisse Liebenswürdigkeit. Bloß ab und zu schrie der Boulevard, mit den Schlaraffenbeamten müsse Schluss sein, und nicht erst mit Dienstschluss um 16 Uhr. Nun jedoch beginnt auch da eine Neiddebatte.

Zuletzt war 2009 mit dem BZÖ jene Partei, welche als einzige in der Beamtenwahl nicht antrat und somit ebenda keine Wählerstimmen zu verlieren hat, gegen dortige Pensionserhöhungen und für eine Nulllohnrunde der vom Staat Beschäftigten. Taktisch ist das eine gute Idee, weil in der Welt von Nicht-Beamten mehrheitsfähig. Es laufen genug Beamte in offene Kameras und sonstige Messer, als müssten sie Stereotypen bestätigen. Die gewerkschaftliche Lehrerin im ORF, welche das Lesen der Zeitung als anstrengende Zusatzleistung definierte, ist in unsäglicher Erinnerung.

Doch sollte man eine Lanze für Beamte brechen. Wenn ein Tapezierer Schmattes für Schwarzarbeit annimmt und das ausplaudert, wird keine Säule der Demokratie ins Wackeln gebracht. Sind Beamte unter dem Tisch Zuwendungen aufgeschlossen und brechen ihre Amtsverschwiegenheit, so (ver-)endet der demokratische Staat. Auch um politische Willkür zu verhindern, hat man sich bis zur Unkündbarkeit einige Dinge überlegt, die nicht nur Privilegien sind.

Ihr Image betreffend, haben unflexible Beamte zudem ein schreckliches Problem – sie müssen sich bei ihrer Verwaltungsarbeit an Gesetze halten. Sind diese so kompliziert, dass Umsetzungsakte immer umständlicher werden, ist der beamtete Vollstrecker oft unschuldig. Gesetzgebung ist Sache des Parlaments und daher Politiker- und Parteiensache. Nur einen Vorteil haben die Beamten: Ihren Job werden sie nicht so schnell los.

Tabus der Krisendebatte

Frauen sind übrigens die tatsächlich Benachteiligten in diesem Land. Rund einen Monat vor Ostern 2010 war der internationale Frauentag. Also gab es in den österreichischen Zeitungen am 8. März zahllose Zeilen über die Gleichbehandlung der Geschlechter sowie deren Unzulänglichkeiten. Nur vier Wochen später fand sich zur Auferstehung vom Sohn Gottes – und nicht seiner Tochter, wobei Gottvater als Mann mit Rauschebart gilt und Männer in Kirchen herrschen – in den Qualitäts- und Boulevardblättern nichts Gedrucktes über Frauen. Rein gar nichts.

Den Seitenhieb, dass das Frauenthema kurz nach dem jährlichen Gedenken keines mehr ist, müssen die mit nur zwei Ausnahmen ebenso männlichen Kollegen in den Chefredaktionen der Tageszeitungen aushalten. Sie haben ohnedies brav alle Statistiken, welche die massive Benachteiligung der Frauen in der österreichischen Gesellschaft belegen, memoriert. Vor allem jene mit dem Nachweis, dass Arbeitende weiblichen Geschlechts für dieselbe Arbeit viel weniger Geld bekommen.

In einer OECD-Studie aus 2007 versteckt ist freilich, was der echte Hammer maskuliner Dominanz beim Einkommen ist. In reflexartiger Interpretation frei nach Iwan Petrowitsch Pawlow heißt es nämlich, dass eine bessere und gleiche Bildung Allheilmittel und Patentlösung wäre. Von wegen. Der aufgrund von Altlasten für die Gesamtbevölkerung höhere Mädchenanteil unter Nicht-Maturantinnen und -Maturanten erklärt leider wenig. Mit dem tertiären Bildungsgrad erhöhen sich Einkommensmöglichkeiten der Frauen in Österreich um sechs Prozent. Das ist unter den OECD-Ländern der mit riesigem Ab- und Rückstand letzte Platz. Eine rote Laterne, bei der uns schwarz vor den Augen wird.

In Portugal sind es 60 Prozent, in Frankreich und Deutschland über 40 Prozent. Die Vorletzten, Italien und Schweden, liegen zwischen 15 und 20 Prozent. Das ist rund dreimal mehr als im älpischen Männerland. Nun hat Pawlow seinen Nobelpreis gar nicht für Verhaltensforschung, sondern für Arbeiten über Verdauungsdrüsen erhalten. Statt jedoch an den Erkenntnissen der OECD zu würgen, reagieren heimische Männer schlimmer als ein Hund mit dem Reflexnamen.

Die Zahlenbasis der Studie aus 2001 wäre veraltet. In Portugal seien Frauen generell benachteiligter. Damen würden bei uns halbtags arbeiten und deshalb weniger verdienen. Und die Erde ist eine Scheibe. Abgesehen davon, dass man(n) so weitere Ungleichheiten lebt – warum haben Frauen oft ungewollt weniger Vollzeitjobs als männliche Kollegen? –, handelt es sich um eine gedankliche Pauschalerklärung für Nicht-Denker.

Mit Teilzeitarbeit ist ein kleiner Teil der Einkommensunterschiede nach dem Geschlecht begründbar. Unter dem Strich bleibt, dass die Diskriminierung der Frau im Beruf sowohl salonfähig als auch bildungsresistent ist. Der Osterhase ist eben keine Häsin. Zudem sind in Österreich viele Personen im öffentlichen Dienst. Dort gibt es per Gesetz kaum Gehaltsdifferenzen für Männlein und Weiblein. Herr Österreicher muss sich demnach ganz besonders bei den gehobenen und akademischen Positionen des Privatsektors hervortun, um Frau Österreicherin zu benachteiligen. Traurig, und trotzdem wahr!

Angesichts der OECD-Zahlen klingen in der Theorie vernünftige Argumente gegen eine positive Diskriminierung von Frauen sehr hohl. Die Lösung, einfach Frauen gezielt zu bevorzugen und Männer bewusst zu benachteiligen, hat zugegeben den bitteren Beigeschmack, ein uraltes Unrecht durch ein neues Unrecht zu bekämpfen. Was kaum zur Befriedung gesellschaftlicher Konflikte beitragen dürfte. Trotzdem sind gesetzliche Quoten zur Förderung von Frauen offenbar der einzige Weg, damit wir Männer kapieren, was an wirtschaftlichem und sozialem Potenzial brachliegt. Jenseits der Gesellschaftstheorie und des Angstbildes feministischer Vorkämpferinnen mit in Einzelfällen radikaler Ausprägung verzichten wir nämlich in der Arbeitswelt auf den Mehrwert weiblicher Qualifikationen. Schön blöd. Wenn männliche Entscheidungsträger da zu ignorant sind, muss also dessen Nutzung unter Strafandrohung vorgeschrieben werden, um das Gemeinwesen nicht zu schädigen. Mehr Kinderbetreuung in Tagesstätten und spezifische Frauenbildungsprogramme sind erst Begleitmusik und Folgemaßnahme, nachdem Machos zum Umdenken gezwungen wurden.

Frauen und Gleichberechtigung sind zugleich ein Musterbeispiel, wie sehr nicht nur in wirtschaftlichen Krisenzeiten öffentliche und veröffentlichte Meinung voneinander abweichen können. In halbwegs seriösen Zeitungen und im öffentlich-rechtlichen ORF wird der Satz „Frauen gehören an den Herd!" nicht vorkommen. Bei so einer offenkundigen Frauenfeindlichkeit ist das gut so. Heißt das jedoch, dass es nicht dennoch jede Menge Menschen in Österreich gibt, die trotzdem das denken und dass Frauen im Berufsleben generell nichts zu suchen hätten. In Führungspositionen am allerwenigsten. Hierzulande leben tausende Männer, welche das weibliche Geschlecht am allerliebsten an der heimischen Kochstelle verorten. Vorzugsweise nackt.

Was für den Sexismus gilt, ist auch beim Rassismus und in der Wirtschaftskrise so. „Ausländer stinken!" und ähnliche Unappetitlichkeiten der grauslichen Art sind medial ein Tabu. In der Bevölkerungsmeinung sind solche Aussagen trotzdem vertreten. Genauso denken viele, dass in der Krise schon die Richtigen – Faule, Nichtstuer und Drückeberger – ihren Job verlieren würden. Pleite gehen stets diejenigen, welche es verdient haben, solange man es nur nicht selbst ist. Was im Volksmund oft genug Frauen und Ausländer sind.

Apropos Tabu. Das Teuflische am Thema Wirtschaftskrise in Österreich ist, dass sie mit Geld zu tun hat. Das ist das allergrößte Tabuthema überhaupt. Wer in den USA 100.000 Dollar im Jahr verdient, sagt das voller Stolz. Krise hin oder her. Die ehrliche Erstreaktion des Zuhörenden jenseits des Atlantiks ist Bewunderung. Gefolgt von neugierigem Interesse, was man denn so gut könne und leiste, dass jemand dafür besonders viel bezahlt. Wer als Österreicher sechsstellige Summen und mehr verdient, hält lieber seine Klappe. Als erster Reflex kommt es zur Rückfrage, wen man quasi dafür umgebracht hätte. Oder mit welch fragwürdigen Machenschaften auf korrupte Art so etwas geht.

Das ist nicht durch eine realsozialistische vulgo kommunistische Ideologie begründet, dass hohe Einkommen an sich gesellschaftspolitisch unerwünscht sind, sondern liegt an der verlogenen Einstellung zum Geld. Bei uns hätte jeder gerne viel davon, nur zugeben darf das keiner. Normal darüber zu sprechen, das ist eine totale Unmöglichkeit. Was immer in Österreich jemand über dem Durchschnittsgehalt bekommt, ist für viele seiner Mitmenschen auf jeden Fall zu viel. Daher haben sogar einfache Angestellte und nicht etwa nur Spitzenmanager eine anerzogene Scheu, ihre Lohnsumme zu nennen. Trickreiche Auswege sind hingegen erlaubt und werden von der Gesellschaft anerkannt. So etwa existieren für Staatsbedienstete, welche im Regelfall keine Großverdiener sind, über 150 Nebengebühren. Das klingt besser als eine Erhöhung des Gehalts. Der klitzekleine Haken: Über 90 Prozent entbehren einer gesetzlichen Grundlage, wie der Verfassungsgerichtshof 2009 anmerkte.

Dahinter mögen taktische Überlegungen stecken – es ist für den Staat billiger, seinen Bediensteten dubiose Gebühren zu zahlen, statt eine Gehaltserhöhung zu geben, weil Letztere in die Pension einfließt –, doch im Grunde handelt es sich um Umgehungswege, offen über Geld zu sprechen. Warum nicht der kurz angesprochenen Volksschullehrerin, die sich mit der Zukunft der Kinder um das Wichtigste überhaupt kümmert, das Doppelte bezahlen? Sie sollte von ihrer Tätigkeit her ja ein dafür ausreichend gutes Image haben. Doch das hat eben nur Bestand, solange sie – wenn an einer staatlichen Schule – als beamtete Frau wenig verdient. Bestenfalls wird ihr gebührliches Zusatzgeld für das Ordnen der Lehrmittelsammlung zugestanden. In öffentlichen Begründungen wird das womöglich mit der Nennung von Prozentwerten statt Beträgen verklausuliert. In und nach der Wirtschaftskrise wird es freilich selbst für gelernte Österreicher schwierig, über Geld zu reden, ohne Zahlen auszusprechen.

Nackte Zahlen und (partei-)politische Folgen

Es dürfte sich bis ins hinterste Alpental und sogar unter Beamten herumgesprochen haben, dass wir eine schwere Wirtschaftskrise erleben. Wie gut oder grottenschlecht geht es Österreich wirklich? Zumindest im Vergleich mit der isländischen oder griechischen Pleite stehen wir super da. Was keine große Kunst ist.

Echter Maßstab ist der EURIBOR (Euro Interbank Offered Rate) – ein internationaler Zinssatz, zu dem als beste Schuldner geltende Banken einander Geld borgen. Für Privatpersonen und Kleinunternehmen gab es lange Zeit sowieso kaum Kredite, doch das ist ein anderes Thema. Staaten zahlen abhängig von der Qualität ihrer Finanzlage den EURIBOR plus einen Aufschlag. Je sicherer es ist, dass ein Staat den Kredit zurückzahlen kann, desto geringer sind diese Zinsen. Österreich ist im portugiesisch-irisch-italienisch-griechisch-spanischen Vergleich da zwar eine Insel der Seligen, trotzdem wird derzeit mehr aufgeschlagen als jemals zuvor. Nur weil die Vergleichsgrößen in englischer Sprache als PIGS irgendwo zwischen Stalltier und Muppetpuppe Miss Piggy angesiedelt werden, muss nicht für uns alles schweinerosig sein.

Das klingt nicht sehr beruhigend. Gerüchtsbeispiele, dass Weißrussland und die Ukraine die Mehrheit der Kredite aus Österreich haben oder hiesige Banken angeblich in Summe hunderte Milliarden Euro aus Ostkrediten abschreiben – also das Geld und jedwede Hoffnung auf eine Rückzahlung zu vergessen sind –, waren und sind noch beunruhigender. Offiziell sagt uns das keiner.

Von Bankmenschen und Wirtschaftstreibenden darf niemand verlangen, Miseren der eigenen Branche offensiv in die Welt zu posaunen. Allerdings schweigen zugleich Politiker, welche uns als gewählte Volksvertreter zu Rede und Antwort verpflichtet sind. Demokratie bedeutet Transparenz, daher haben generell politische Verheimlichungen und/oder Beschönigungen in ihr nichts zu suchen. Theoretisch liefert ein solches Vorgehen von Bundes- oder Landesregierungen geradezu Wahlausschließungsgründe, um beim nächsten Mal für eine Oppositionspartei zu stimmen. Ganz schlimm wird es, sollten Bevorzugte mit Insiderinformationen versorgt werden, um ihr Kapital in Sicherheit zu bringen.

Punktum? Vorsicht, so einfach ist die Sache nicht. Horror-Ankündigungen, dass alle alles verlieren, könnten den allgemeinen Bankrott erst recht auslösen. Eine sich selbst erfüllende Prophezeiung ist das Letzte, was eine Regierung tun darf. Jede Bank XY geht pleite, wenn der Bundeskanzler oder sein Vize-Finanzminister das täglich in den Medien befürchtet, und demzufolge alle Kunden ihr Geld abziehen. Da mag es verantwortungsvoll sein, nicht ungefragt den reinsten Wein der allerbittersten Sorte einzuschenken. Dürfen umgekehrt dafür demokratische Grundprinzipien geopfert werden? Ein unlösbares Dilemma.

Ein Lösungsversuch sind Staatsgarantien für Zinseinlagen. Politische Entscheidungsträger sagen uns vielleicht nicht die ganze Wahrheit, was wie schlimm ist, um Panik zu verhindern. Umgekehrt versprechen sie, dadurch beziehungsweise durch zu spätes Handeln ausgelöste Geldverluste im Fall des Falles auszugleichen. Das gilt als Pakt, mit dem Regierende und Regierte in einer Demokratie dieser Tage leben müssen. Gefährlich wird es, wenn so ein Prinzip zum Regelfall für alle Fälle wird. Oder wenn wir es für eine kärntnerische Hypo-Bankpleite benötigen. Doch mit den verlorenen Millionen oder Milliarden ist es so eine Sache. Die Unfassbarkeit der großen Zahl wurde bereits im ersten Kapitel beschrieben. Hier gilt genauso: Ab der zweiten Million ist es egal. 2, 20 oder 200 sind gleichermaßen viel, also können wir ruhig 2000 verzocken.

Das sonstige Zahlenbild ist nicht nur in Kärnten düster, wo angeblich mit Jörg Haiders Tod die Sonne vom Himmel fiel, wie sein Nachfolger behauptete. Im Oktober 2009 – nach exakt einem Jahr der wirtschaftlichen Krise – waren in Österreich 319.320 Menschen arbeitslos, kurz darauf kletterte man mit Jahresbeginn zur Vierhunderttausender-Marke, um sich später über prozentuelle Minimalrückgänge zu freuen. Die Arbeitslosigkeit entsprach damals rund sieben Prozent der Erwerbstätigen und einer Steigerung von fast 25 Prozent. Monatlich wurden es mehr, erst gegen Jahresende 2010 langsam weniger. Die Abnahme der Zahl von Arbeitslosen wird nun in Bezug zum vorangegangenen Anstieg gesetzt und somit prozentuell als Riesenerfolg verkauft. Im September 2010 sprach man beispielsweise von einem achtprozentigen Rückgang. Dass der Anteil der in Schulungsprogramme geschickten Arbeitslosen um neun Prozent gewachsen ist – und absolut 62.865 Personen betraf, welche man von der Gesamtzahl einfach abzog –, das wurde höchstens im Vorbeigehen erwähnt. So funktioniert politische Mathematik, um der Bevölkerung Sand in die Augen zu streuen und selbst den Kopf in den Sand zu stecken. Ob es wirklich Sinn hat, einen kollektiven Schummelwettbewerb auszurufen?

Das Budgetdefizit liegt 2009 zwischen vier und fünf Prozent, 2010 ist ebenso noch nicht das Jahr der Sanierung. Nach Jahren im Nullkomma-Bereich meinen OECD-Prognosen, dass 2010 letztlich um bis zu acht Prozent mehr ausgegeben als eingenommen wird. Die Staatsschulden explodieren, für die wirtschaftliche Entwicklung gilt doppeldeutig der obskure Begriff Negativwachstum. Klar, schuld ist eine globale Finanzkrise, für welche die Firma Faymann, Pröll & Co nicht klagbar ist. Trotzdem müssten obige Zahlen für die Opposition ein Selbstläufer sein, der von Strache und Konsorten Tag für Tag mit Kanonenkraft abgeschossen wird. Oder wenigstens von den inhaltlich sattelfesteren Grünen. Die rot-schwarze Regierung lebt jedoch vom Vergleich, und das ganz gut. Es wird erstens behauptet, dass sie bestmögliche Schadensbegrenzung betreibt. Das ist weder beweis- noch widerlegbar. Sogar Protestwähler sprechen freilich laut Wahlmotivforschung der von ihr bevorzugten Oppositionspartei großteils die Lösungskompetenz ab. Da kann die Regierung noch so sehr von der ab 2011 oder 2012 erfolgenden und laut Spin-Doktoren angeblich schon im Herbst 2010 gelungenen Budgetsanierung sprechen. Die Menschen spüren, dass der Bezug auf die Katastrophenjahre 2009/10 als niedrigste mögliche Vergleichsgröße ein ziemlicher Rechenschwindel ist.

Zweitens wird zahlenmäßig verglichen, dass in Spanien über 20 Prozent arbeitslos sind und in Frankreich das Defizit doppelt so viel ausmacht. Eine billige Argumentation, weil man mit ähnlicher Willkür sagen könnte, dass die heimische Arbeitslosigkeit in den dreißiger Jahren zwischen 20 und 25 Prozent betrug, bevor Herr Hitler kam. Oder dass in der Wohlstandsskala Österreich vorne und Afghanistan hinten ist. Unpassende Vergleiche sind leicht zu finden. Österreichs Regierungsbilanz zur Wirtschaftskrise besteht aus der fröhlich-fragwürdigen Aussage, dass es für mehr schlecht als recht hier lebende Menschen anderswo und überhaupt viel schlechter wäre.

Parallel dazu wird auf Zyklen und Schwingungen gehofft, deren Logik von der Politik nicht beeinflussbar ist. In der Wirtschaft gibt es, salopp gesagt, ein Auf und Ab. Wissenschaftlich hat vor 83 Jahren der Russe Nikolai D. Kondratieff von in Wellen verlaufenden Schwankungen der Weltkonjunktur gesprochen. Die Betroffenen der aktuellen Krise mit Kurzzeitnöten haben davon nichts, doch auf lange Sicht stünden wir am Beginn eines Aufschwungs, meinen Regierung und Opposition.

Nach Kondratieff – seine Thesen wurden später vom Österreicher Joseph A. Schumpeter fortgeführt – lösen Innovationen, also neue und umwälzende Techniken, längerfristig tief greifende Veränderungen und somit Wirtschaftsaufschwünge aus. Beispiele sind die Erfindung der Dampfmaschine und der Telegraphie oder die Elektrifizierung. Danach waren Automobil-, Luft- und Raumfahrttechnik sowie die chemische (Kunststoff-)Industrie innovativ.

Was daran politisch ist? Erstens hat Politik die Aufgabe, sowohl Innovationen begünstigende Rahmenbedingungen zu schaffen als auch selbst innovativ zu sein. Österreichs bürokratische Tradition plus eine Forschungsquote von unter drei Prozent des Bruttoinlandsprodukts ist da kein Vorzeigemodell. Das technische Prinzip der österreichischen Politik lautet eher vage Hoffnung. Während in Deutschland trotz eines Sparpakets von bis zu 100 Milliarden Euro parallel ein zweistelliger Milliardenbetrag in Bildungsförderung investiert wird, ist das hierzulande pure Illusion. Speziell Universitäten werden sowohl finanziell ausgehungert als auch laufen in ihnen zu viele Systemerhalter ohne Innovationskraft herum.

Unklar ist zudem, welche politischen Neuerungen es gibt. Während die Wirtschaft auf revolutionäre Veränderungen in Mikroelektronik oder Biotechnologie hoffen kann, überdauert unser Politsystem alle Reformversuche. Von der Föderalismus- bis zur

Wahlrechtsdebatte bewegt man sich bei der Umsetzungskraft zyklisch in rein akademischen Kreisen ohne viel Praxisbezug.

Zweitens stellt sich die Frage, ob es auch für politische Parteien solche Auf- und Abschwünge gibt. Der Politikwissenschaftler David Campbell versuchte, für die Bundesländer Links-Rechts-Schwingungen zu analysieren. Sieht man SPÖ, Grüne und KPÖ als (Mitte-)Links-Parteien sowie ÖVP, FPÖ und BZÖ als (Mitte-)Rechts-Parteien, so gab es seit den siebziger Jahren eine Verdoppelung der Mehrheitswechsel. Vor allem geschahen diese 2004/05.

Das kann als jeweils länderspezifischer Ausnahmefall angesehen werden. Wahrscheinlicher ist eine Beschleunigung der Schwingungen von wechselnden Wahlerfolgen linker und rechter Parteien. Kondratieff dachte in Zyklen bis zu 50 Jahren, wir haben es mit Veränderungen von Wahl zu Wahl zu tun. Momentaner Gewinner dieser Entwicklung sind ÖVP und FPÖ als Wahlverlierer von vor vier bis fünf Jahren. 2009/10 konnte – mit Rekordergebnissen als Vergleichszahl – die SPÖ in Landtagswahlen kaum zulegen, sodass das Pendel in die Gegenrichtung schwingt. Überträgt man die Thesen der Volkswirtschaftslehre auf die (Partei-)Politik, liegt das in der Natur der Sache, dreht sich in der nächsten Periode um, ist beim übernächsten Mal genau umgekehrt und so weiter und so fort.

Daraus ergibt sich eine Parallele zur Wirtschaftskrise: Die betroffene SPÖ wird es weniger theoretisch und gleichmütig sehen. Die Langzeithoffnung, dass gemäß den Schwingungszyklen in ein paar Jahren alles anders ist, ist ein schwacher Trost. Heutige Parteichefs müssen bis dahin politisch überleben. Die nächste Nationalratswahl im Herbst 2013 steht zeitlich auf der Kippe zwischen Noch-Abschwung und Schon-Aufschwung. Dazwischen liegen Sparpakete, deren Kommunikation man tunlichst bis nach den Landtagswahlen verschoben hat und rechtzeitig vor der Nationalratswahl abzuwickeln versucht.

„It's the economy, stupid!" So erklärte man 1992 den Wahlerfolg eines obskuren – vorher nur durch halbseidene Skandale und Korruptionsvorwürfe bekannten – Gouverneurs aus Arkansas, der den amtierenden US-Präsidenten aus dem Amt fegte. In der politischen Kommunikation drehen sich ganze Bücher um die Frage, ob nicht einfach wirtschaftliche Rahmenbedingungen über Sieg und Niederlage von Regierung oder Opposition, von Rechten oder Linken entscheiden.

Für alle Wahlen 2009/10 bildete zweifellos die Weltwirtschaftskrise den zentralen Rahmen. Theoretisch könnte man sich alle Detailanalysen über Wahlmotive sparen, weil jeder halbwegs bei Trost befindliche Bürger jene Partei wählen müsste, welche am ehesten Konzepte gegen die Krise hat. Ideologie hin oder her, es würde nach dem „rational choice"-Modell um den praktischen Nutzen der Stimme gehen. In Wahrheit erfolgen (Nicht-)Wahlentscheidungen unter dem Gesichtspunkt der allgemeinen Antipathie, dass da keiner Parteigruppe viel zugetraut wird.

Kann also keine Partei mit dem Wirtschaftsthema punkten? Nun ist jeder von uns für eine Bekämpfung der Wirtschaftskrise, doch wer sich echt von dieser betroffen fühlt, das ist ein relativer Begriff. Unter jenen, die nach eigenen Angaben starke Auswirkungen spüren – also Lohnverzicht, Kurzarbeit oder gar Kündigung –, waren bei der heimischen EU-Wahl im Juni 2009 als nationalem Test zwei Parteien klare Gewinner: Sowohl die ÖVP mit 36 statt 30 als auch die FPÖ mit 23 statt 13 Prozent hätten unter den subjektiven Krisenopfern besser abgeschnitten.

Im Fall der Freiheitlichen überrascht das wenig, weil sich benachteiligt fühlende Modernisierungsverlierer ihren Protest mit oder ohne Alkoholisierung häufig durch Blaustimmen artikulieren. Vordergründig kann man zudem meinen, dass der wirtschaftsnahen ÖVP und ihren bürgerlichen Schwesterparteien eben mehr Wirtschaftskompetenz zugeschrieben wird. Geht es also – siehe das Eingangszitat – stupide um Wirtschaft, so ist das für Mitte-Links-Parteien der Marke SPÖ und deren Sozialimage eben ein klassischer Fall von Pech gehabt.

Das erklärt freilich nicht, warum die Sozialdemokraten im Wahlkampf 2009 überall versagten, ihre Vorstellung von einem sozialen EU-ropa anstatt dem wirtschaftsliberalen Unionsverständnis zu vermitteln. Schließlich bieten der Crash des Finanzsystems oder das Negativimage der Banken viel Stoff für Umverteilungsfragen, wie sie auch die SPÖ thematisiert. Doch es gibt einen doppelten Haken: Erstens hat momentan kein Staat oder Land genug in der Kassa, um wirklich etwas zu verteilen. Bei Neu- und Umverteilungen ärgern sich zweitens mittelständische SPÖ-Anhänger über Superreiche, haben allerdings genauso Angst, dass ihnen jemand etwas wegnimmt.

Der oben erwähnte Gouverneur hieß übrigens Bill Clinton, sein Kontrahent war George Bush senior. Dessen Sohn machte es in den USA für die Republikaner als Wirtschaftspartei am Ende nahezu unmöglich, irgendeine Wahl zu gewinnen. Vielleicht liegt das Kommunikationsproblem der Sozialdemokratie auch darin, dass in EU-ropa Neoliberalismus nicht das böse Bush-Gesicht hat.

Rechtspopulismus und Wirtschaftskrise

Der rechnerische Wahlgewinner in den Vorjahren war die FPÖ. Angeblich, weil in Zeiten der Wirtschaftskrise rechtspopulistische Parteien immer siegen. Linke Gegenüber packen als Totschlagargument dafür manchmal gar den historischen Rückblick auf Deutschlands dreißiger Jahre aus. Das ist umgekehrt dummer Populismus, obwohl die Wahlprognose todsicher richtig ist. Bei den katastrophalen Wahlergebnissen der Freiheitlichen in der Zeit nach dem selbstvernichtenden Knittelfelder Parteitag 2002 bis zur Parteispaltung mit dem BZÖ 2005 führte für die FPÖ kein Weg an Stimmengewinnen vorbei.

Der behauptete Kausalzusammenhang ist trotzdem unwahr. Wer sagt, dass nicht von Krisen stets populistische Gruppen profitieren, egal ob rechts oder links? Rechtspopulismus besteht aus a) der Ablehnung des politischen Establishments, b) neoliberalen Wirtschaftsforderungen und c) einer nationalistischen Identitätspolitik. Kritiker der FPÖ werden dieser a) und c) problemlos zuordnen, jedoch ausgerechnet beim Punkt b) feststellen, dass die Eingangsthese nicht aufgeht. In der Wirtschaftspolitik – also jenem Definitionsmerkmal, das am meisten mit der momentanen Krise zu tun hat – hat die FPÖ mehr links- als rechtspopulistische Wunschträume.

Viel eher könnte man vermuten, dass zu sehr an postmaterialistischen Werten von Toleranz bis Solidarität orientierte Parteien in Krisenzeiten keine Blumentöpfe gewinnen. Doch in Deutschland liegen die Grünen besser denn je. In Österreich sind sie an ihrer Stagnation ohne Einfluss selbst schuld, ohne die Wirtschaftskrise verantwortlich machen zu können. Aber welche aktuellen Fallbeispiele gibt es, die den nationalen Siegeszug der Rechten belegen? Vergisst man alle Post-Knittelfeld-Wahlen, so landen die FPÖ und in Kärnten die FPK sowie beide in Summe mehr oder weniger in Prozentbereichen, wo sie mit den Wahlergebnissen Ende der neunziger Jahre bereits waren. Damals ganz ohne Wirtschaftskrise.

International hinken Vergleiche sowieso. In Hessen ist die SPD nach dem Ypsilanti-Bauchfleck – die Parteichefin mit Vornamen Ulrike kokettierte trotz gegenteiliger Versprechen mit einem Bündnis mit der ehemals kommunistischen Linken, um am Widerstand aus den eigenen Reihen kläglich zu scheitern – aus anderen Gründen abgestürzt. In der deutschen Bundestagswahl landete die SPD mit einem Bauchfleck, doch schlug sich die Neue Linke gut. Die noch besser platzierte FDP ist keine rechtspopulistische Partei und zudem in Umfragen längst wieder im Tief. Weltweit gab es 2009 außerdem Parlamentswahlen in El Salvador, Israel, Nordkorea, Montenegro, Moldawien, Indonesien und auf den Malediven. Dortige Resultate sollen den heimischen Zusammenhang von Rechtspopulismus und Wirtschaftskrise bestätigen? 2010 folgten neben dem Irak so unterschiedliche Länder wie die Niederlande, Ungarn und Großbritannien.

Die letztgenannten Beispiele sind ernster zu nehmen, weil in beiden Ländern sozialdemokratische Parteien ihr Waterloo erlebten. Die FPÖ wird dennoch eher hoffen, dass Regierungsparteien ohnehin Krisenverlierer sind, völlig unabhängig von Ideologie und Parteifarbe. Ist die Regierung eines Kleinstaates gegenüber globalen (Wirtschafts-)Entwicklungen machtlos, gibt es dadurch mangels linkspopulistischer Parteien in Österreich bloß rechte Wahlprofiteure.

Wenn rechte (Oppositions-)Parteien Erfolge haben, sollten SPÖ und ÖVP nicht ausschließen, dass es daran liegen kann, weil sie schlecht regieren und/oder schlecht kommunizieren. Oder weil sie sich aufeinander und somit auf den falschen Gegner konzentrieren. Oder weil manche Protestargumente, etwa eine Forderung nach mehr Direktdemokratie mit verpflichtenden Volksabstimmungen, nicht grundsätzlich falsch sein müssen.

Stattdessen schwafelt die Politik quer durch alle Parteifarben von neuen Werten. Das kann man tun, ohne substanziell etwas ändern zu müssen. Die Wirtschaftskrise hat eine Wertediskussion in der Öffentlichkeit neu entfacht. Moral, Verantwortung, soziale Marktwirtschaft, die Rolle des Staates, die Verantwortung der Manager, Bildungsqualität – solche Schlagworte haben Hochsaison.

Die Glaubwürdigkeit ist gering. Das Beschwören alter Werte mit erhobenem Zeigefinger ist sinnlos, sondern ich würde banal auf sehr handgreifliche Vorteile der Ethik und Moral verweisen: Wenn eine politische Partei ihre jetzige Lektion nicht lernt, verliert sie endgültig den letzten Stammwähler. Eine Firma benötigt Verantwortungsbewusstsein zur Kundenbindung. Medien brauchen treue Zuseher, Zuhörer und Leser. Ohne Werte gehen also alle irgendwie pleite. So wird es auch sein.

Verantwortung und Wirklichkeit

Es gibt zugegeben durch die Wirtschaftskrise ausgelöste Veränderungen, beispielsweise ist die Frage mehr oder weniger Staat gegenwärtig klar beantwortet. Regierungen bemühen sich heute mehr, ihre öffentliche Aufgabe zu erfüllen. Niemand kann noch eine totale Privatisierung fordern und den völligen Rückzug der öffentlichen Hand aus der Wirtschaft verlangen. Das ist positiv als Regulativ für einen hemmungslosen Neoliberalismus. Das Pendel kann in die Gegenrichtung des Verstaatlichungswahns ausschlagen, doch ist diese Gefahr geringer und ein vernünftiger Mittelweg nicht auszuschließen. Seit Ende des Kalten Krieges hatte man bisher das Gefühl, es ginge um zentrale Planwirtschaft oder vogelfreie Marktwirtschaft und es gäbe nichts dazwischen.

Die heimische Problemlage ist durch ein Zusatzproblem gekennzeichnet. Menschen wollen zunächst für ihre Aktivitäten sozial anerkannt werden. Anders als in den USA wird vielleicht in der EU und insbesondere in Österreich zu bürokratisch gedacht und unternehmerisches Querdenken allzu oft schief angeschaut. Bleibt das so, gibt es kein politisches Patentrezept der Förderung von unternehmerischem Denken. Der Staat muss alles lösen und versagt dabei kläglich.

Denn es werden abgesehen von Placebo-Einzelmaßnahmen nicht wirklich Strukturen geschaffen, damit das Vertrauen in eine funktionierende Wirtschaft und in einen handlungsfähigen Staat wiederhergestellt wird. Österreich hat zwar mit der Sozialpartnerschaft ein ungeachtet aller Höhen und Tiefen jahrzehntelang bewährtes Vorzeigemodell, Interessen sowohl der Wettbewerbsfähigkeit als auch der sozialen Gerechtigkeit im Konsens zu verhandeln. Wirtschafts- und Arbeiterkammern weisen konstant höchste Vertrauenswerte auf.

Warum existieren jedoch parallel dazu das Recht auf einen Betriebsrat und dennoch viele Firmen, die sich der Gründung eines solchen verweigern wollen? Das im Kleinen, und im Großen gilt: Für Kleinstaaten, wie wir einer sind, ergibt sich das Problem, dass das zukünftige Vertrauen einfach vom Erfolg oder Misserfolg diverser Maßnahmenpakete abhängig sein wird, obwohl diese weltwirtschaftliche Entwicklungen nur sehr bedingt im Guten oder Schlechten verändern können.

Soziale Verantwortung von Unternehmern und Unternehmen müsste nicht neu erfunden, sondern nur ehrlicher gelebt werden. Stattdessen wird „Corporate Social Responsibility" als purer Slogan oder gar Feigenblatt missbraucht. Es gilt freilich das Gesagte: Ein verantwortungsloser Unternehmer, der soziale Verelendung in Kauf nimmt, verliert seine Kunden. Herrscht Massenarmut, wird sich bald niemand mehr seine Produkte leisten können.

Kapitel 3:
Politik, Medien, Jugend und Bildung als große Vertrauenskrise

Jährlich grüßt das Murmeltier. Insbesondere vor der Sommerpause. Oder in den Jahresrück- und Ausblicken rund um Weihnachten. Pünktlich häufen sich Schlagzeilen, dass zwischen SPÖ und ÖVP gestritten wird. Bis zur journalistischen Folgefrage, ob wieder einmal das Zerfallen der Koalition bevorstehe, sind es nur ein paar Zeichen und Zeilen. Politikbeobachter (mich eingeschlossen) müssen selbstkritisch hinterfragen, wie sehr wir lieber allerlei Streitigkeiten kommentieren, als uns mit lästigen Details inhaltlicher Auseinandersetzungen zu beschäftigen. Denn die Mediengeschichten vom Ende der Regierung ereignen sich parallel mit medialen G'schichterln über das Ende der Zukunft der Jugend, der Bildung oder der Welt. Offenbar lässt sich mit Todessehnsucht Quote und Reichweite machen. Oder es ist etwas Wahres dran.

Tatsächlich hat seit Wiedereinführung der Großen Koalition – und bei GroKo-Debakeln in den neunziger Jahren sowie erst recht beim Untergang des schwarz-blauen Feldversuchs – die Mehrheit der Bevölkerung genug von einer Regierung, welche nicht wirklich zusammenarbeiten will. 2008 fielen daher Ferienanfang und Neuwahlentscheidung auf denselben Tag. Medien empfanden das als gute Nachricht, denn die Angst vor dem Sommerloch gehörte der Vergangenheit an. Ob es in einer Demokratie wirklich gut ist, wenn es angesichts von tief greifenden Konflikten inhaltlich wenig zu berichten gibt?

Inszenierungen in den Medien ohne Themenbezug – für Kameraleute und Fotografen gab es von regierenden Amtsträgern schon Tiergartenbesuche, Bungee-Jumpings, Flötenspiele, Weinlesen, Jugendsaufen und noch Schlimmeres – stärken vorhandene Vorurteile. Die Dauermeinung der Politikbeobachter, die Politiker wären an allem selbst schuld und würden entweder bloß als Sympathiemanagement getarnte Alltagsbilder liefern oder eben streiten anstatt zu arbeiten, ist jedoch genauso ein mediales Klischee. Das verstärkt die Vertrauenskrise, welche sich längst von der Politik auf die Medien und dortige Akteure ausbreitet.

Denn das Thema Streit als solches verdrängt politische Konzepte zu lebensnotwendigen Materien von Kindergeld bis Kassenfinanzierung aus den Medien. Wer will sich schließlich angesichts gigantischen Zeitdrucks mit mühsamer Kleinarbeit in den Tiefen der Budget-, Sozial- oder Gesundheitspolitik verlieren? Das gilt für Journalisten, welche in Einsparungsbetrieben arbeiten, und für Politikwissenschaftler, welche sich dem medialen Druck ergeben müssen und wollen, die Studien von morgen am besten schon vorgestern zu wissen. Auch das Publikum will alle Details der Wahlforschung spätestens sofort nach Schließen des letzten Wahllokals wissen. Noch lieber wäre es ihm vorher. Zugleich verhindern Zwänge der Nachrichtengestaltung die Vertiefungen. Medien verkürzen brutal, weil es weder 25-Stunden-Fernsehen noch Zeitungen zum Ausklappen gibt. Obwohl man zur seriösen Darstellung komplexer Inhalte manchmal so viel Zeit und Platz brauchte.

Sogar die Relativitätstheorie wird in 90-Sekunden-Beiträgen des Fernsehens abgehandelt. Mit Originaltönen von 12 bis 15 Sekunden. Da schlägt Monica Lewinsky als Thema langatmige Analysen der US-Politik um Längen. In Österreich kann und will niemand den Regierungsmitgliedern erotische Verhältnisse miteinander unterstellen, doch interessieren unfreundliche Zwischentöne der Pressesprecher ungleich mehr als detaillierte Vorschläge der Fachreferenten.

In Folge gilt als politisch und journalistisch wichtig, was medial sexy ist. Dazu zählen Konflikte aller Art, Beschimpfungen in der Lieblingsform des Koalitionsstreits sowie Personenkulte. Politikern wird geradezu vorgeworfen, wenn sie sich sachlich verbreitern, das sei langweilig, unprofessionell und verhindere Wahlsiege. Warum das so ist? Natürlich sind Parteien- und Medienvertreter schuld, doch sie machen es gemeinsam mit einem nicht unbeteiligten Dritten, nämlich der Bevölkerung.

Publikumsbeschimpfungen sind, wenn man nicht Peter Handke heißt, eine heikle und gefährliche Sache. Man kann aber Herrn und Frau Österreicher nicht frei von Schuld sprechen. Politik wird nicht allein durch Produktionslogiken der Medien bestimmt, sondern richtet sich nach Wunschvorstellungen der fernsehenden Wähler und Zeitungsleser. Würden diese bei medialen Inhalten über streitende Parteien in jeder Beziehung sofort abschalten, müssten Politiker und Journalisten Streit und Streitberichte in Rekordzeit beenden. Vor entleerten Rängen wäre das ein geschäftsschädigendes Verhalten. Doch streitsüchtige Erwartungshaltungen der Bürger führen zur Sinnentleerung der Politik.

Wider Mediatisierung und freien Medienwettbewerb

En passant ist das ein Argument zur Stärkung öffentlich-rechtlicher Medien und ihrer Unabhängigkeit. Man kann über die Qualität des Programms im ORF schimpfen, sogar bei den Informationssendungen. Ebenso ist die Freiheit von politischer Einflussnahme im besten Fall ein laufender Abwehrkampf. Da geht es weniger um den Anruf von Parteisekretären, der leicht abzuschmettern ist, sondern um viel gewichtigere Faustschläge mit der Gesetzes- und Budgetkeule. Doch all das ist besser als die Alternative eines scheinbar freien Fernsehmarktes nach dem Wildwestvorbild der USA: Der Markt hat kein Selbstregulativ, um Politik, Medien und Publikum aus ihrer Negativspirale der Flucht vor Inhalten zu befreien. Dafür bedarf es eines gesetzlichen Auftrags. Selbst in Mediendemokratien darf Unterhaltungslust nicht Nachrichtenformate total überlagern. Eine Satireshow als beliebteste Politiksendung nach US-Vorbild wäre schrecklich. „Ich kann Kanzler!" gemäß dem ZDF-Beispiel ist übrigens darauf keine Antwort. Trotzdem muss man die Leute dort abholen, wo sie sind.

Das muss nicht zwangsläufig vor der Mattscheibe sein. Ja, wir leben in einer Mediendemokratie. Kommunikationsberater aller Branchen predigen Wirtschaftskapitänen, Sportstars und Spitzenpolitikern, allfällige Höchstleistungen nicht im stillen Kämmerchen zu erbringen. Ohne professionell geplante Breitenwirkung ist das eine brotlose Kunst. Angeblich findet nicht statt, was in den Medien nicht vorkommt. Deshalb muss freilich nicht korrekt sein, was dort erzählt wird. Schon gar nicht ist unbedingt richtig, wie Medien die Welt und das kleine Österreich sehen.

Ein politischer Wahlkämpfer, der 10 Veranstaltungen mit in Summe 1000 Teilnehmern besucht, kommt in Versuchung, Erfahrungen vor Ort als generelle Stimmungslage zu sehen. In Wahrheit weiß er bloß Meinungen von zehn mal zehn Schulterklopfern und Rülpsern, die nach einer 08/15-Rede zwecks 15 Sekunden-Minimaldialog zu ihm hingegangen oder dahergetorkelt sind. Statt dieser 100 Stimmen sollte er die Ansicht der sprachlosen 900 auf deren Direktverbindung zum Buffet kennen. In den Medien kommen auch nicht die Buffetbesucher vor, sondern die Minderheit der sich ins Bild drängenden Bizarrskurrilos mit eindeutigen Absichten.

War das Fernsehen am Ort des Geschehens, zählt auf so einer Grundlage vor allem der Eindruck von 100.000 Glotzenbesuchern nach zweiminütigem Tele-Konsum des zweistündigen Events. Also ist an der mediendemokratischen These etwas dran. Trotzdem ist die Schlussfolgerung selbst ernannter Medien-Gurus falsch, die politische Qualität würde quasi als Luftkrieg via Massenkommunikation und ohne unmittelbaren Kontakt zwischen Politikern und Bürgern entschieden. Glauben Fantasten aus der erstgenannten Gruppe das wirklich, so haben sie ein Problem. Die Medien ebenfalls, weil Journalisten liebend gern auf das zeitaufwendige

Gespräch mit echten Österreichern verzichten. Der Kreis der Polit-Media-Szene ist leichter verfügbar und bietet zudem bessere Buffets.

In vielen Bundesländern etwa finden, vom Rest der Nation als Tatsache konsequent ignoriert, Landtags- und Gemeinderatswahlen am selben Tag statt. Dem Bürgermeister einer Kleingemeinde bringt es tausendmal mehr, Klinken persönlich zu putzen, anstatt in eine Kamera des ORF zu lächeln. Über viele mediale Auftritte freuen sich der Betroffene und seine Oma. Bei realen Kontakten freuen sich die Wähler.

Ebenso unrichtig ist übrigens, dass fernseh- und internethysterische Amerikaner die totale Mediatisierung eines Wahlkampfs von oben propagieren. Das glauben vielleicht dumpfbackige EUropäer, die ideenlos nicht Vorhandenes kopieren. Barack Obama hat seine Erfolgskampagne ganz unten auf zahllosen Klein- und Kleinst-Veranstaltungen begonnen. Die Demokraten schafften es, ihre republikanischen Konkurrenten mit unzähligen Hausbesuchen zu übertreffen. Mit den Wörtern „door-to-door canvassing" und „ground wars" – martialisch als Bodenkrieg gegenüber dem „air wars" der Medienschlacht gemeint – gibt es sogar modische Ausdrücke dafür. Bei uns ist die Gemeindepolitik der letzte Ort, wo noch Menschen mit Menschen zu tun haben. Dementsprechend hat sie ein vergleichsweise gutes Image. Über Medien vermittelte Politik hat das nicht.

Medien auf dem unregulierten Markt neigen zudem zum Pferderennenjournalismus, wer in Wahlkämpfen vorne liegt und Wahlen gewinnt. Österreichs Medienlandschaft definiert ebenfalls die Qualität der heimischen Demokratie gerne anhand von Wahlergebnissen. Das ist ähnlich sinnvoll, als würde man gesunde Ernährung mitten im ärgsten Hungergefühl erforschen. Wer im Moment nichts zu essen hat, wird kaum längerfristige Überlegungen zum Vitaminhaushalt anstellen. Dementsprechend beinhalten Bestandsaufnahmen, was in der österreichischen Politik zu tun ist, oft nur journalistische Klagen, warum böse Rechte

gewonnen haben. Oder dass linke Links-Sozialisten eine Mehrheit hätten.

Mit den echten Herausforderungen einer Demokratie hat das
wenig zu tun. Rechtskonservative und linksliberale Medien beschäftigen sich unabhängig von Wahlkampfgegröle ständig nur
mit dem Tagesgeschäft. Trotzdem und trotz des Kapitels zum
Thema Ausländer ist hoffentlich die Wiederkehr des Ewiggestrigen, egal ob von rechts oder links, nicht das Hauptproblem einer
modernen Demokratie. Diese ist vielmehr mit einem technologi-
schen Wandel konfrontiert, der Kommunikationsprozesse total
verändert. Unabhängig davon, ob man für oder gegen Internetwahlen ist, auf jeden Fall ist das Zeitalter der elektronischen
Demokratie angebrochen. Doch welche Partei oder welches Medium macht sich über Web-Kampagnen oder ein bisschen Face-
book-Panikmache hinaus tiefer gehende Gedanken, was das an
Chancen und Gefahren bedeutet?

Das Medium Internet gilt übrigens als basisdemokratisch,
weil es sich lange der Verrechtlichung entzogen hat. Eine solche
ist das nächste Demokratieproblem. Speziell in Österreich neigt
man dazu, nicht der gesellschaftlichen Gewohnheit zu vertrauen,
sondern jede Kleinigkeit in unzähligen Detailgesetzen zu regeln.
Vereinfachungsversuche, insbesondere als Verwaltungsreform,
scheitern ebenso kläglich wie regelmäßig. Die Friedhöfe sind voll
von namenlosen Verwaltungsreformen, schrieb einmal der Journalist Hans Rauscher treffend. Parallel zum Bürokratie- und
Rechtswahn gibt es bei uns Ansätze der US-amerikanischen Un-
sitte, Millionenklagen vor Gericht als politisches Instrumenta-
rium zu sehen.

Hinzu kommen Identitätsprobleme, welche Medien verschär-
fen, anstatt sie abzubauen. Entweder fühlen sich Menschen durch
die mediale Globalisierung als Weltbürger und EU-ropäer oder
häufiger aufgrund von Regionalisierung und Lokalismus primär
als Bürger eines Bundeslandes oder einer Gemeinde. In beiden
Fällen kommt es zur De-Nationalisierung, der Staat gilt nichts

mehr und die gesamtösterreichische Demokratie ist kein Bezugspunkt mehr. Medien sollten dem entgegenwirken, weil im Vergleich dazu ist die Banalität eines Wahlergebnisses vernachlässigbar.

Das Leben in medialen Parallelwelten

Der wirkliche Fehler der inzestiösen Fachöffentlichkeit ist, Politikberichterstattung und Medienqualität anhand des Nutzungsverhaltens der gebildeten 50plus-Generation zu analysieren. Im ORF auf dem Küniglberg feiert man symbolisch gesprochen wilde Partys, wenn das Durchschnittsalter der „Zeit im Bild"-Seher knapp unter 50 Jahre ist. Was mit Ausnahme der Mitternachtssendung nicht der Fall ist. „Zeit im Bild 1" und „2" werden im Durchschnitt zwar nicht mehr von über 60-Jährigen, jedoch von Mitt- und Hochfünfzigern verfolgt.

Für einen Teenager sind das Zahlen zwischen Gruft und Geisterbahn. International ist der Altersschnitt genauso. Wer es nicht glaubt, soll in den USA die Fernsehwerbung rund um Nachrichtenblöcke verfolgen. Werbefritzen arbeiten knallhart zielorientiert und nach Marktstudien. Angesichts derer werden Zahnersatz und Inkontinenzmittel für 70-jährige Seher angepriesen, weil solche und nachweislich niemand sonst bei den Nachrichten vor dem Bildschirm sitzen.

Traditionelle Zeitungen geben ebenso ungern eine Altersstatistik ihrer Abonnenten bekannt. Nicht aus Datenschutzgründen. Wer will schon mit wenigen Ausnahmen als Seniorenklub gelten? Aufgrund der alternden Gesellschaft ist das natürlich trotzdem ein erklecklicher Teil der Österreicher. Deshalb werden da Wahlen gewonnen und verloren. Es gibt hierzulande mehr als doppelt so viel über 80-jährige Wahlberechtigte wie 16- und 17-jährige. Wobei das völlige Unverständnis für klassische Politikmedien und deren Eliten gleichfalls junge Erwachsene bis 30 oder 40 Jahre erfasst.

Als ich ohne Ausweis für die Berichterstattung zur Wiener Wahl das Rathaus betreten wollte, glaubte ein halb so alter Sicherheitsmann meinen ehrenwörtlichen Versicherungen kein Wort, das für die ORF-Sendung und nicht als potenzieller Attentäter zu tun. Nun gut, der mangelnde Bekanntheitsgrad eines Politikwissenschaftlers hat nur meine Eitelkeit verletzt. Doch dasselbe passierte einem Team des ORF, bestehend aus Starreporter und Kameramännern als Begleitung im Schlepptau. Der Typ von der Security behauptete glaubhaft, höchstens im Internet fernzusehen und nicht irgendjemanden mit großer Kamera und dem ihm unbekannten ORF-Logo hereinlassen zu wollen.

Wenn also Politik die Gestaltung menschlichen Zusammenlebens ist und es dabei um die Zukunft der Kinder und der heutigen Jugend geht, wird diese an der Zielgruppe vorbei gemacht. Das zeigt sich an den Medieninhalten. Als in Deutschland oder Finnland – Schreckensmeldungen der letzten Schuljahre – ein Schüler Amok lief und Menschen einschließlich sich selbst erschoss, hatte er seine Schreckenstat im Internet angekündigt. Die ältere Generation, von den Lehrern bis zu den Eltern und den etablierten Journalisten sowie fast allen Wissenschaftlern, hat das nicht gelesen. Wie sollte sie auch? Die Warnzeichen in der virtuellen Medienlandschaft waren jenseits ihrer Wahrnehmungsschwelle. Auf wackligen Beinen steht das Gegenargument, man würde von der älteren Öffentlichkeit zu viel verlangen, angesichts der Informationsflut im Internet jede ernst gemeinte oder dummdämlich scherzhafte Amokdrohung zu bemerken. Es hätte ja nicht der Gesamtbevölkerung, sondern bloß einem einzigen Mitmenschen höheren Lebensalters auffallen müssen. Oder dass dieser seine eher im selben Internetforum mitlesenden Kinder dafür sensibilisiert.

Das von Jugendlichen einzig gelesene Printmedium – in Österreich, nicht in Deutschland, wo die Verlage ihren diesbezüglichen Abwehrkampf bisher gewannen – sind (Halb-)Gratiszeitungen der Marke „Heute" und „Österreich". Wer für Qualität ist, er-

74

schöpft sich darin, diese als Schmuddelblätter abzuqualifizieren. Dasselbe gilt für die „Kronen Zeitung". Womit jedoch die Trennlinien der Gesellschaft sorgsam gewahrt und verstärkt werden. Siehe dazu das Ausländerkapitel, demzufolge politische Bildungsarbeit und deren Akteure dorthin gehen müssen, wo es wehtut. Das sollte sinngemäß für Medienbildung gelten. Genauso für Journalisten und Politikwissenschaftler. Indirekt zu sagen, man mache eben hochgeistige Analysen und Kommentare für ein intelligentes Publikum und der mehrheitliche Rest der Österreicher wäre irgendwie zu blöd dafür, das ist zu einfach.

Wir leben als wenige Österreicher in sehr unterschiedlichen Welten. Nicht geographisch, weil Fernreisen kein Ausnahmefall mehr sind. Massenmedien liefern uns zugleich scheinbar alles von Wladiwostok bis zum Popocatepetl ins Wohnzimmer. Alte Polit- und Medienprofis informieren sich daher im Internet über Russland und Mexiko. Doch in Wirklichkeit sind jüngere und ältere Menschen medial weiter denn je voneinander entfernt. Für Österreich klingt das paradox, weil wir eines der Länder mit der größten Medienkonzentration sind. Das bedeutet, weniger freundlich formuliert, dass die Presse- und somit Meinungsvielfalt gering ist. Trotzdem ist bei uns jedwede Statistik über Mediennutzung von einer enormen Alterskluft geprägt.

Wenn Sie 2010 diese Zeilen lesen, waren zwei Drittel bis drei Viertel der unter 20-Jährigen gestern im Internet. Hingegen sind nur zehn Prozent aller regelmäßigen Websurfer über 60 Jahre. Selbst die Schnittmenge der beiden Gruppen trifft sich kaum. Weil sie Netzseiten aufrufen, welche abweichender nicht sein könnten. Obwohl bunte Wochenblätter ab und zu mit feschen Fotos darüber schreiben, wissen wahrscheinlich wenige Online-Leser der führenden Bundesländerzeitungen – mit in Summe ein paar Millionen Österreichern als Reichweite –, was Emos sind und diese im Cyberspace treiben. Die Bussiline von krone.at spricht mehr junge Leute an, doch haben sie mit den Stammlesern der Druckversion und der dortigen Tierecke nichts gemeinsam.

Unsere Kinder oder Enkelkinder könnten das mit den Emos erklären, wenn wir nicht gerade ungestört von ihnen Fernsehnachrichten schauen wollen. Da sind nämlich wir Oldies unter uns. Junge Menschen sind woanders. Ganz abgesehen von der deutsch-finnischen Dramatik als anfänglichem Beispiel muss man sich die gesellschaftlichen Folgen vorstellen. Da reden gut meinende Menschen etwa über Politik, ohne zu wissen, ob und was der jeweils andere darüber erfährt. Mehr als 90 Prozent der Lehrer für Politische Bildung haben orf.at als Quelle, doch nur ein verschwindender Bruchteil ihrer Schüler. Umgekehrt wissen politische Bildner oft bloß, dass manches richtig oder falsch ist, nicht jedoch, wo aus dem Internet entsprechende Ansichten der Jugend herkommen. Statt des Lebens in Parallelwelten wäre ein Generationendialog im Internet dringend notwendig.

Das falsche Klischee der Jugend

Daher von den Medien nochmals zur Jugend. Letztere ist nämlich in den Ersteren das Opfer einer klischeehaften Darstellung ohnegleichen. Österreichs Jugend 2010 ist eine Generation ohne Zukunft, quasi „no future" auf Neudeutsch. Total politisch verdrossen und an der Gesellschaft völlig desinteressiert. Das Gemeinschaftsgefühl am Sand oder darunter. Mit dem Wunschtraum einer sensationellen Karriere und Millionenverdienst, ohne dafür jemals etwas arbeiten zu müssen. Im Teenager-Wahn für mehr Freizeitspaß über alles. Dumpfbackig und keinen seriösen Themen aufgeschlossen. Infolge der Wirtschaftskrise endgültig pessimistisch, frustriert und voller Ängste. Deshalb am rechten Rand angesiedelt und für rechtsextreme Rattenfänger leicht gewinnbar. Oder linke Dauerprotestierer ohne Bezug zum wirklichen Leben. Bestenfalls als Komasäufer und Gewalttäter auffallend.

Vorsicht, diese Beschreibung der Lebenseinstellungen von Jugendlichen ist frei erfunden.

Klingt sie vielleicht nichtsdestoweniger vertraut? Wenn ja, warum? Liegt das womöglich daran, dass sie medialen Klischees der Berichterstattung über Jugendliche entspricht? Die schlechte Nachricht ist, dass es Jugendliche wie beschrieben wirklich gibt. Als Spiegelbild ungelöster Probleme der Sozial-, Integrations- und Jugendpolitik korrelieren obige Jugendgruppen oft mit den Familien- und Wohnverhältnissen, mit Bildungschancen und mit dem Beruf sowie Einkommen oder mit der Herkunft. Die gute Nachricht? Typisch für Jugendliche sind solche Klischees nicht. Repräsentativ auch nicht. Die klare Mehrheit denkt komplett anders.

Die Ergebnisse des österreichischen Jugendmonitors, einem Projekt des Wirtschaftsministeriums, zeigen, dass der Großteil der Jugendlichen der Zukunft eher zuversichtlich entgegensieht. Die Gefahr sind Bildungsverlierer, welche tatsächlich schlechte Perspektiven haben. Doch sogar die Wirtschaftskrise hat keine wilde Panik ausgelöst. Dafür haben Jugendliche mehrheitlich klare Vorstellungen, was sie später arbeiten möchten. Ihre Berufsvorstellungen wiederum haben wenig mit vielen Euros ohne Mühe zu tun. Sie wollen einen Job, der die persönlichen Interessen anspricht und wo etwas Nützliches gemacht wird.

Wirtschaftspolitische Herausforderung ist mehr das Phänomen der regionalen Verwurzelung. Die Flexibilität und Mobilität ist beschränkt, junge Menschen wollen in der Nähe des jetzigen Wohnortes beruflich tätig sein und glauben gleichzeitig kaum, dort einen passenden Arbeitsplatz zu finden. Die wenigsten können sich ein Leben ohne geregelte Arbeit oder Anstellung vorstellen. Der hauptsächliche Streitpunkt zwischen den Regierungsparteien SPÖ und ÖVP über den Leistungsbegriff versus soziale Obsorge durch den Staat ist für Jugendliche viel weniger ein solcher. Die Jugendlichen sind weder leistungsfeindlich – und schon gar nicht arbeitsunwillig – noch unterschätzen sie die Wichtigkeit von Sozialleistungen.

Und was ist mit dem als selbstverständlich angesehenen Begriff der politisch desinteressierten Jugend? Ja, Jugendliche sind mittelmäßig bis mäßig politikinteressiert. Die Politik rangiert in ihrer Bedeutung weit hinter Familie und Freunden sowie Schule und Beruf. Nur die Religion liegt noch schlechter. Das allerdings ist ein Befund mit unfairen Vergleichsgrößen, weil weder früher alles besser war, noch die Zahlen bei den Erwachsenen anders aussehen. Revoluzzerisch veranlagt ist die Jugend schon gar nicht, obwohl sie häufiger Oppositionsparteien wählt, sondern eher stockkonservativ.

Beispielsweise sind Jugendliche für klare Regeln durch eine staatliche Obrigkeit. Diese dürfen das Alltagsleben durchaus in traditioneller Form bestimmen. Gesetzlicher Jugendschutz wird ausdrücklich gewünscht. Alkoholkonsum, Rauchen, Ausgehzeiten sowie sogar der Zugang zu Internetseiten, Computerspielen und Filmen sollen altersmäßig geregelt oder allenfalls verboten werden. Die einzige Ausnahme: Beim Sex miteinander und ab einem entsprechenden Mindestalter dafür lassen sich Jugendliche ungern vom Staat dreinreden.

Wenn schon, so sind – etwa anhand der extrem niedrigen Wahlbeteiligungsraten in der Grazer Gemeinderatswahl 2008 belegbar – viel mehr junge Erwachsene bis 30 Jahre die wahre Problemgruppe. Twens werden im Unterschied zu Teenagern kaum durch klassische Kanäle Politischer Bildung wie Schule oder außerschulische Jugendarbeit erreicht. Stattdessen fehlt jedweder Kommunikationskanal. Für die Sozialpartner, Wirtschafts- und Arbeiterkammer sowie Gewerkschaft sind junge Erwachsene bestenfalls in Großbetrieben zugänglich, nicht in kleineren Unternehmen.

Naturgemäß wechseln der Wohnort und die E-Mail-Adresse in diesem Alter und Eltern sind keine Bezugspersonen mehr. Auf Veranstaltungen der Erwachsenenbildung fühlen sie sich um Jahrzehnte zu jung. Können Sie sich einen 25-Jährigen an der Volkshochschule oder in Bildungswerken vorstellen? Für junge Erwachsene ist im System der Aus- und Fortbildung niemand zuständig. Demokratiepolitisch bekommt man diese Gruppe erst in der Mitte des Lebens zurück. Also mit 40 bis 50 Jahren. Wenn überhaupt.

Doch Medien beschäftigen sich lieber mit den vermeintlich schrecklichen Kids. Sie liefern die aufregenderen Bilder. Den Vogel schoss eine Wochenzeitschrift ab, die brav und richtig berichtete, dass sich alle Zahlen zum Wahlverhalten inklusive des klaren und im Eingangskapitel beschriebenen FPÖ-Überhangs bei den jungen Männern auf unter 30-Jährige bezogen. Auf den Fotos der Doppelseite gezeigt wurden ausschließlich Teenager mit süßen 16 Jahren. Vorzugsweise Mädchen. Das nennt man eine Text-Bild-Schere. Zugleich ist es ein typisches Beispiel, dass die mediale Darstellung des Generationendialogs und -konflikts die falsche Gruppe erfasst.

Nur Studenten kommen auch als junge Erwachsene medial vor. Keinen Fernseh- und Zeitungsplatz gibt es für arbeitende Twens ohne akademischen Grad und ohne Chance darauf. Sie sind als längst Erwerbstätige frustrierte Pensionszahler, die selbst erst in weniger als 50 Jahren in Pension gehen können, weil in einem brandaktuellen Strategiepapier geht die Europäische Kommission von einem Rentenalter in der Höhe von mindestens 70 Jahren aus.

Das wahre Bildungsdesaster

Im Unterschied zu Jugendlichen, die oft genug von Medien und der Politik ge- und missbraucht werden, haben die Bildungsinstitutionen Schule und Universität ein seltenes Talent, sich selbst in der Öffentlichkeit schlechtzumachen. Gemeinsam mit Negativdarstellungen von außen, müssen wir als ziemlich saudummer und chaotischer Haufen dastehen. Gegen Fremdkritik kann man argumentieren, doch warum gibt es diesen Hang zur Zerfleischung des Brotberufs? Wenn es so schlimm wäre, an Schulen oder Universitäten zu unterrichten, warum machen wir nicht etwas anderes? Wenn die Belastungen das Allerschrecklichste sind, warum halten wir sie aus?

Sind Emotionen im Spiel, werden sogar Daten und Fakten ignoriert. Verlockend ist etwa der Stehsatz, Lehrer würden in ihrem Berufsimage knapp vor Prostituierten rangieren. In Wahrheit liegen Lehrer und zum Glück auch Wissenschaftler um Längen vor Politikern, Journalisten und Rechtsanwälten. Besser liegen nur Feuerwehrmänner und Krankenschwestern. Das Politikerimage ist sowieso im Bereich von Färöer-Fußballverlierern und Waffenhändlern. Sogar nach der „Programme for International Student Assessment"-Studie vulgo PISA meinte nur einer von zehn Österreichern, dass unsere Schulen schlechter als in anderen EU-Ländern wären.

Doch nach PISA und bei jeder neuen Studie mit mittelprächtigen bis guten Ergebnissen werden ungefähr folgende Fragen rauf und runter debattiert: Sind Schüler und Studenten dumm, unwissend oder faul? Sind Lehrer und Professoren schuld, weil inkompetent, nicht engagiert oder falsch ausgebildet? Sind die Eltern schuld, weil die Kindererziehung an die Schule abgebend, egoistisch nur an ihr Leben denkend und sozial schlechte Rahmenbedingungen schaffend? Geben wir zu wenig Geld für Bildung aus und wird das Geld am falschen Ort verschwendet? Liegt vielleicht alles generell an den Ausländern, insbesondere an ausländischen Kindern und ganz speziell an Arigona Zogaj? Nichts davon wurde in PISA oder sonst wo erforscht.

Dementsprechend seriös waren die politischen und medialen Antworten, welche in einem Leitartikel der „Kleinen Zeitung" ironisch zusammengefasst wurden: „Wir rekapitulieren. Die SPÖ ist schuld. Die ÖVP ist schuld. Die Ausländer sind schuld. Die Schüler sind schuld. Die Lehrer sind schuld. Die Eltern sind schuld. Der Kindergarten ist schuld. Die Berufsschulen sind schuld. Zu viel Leistung ist schuld. Zu wenig Leistung ist schuld. Der Gameboy ist schuld. Das ORF-Sportreporterdeutsch ist schuld." Vermutlich hätte man die Liste am liebsten um ÖAAB und ÖAMTC, FSG und FIFA, FPK und FKK, NSDAP und NGO oder USA und UNO ergänzt. Das wäre auf demselben Niveau.

Parallel dazu bekommt die Öffentlichkeit den Eindruck, dass Schulen und Universitäten nichts mehr bezahlen können. Vielleicht noch die Gehälter der Angestellten, doch mit Sicherheit nicht die Gebäudeerhaltung und am allerwenigsten anständige Lehr- und Forschungsbedingungen. Wir leben also in Bruchbuden und arbeiten mit untauglichen Mitteln. Das ist in jedem Zeitungskommentar von Bildungsjournalisten zu lesen und angesichts der nackten Zahlen leider oft nicht falsch. Die Studenten haben in ihren Demonstrationen im Grunde etwas gesagt, was ohnehin seit mehr als 20 Jahren jeder Meinungsführer sagt.

Die Folge des Mediendesasters ist als Hauptproblem des österreichischen Bildungssystems keinesfalls bloß Geld, sondern Motivation als knappes Gut. Das betrifft Lehrer und Universitätsangehörige – vom Studieneinsteiger im ersten Semester bis zum Professor – gleichermaßen. Stellen Sie sich vor, Sie waren für ein paar Tage ohne Internetanschluss im Ausland. Neugierig greifen Sie an der Grenze oder im Flugzeug nach österreichischen Zeitungen. Sofort lesen Sie, dass Sie für ein schlecht organisiertes Unternehmen arbeiten, das seine Aufgaben nicht erfüllen kann und zahlungsunfähig ist. Wie ist es um Ihre Arbeitsmoral bestellt, wenn das nicht einmal, sondern ständig passiert?

Niemand darf sich wundern, wenn man dadurch demotiviert wird. Kurios ist, dass verantwortliche Minister, Schuldirektoren und Universitätsrektoren sowie Personalvertreter mit unterschiedlichsten Absichten dieselbe Botschaft des kollektiven Untergangs aussenden. Bei Schulen ist es etwas besser, doch eine wirklich breitflächige Positivkampagne, was an Universitäten Gutes geleistet wird, kam in der jüngeren Geschichte fast nicht vor. Vermutlich aus Geldmangel.

Irgendwie entwirft man im Bildungsbereich monate- und jahrelang Konzepte, die infolge des Geldmangels von Anfang an zu 95 Prozent völlig unrealistisch sind. Natürlich ist Nachdenken auf jeden Fall sinnvoll, doch ein solches Vorgehen grenzt an eine raffinierte Methode, um die Frustrationstoleranz zu testen. In den Medien wird als logische Folge permanent gefragt, ob wir – Schulen und Universitäten – am Ende sind. Artikelüberschriften und Veranstaltungstitel belegen das wörtlich. So ist eine gefährliche Negativspirale programmiert. Budgetprobleme können vorübergehen und zwischenzeitlich durch Krisenmanagement bewältigt werden. Kommt jedoch das menschliche Kapital motivierter Mitarbeiter abhanden, hat das Bildungswesen alles und endgültig verloren.

Wer den berühmt-berüchtigten Streit zwischen Unterrichtsministerin Claudia Schmied und Lehrergewerkschaft 2009, als es vordergründig um zwei zusätzliche Unterrichtsstunden und in Wahrheit um nichts Geringeres als die Schulreform ging, gewonnen oder verloren hat? Egal, das Ergebnis der doppelten Katastrophe war, dass beide Seiten in den Medien als Volldeppen der Nation übrig blieben. Was da und dort jedwedes Pflänzchen von Reformgedanken ausgerissen hat. Im Ministerium entstand Bunkerstimmung, bei den Gewerkschaftern kommt es zur Perfektionierung altbekannter Stehversuche.

Das Schlimmste innerhalb der Universität sind gegenseitige Stereotypen. Das Verwaltungspersonal wird als Gruppe von Bürokratiewahnsinnigen gesehen, die nach dem geschilderten Beamtenvorurteil frei von jedwedem Bewusstsein für den Alltag der Forscher regiert. Dafür gelten diese als weltfremde Spinner, um ohne Dienstzeiten den jeweils eigenen Schrebergarten ohne Blick über den Gartenzaun zu pflegen. Derzeit werden verwaltende Bedienstete oft als Telefonabheber, Briefetipper und Tabellenausfüller sowie Wissenschaftler als studienplanmäßige Vortragslangweiler verstanden. Folgerichtig haben wir eine Universität mit immer weniger Kreativität, Innovation und Querdenkertum. Damit werden wir unserer gesellschaftlichen Aufgabe nicht gerecht.

Natürlich ist so ein Pauschalurteil wechselweise Unsinn. Wo es trotzdem stimmt, besteht null Änderungschance. Steuerungsmechanismen von Organisationen sind Budget und Personal. Beim Geld dürfen sich bekanntlich Schulen und Universitäten keine Illusionen machen. Im Personalbereich müssen wir auf große Pensionierungswellen hoffen, weil alles andere einzementiert ist. Lehrer, die für ihren Beruf nicht mehr ideal geeignet sind, wird keiner los. Nach altem Dienstrecht beschäftigte Wissenschaftler, die seit Jahrzehnten und noch 20 Jahre nichts Nennenswertes leisten, auch nicht. Pragmatisierte Verwalter ungeachtet ihrer Überführung in die Universität schon gar nicht. Damit liefern wir den Medien genug Stoff für die nächsten Spottgeschichten.

Leider stimmt es, dass Schulen und Universitäten sich stunden- und tagelang mit oft schlecht bis gar nicht funktionierenden Abläufen zu Tode verwalten. Eine pädagogische und wissenschaftliche Idee darf manchmal nur sein, was in verwaltungstechnische Computerprogramme und Formularvorlagen passt. Irgendwann löst sich das Problem auf tragikomische Art: Sind der Verwaltungsbedarf und die Berichtspflichten so aufwendig, dass keine Zeit für inhaltliche Arbeiten bleibt, gibt es auch nichts mehr zu verwalten und zu berichten.

In der Theorie ermöglicht nur der gemeinsame Gestaltungswille den schulischen und universitären Betrieb. Frustration, Resignation und innere Emigration in der Praxis würden dazu führen, dass die Mehrheit ihre Arbeit bestenfalls als erzwungene Dienstleistung sieht. Journalisten dürfen beim Thema Bildung in Österreich schon jetzt ihre Bleistifte spitzen, warum das so ist und dass sich kaum etwas ändern wird. Glaube und Vertrauen an Besserung sind irgendwo verloren gegangen.

Bildung als Elitendebatte

Natürlich betonen auch alle Alten die Bildungsnotwendigkeiten der Jungen. Doch was war die letzte Schulmeldung vor dem Sommer 2009: Hurra, die Zentralmatura kommt! Die Mehrheit der

Bildungsexperten begrüßte das. Also könnte man klatschen und sich in die Sonne legen. Doch Vorsicht, fast niemand hat das Kleingedruckte gelesen. Es geht vorerst nur um Allgemeinbildende Höhere Schulen (AHS) vulgo Gymnasien.

Insgesamt gibt es in Österreich 5820 Schulen mit fast 1,2 Millionen Schülern. Eine AHS-Matura kann man an rund 360 Schulen – das sind 6,2 Prozent – bestehen oder ebenda durchfallen. 85.000 Schüler in den Oberstufenklassen eines Gymnasiums repräsentierten 2007/08 knapp über sieben Prozent aller Taferl-, Computer- oder Sonstwasklassler. Die regionale Verteilung zwischen den Bundesländern und innerhalb dieser ist höchst unterschiedlich.

Die Relativierung mittels Zahlenspiel – siehe das Geschriebene zur Sinnlosigkeit der Zahlen, es handelt sich um ur-ur-viel Schulen und Schüler – ist natürlich kein Grund, die auf Gymnasien beschränkte und hoffentlich sonst nicht irgendwie beschränkte Zentralmatura zu loben, falls sie eine gute Sache ist. Doch wenn jetzt durch gemeinsame Fragen und Beurteilungskriterien mehr Gerechtigkeit in der Notengebung einkehrt, hilft das weniger als jedem zehnten Schüler.

Für mehr als 90 Prozent der Schüler bleibt das Paradoxon bestehen, dass Lehrer Studien zufolge ein- und dieselbe Deutsch- oder gar Mathematikschularbeit mit einem Spektrum von Sehr gut bis Nicht genügend beurteilen. Mädchen steigen dabei angeblich besser aus als Burschen, von anderen und wirklich üblen Diskriminierungen ganz zu schweigen. Man mag sich gar nicht vorstellen, wie Noten im leider nicht eigenständig existierenden Pflichtfach Politische Bildung aussähen.

Es zeigt sich anhand der Zentralmatura vor allem ein Sittengemälde, dass in der öffentlichen Diskussion Schuldebatten auf einen von der Denkweise der politischen, medialen und genauso wissenschaftlichen Meinungsführer ziemlich willkürlich gewählten Schultypus reduziert werden. Der Diskurs um die neue Mittelschule im Vorjahr und seine gesamtschulischen Vorläufer waren große Ausnahmen, welche leider stets im pseudo-ideologischen Hickhack der Parteien plus Lehrergewerkschaft untergingen.

Doch oft interessieren öffentlich vor allem Gymnasien, weil überdurchschnittlich viele öffentliche Diskutanten wie Journalisten und Wissenschaftler vor Jahrzehnten ein solches besuchten. Deren Lebensgeschichte und Befindlichkeiten sollten nicht über Prioritäten entscheiden. Gymnasiale Schulen sind keine Inseln der Seligen, doch von der Politischen Bildung und Zeitgeschichte über die geographische Basis in einer globalisierten Welt bis zu den Fremdsprachen lautet die wichtigste Frage nicht, ob es dazu an AHS eine gute Matura gibt. Gesellschaftlichen Sprengstoff birgt die Fragestellung, wie es damit an Hauptschulen und berufsbildenden Schulen bestellt ist. Darüber spricht keiner.

Die Wochenzeitschrift „Der Spiegel" berichtete am 11. September 2008 – was für ein Datum für Schreckensmeldungen – übrigens gar, dass unverändert vor allem betuchte Kinder ans Gymnasium gelassen werden. Wer arm ist, muss draußen bleiben. Die entsprechenden Daten der Universität Mainz beziehen sich auf Deutschland. Bei uns ist das sicher vollkommen anders. Oder auch nicht. Niemand kann behaupten, dass jüngste Schuldiskussionen von klugen Argumenten und genialen Ideen beherrscht wurden. En passant fiel jedoch einmal im Fernsehen ein Satz mit hohem Wahrheitsgehalt. Buchautor Andreas Salcher diagnostizierte bei allen Beteiligten enorme Defizite der gegenseitigen Wertschätzung.

So entsteht seit Jahrzehnten der Eindruck, Lehrergewerkschafter würden unabhängig von Person und Geschlecht Unterrichtsminister stets für inkompetente Irre halten. Umgekehrt scheint das Ministerium jedwede Interessenvertretung seiner Angestellten als sture Hornochsenbande zu sehen. Dass gegenüber jenen Menschen, welche unsere Kinder unterrichten, zudem sämtliche Vorurteile der Welt durch den medialen Kakao gezogen werden, ist Zeichen einer tief verankerten Missachtung.

Die Lehrer selbst fühlen sich sowieso von aller Welt verkannt. Sie interpretieren die Restbevölkerung – ab einem gewissen Mindestalter großteils aus Eltern bestehend – als Ignorantenhaufen, der keine fundierten Ansichten über ihren Beruf haben kann. Schon gar nicht, sollte diese Meinung kritisch sein. Interpretiert man hobbypsychologisch Stimmlagen und Körpersprache in Interviews, sind sich Ministerin und deren Kommunikatoren sowie Gewerk- und Lehrerschaft wenigstens einig, dass Journalisten ein uneinsichtiges Pack am Rande der Verblödung wären.

Vor der aktuellen Epoche des Dauerlächelns waren sogar zwei Bundeskanzler berühmt-berüchtigt, den berichtenden Berufsstand als minderbemittelte Faulpelze zu sehen und das auch zum eigenen Schaden ungefragt zu sagen. Umgekehrt meinen Zeitungs- und Fernsehreporter, den Job des Berichtssubjektes im Grunde besser zu können. Vom Bundeskanzler bis zum Fußballtrainer wissen „Schmieranskis" – so ein legendärer Wunderteam-Teamchef –, was eigentlich richtig wäre, warum also nicht im Schulwesen? Da ist es ein kleiner Schritt zur Diskreditierung der nicht journalistischen Betroffenen als geistig Minderbemittelte, die ihr Denken auslagern sollten.

Das schulische Beispiel ist freilich bloß die Spitze des Eisbergs. Politiker und Parteien gefallen sich in Inszenierungen der alleinigen Brillanz. Es ist ein Reflex, alle Polittaten der jeweils anderen Seite als hanebüchenen Unsinn darzustellen. Die Bevölkerung ordnet politische Akteure und deren Vertrauenswürdigkeit pauschal in den Bereich von Waffenhändlern oder deren Kunden ein. Das basiert auf dem Vorwurf, Wähler würden als Idioten behandelt. Offenbar verhindert auf allen Ebenen ein Mangel an wechselweiser Anerkennung konstruktive Dialoge.

Es geht nicht um moralisierendes Geschwafel, dass früher irgendetwas besser war und wir alle netter zueinander sein müssten. Doch Gemeinwesen sowie vor allem Demokratien leben vom gesamtgesellschaftlichen Grundkonsens und von der Dialogfähigkeit. Obige Dinge sind Kleinigkeiten. Doch in Verbindung mit Elitenverdrossenheit, Neiddebatten und xenophoben Verdrängungskonflikten unter sozial Benachteiligten wackelt das Fundament der Gesellschaft.

Alle Berufe in der Krise

Wer kümmert sich überhaupt um unsere Kinder? Die sich 2009 in nicht erfüllten Rücktrittsandeutungen zurücktretende Ministerin für Unterricht Claudia Schmied oder die betonierende Lehrergewerkschaft? Wissenschaftsministerin Beatrix Karl, welche von der eigenen Gewerkschaftsfraktion beim Nachdenken über eine bessere Schule öffentlich niedergemacht wird? Medien und Buchautoren, die alles besser wissen? Ab und zu versuchen alle ihre Kurven zu kratzen, doch meistens ist auf beiden Seiten Schlammcatchen mit Eigenbeschmutzung angesagt. Boulevardschlagzeilen, Leserbriefe und Stammtischdebatten haben allerdings eine Gemeinsamkeit: Die Unterrichtsministerin weiß satte Mehrheiten hinter sich, dass Lehrer mehr arbeiten sollen. Das ist verblüffend, weil – entgegen der oft von Jammerkultur oder Verfolgungswahn gekennzeichneten Selbsteinschätzung – Lehrer eben als ehrenwerter und beliebter Berufsstand anerkannt sind.

Steigt man also im Konflikt mit der Ministerin kommunikativ schlecht aus, macht die Lehrergewerkschaft medial jede Menge falsch. Zugegeben sind Lehrer Opfer von klischeehaften Negativkampagnen. Sie hätten 13 Wochen Urlaub im Jahr und würden nur 20 Stunden pro Woche arbeiten. Es ist traurig, extra erklären zu müssen, dass unterrichts- nicht arbeitsfrei bedeutet. Trotzdem sind nicht böse Polit- oder Medienmonster, sondern Lehrer und deren Interessenvertreter an ihrer Misere in der öffentlichen Meinung schuld oder agieren zumindest sehr unbedarft.

Ein Meinungsbild zu verstehen, das heißt über den Blickwinkel der anderen nachzudenken. (Be-)Lehrende Gewerkschafter sehen dabei nicht ein, warum manches für viele ein Affront ist. Drei Beispiele dazu: Unkündbare und sogar schulfeste Stellen sind erstens wegen des Schutzes vor politischer Willkür wichtig. Dennoch ist das gegenüber allen, die morgen gekündigt oder wenigstens versetzt werden können, ein riesiges Privileg. Genauso ist zweitens die freie Zeiteinteilung in der unterrichtsfreien Zeit angenehmer als Schichtdienste an der Werkbank oder Supermarktkassa. Also werden Arbeiter und kleine Angestellte neidvoll auf den Lehrerberuf blicken. Drittens sind Lehrer nicht überbezahlt, wenn es um die Zukunft unserer Kinder geht, verdienen jedoch mehr als der Bevölkerungsdurchschnitt.

Sowohl aus taktischen als auch prinzipiellen Überlegungen muss man das zugeben, bevor – vielleicht zu Recht – gegen Schlechterstellungen gewettert wird. Ansonsten bekommen Lehrergewerkschafter in der Öffentlichkeit stets ihr schlechtes Fett ab. Doch die Lemminge marschieren weiter, obwohl es bei allen Schulthemen um die Zukunft der Kinder geht.

Kranke Kommunikation der Gesundheit

An dieser Stelle ein Sprung von der Bildung zur Gesundheit: Medizinische Experten, welche unser Überleben sichern, befinden sich ebenfalls in der Schlammgrube. Gesundheitsministerin gegen Ärzte, das war noch vor wenigen Jahren der Inbegriff von Brutalität. An sich könnte eine öffentliche Auseinandersetzung nicht ungleicher sein. Andrea Kdolsky kämpfte da als Vertreterin der Politik, die über ein hundsmiserables Image verfügt. Weiße Götter haben hingegen eine extrem hohe Glaubwürdigkeit. Zudem beantwortet sich die Frage, warum man einen Arzt braucht, beim kleinsten Schnupfen von selbst. Für die Gesundheitsministerin war es an Stammtischen viel schwieriger zu erklären, warum es sie gibt. Das Ressort hat ohnedies kaum Kompetenzen, unabhängig von der es leitenden Person.

Doch Frau Kdolsky war ja ebenfalls Doktorin der Medizin und Krankenhausmanagerin noch dazu. Das hätte gute Chancen eröffnet, in der Kommunikationsschlacht mit der Ärztekammer quasi doppelt zu punkten. Allerdings nur theoretisch. In der Praxis hat sie sich eine mögliche Strategie als kompetente Expertin, welche sich zugleich um die Patienten sorgt, gründlich verbaut. Diskussionen vom Genuss der schweinischen Braten bis zum wilden Csardas-Tanz plus private Partnerdebatten in Revolverblättern hängen ihr nach.

Die Langzeitwirkung missglückter Medialinszenierungen ist sowohl unbestreitbar als auch ungerecht. Selbstverständlich sagen bunte Boulevardberichte aus früheren Zeiten weder über das Fachwissen der Ministerin noch über eine etwaige Richtigkeit ihrer Standpunkte etwas aus. Trotzdem passen sie in das Bild, bei der textlichen Argumentation gegen eine versammelte Medizinerschar mangels Seriosität auf scheinbar verlorenem Posten zu stehen.

Als kurioses Gegengewicht dazu wirkten Österreichs Ärztevertreter bemüht, jedweden Wettbewerbsvorteil zu verspielen. Ihre Stärke wäre die Expertenkommunikation, stets auf unangreifbare Sachlichkeit gestützt. Eine Studie müsste die nächste jagen, um etwa die Verunsicherung der Kranken durch „Autidem-Pulverchen" zahlenmäßig zu belegen. Kammerpräsident Dorner bezeichnete stattdessen das Beraterumfeld der Gegenseite als „genetische Ärztehasser". Das ist als Titulierung weder eine sprachliche Glanzleistung noch ein humanmedizinisch belegbarer Begriff.

Vor allem bedeutet er symbolisch den Einstieg der Ärzte in den Schmutz der politischen Kommunikation. Natürlich ist eine Kammer kein wissenschaftliches Institut und schon gar keine karitative Organisation, sondern leistet Aufgaben der knallharten Interessenvertretung. Unter anderem für das Geld der Mitglieder. Daran sollte man jedoch strategisch nicht anknüpfen. Lobbyisten sind alles andere als Sympathieträger. Im Unterschied zu Ärzten, für die das vielleicht auch nicht mehr lange gilt. Was soll da ein Kind noch lernen?

Von der Vertrauenskrise zur Kultur des Misstrauens

Vertrauen beruht auf Werten und Einstellungen, die einen Grundkonsens für alle Österreicher darstellen sollten. Das hat nichts damit zu tun, ob jemand noch nie gelogen hat oder jede Sekunde ein hochmoralisches Leben führt. Solche Idealvorstellungen sind scheinheilig, durch die Geschichte des Christentums empirisch widerlegt und für die konkrete Staatsorganisation wenig hilfreich. Seinen Nächsten wie sich selbst zu lieben, das funktioniert einfach nicht oft genug. Schon Woody Allen sagte, dass nur Onanie Sex mit einem Menschen sei, den er wirklich liebe. Realistischer Grundwert müsste sein, trotz aller Eigeninteressen niemandem so großen Schaden zuzufügen, dass nicht eine andere Person oder gar eine ganze Gruppe dauerhaft beschädigt oder benachteiligt wird. In unserem Land ist es damit Pustekuchen.

Parteien unterscheiden sich als Gesinnungsgemeinschaften nur angeblich dadurch, welche Werte sie in den Mittelpunkt stellen. In den Diskriminierungen nach Geschlecht, Alter oder Herkunft sind sie alle ähnlich. Für Sozialwissenschaftler Günther Ogris vom SORA-Institut etwa ist die Gleichberechtigung der Geschlechter der Schlüsselwert. Sie unterscheidet den EU-ropäischen Kulturkreis vom Orient. Mit Religion hat das nichts zu tun, weil das Christentum ebenso eine unselige Tradition des Patriarchats hat. Die Emanzipation der Frauen, von der weiblichen Beschäftigungsquote bis zur freien Wahl der Lebensgestaltung, ist jedoch in Mitteleuropa fortgeschrittener als im Nahen (Süd-)Osten. Zumindest lautet so die offizielle Version, welche in den Massenmedien wiederzugeben ist.

Vor so einem Hintergrund ist die niedrigste Frauenquote im Nationalrat seit langer Zeit sowohl beschämend als auch vielleicht Symbol für überraschende Formen der Argumentation. Die FPÖ wird ohnehin mehr von Männern gewählt und Heinz-Christian Strache gewinnt Terrain, wenn er mithilfe der Wertedifferenzen beim Gleichberechtigungsthema den türkischen EU-Beitritt ausschließt. Da eiert die aufgeschlossene Linke vulgo SPÖ und Grüne plötzlich herum. Ein Konzept dagegen haben sie nicht, weibliche Abgeordnete im Fall SPÖ ebenso zu wenig.

Die konservative Rechte in Gestalt der ÖVP wiederum übt sich geschlechtermäßig bei den Familienwerten in Gratwanderungen. Familie wäre dort, wo Kinder sind, wird innerösterreichisch der Ehebegriff erweitert. Schön. Umgekehrt kann in interethnischen Ehen ein Partner mit fremder Staatsbürgerschaft jederzeit abgeschoben werden. Für legale Zuwanderer besteht kein Nachzugsrecht für Verheiratete und Kinder. Beides ist sehr unschön, während Christdemokraten sich über den Ort einer Trauungsfeier für gleichgeschlechtliche Paare empören. Es könnten also alle besinnlich spätestens zu Weihnachten ihre Werte zur Geschlechtergerechtigkeit überdenken.

Auf wen kann man sich also noch verlassen? Diese Frage wurde in der deutschen Zeitung „Die Zeit" gestellt. In den USA ist das mangelnde Vertrauen in Staat und Gesellschaft schon länger ein Top-Thema. Solche Sorgen haben nichts mit dem erhobenen Zeigefinger zu tun. Wehklagend zu behaupten, früher war alles besser, ist dümmlicher Populismus. Wer als Österreicher oder Deutscher behauptet, dass es in der guten alten Zeit stets Handschlagqualität gab, redet Unsinn. Nicht so viel früher hat man mit denselben Händen Köpfe eingeschlagen und einen Massenmord an Millionen begangen. Das passiert heute in EU-ropa nicht.

In der Politik ist trotzdem ein Vertrauensverlust unbestritten. In der persönlichen Erfahrung zeigen das oft Kleinigkeiten. Selbst ein honoriges Publikum von Lehrern bis Ärzten tendiert zum Schenkelklopfen, wenn in politikwissenschaftlichen Vorträgen politische Akteure durch den Kakao gezogen werden. Am besten stellt man sie unter jedwedem sprachlichen Niveau als prall ge-füllte Gepäcksstücke dar. Die Wortwahl Vollkoffer garantiert Szenenapplaus. In der kritischen Analyse von Machtverhältnissen ist nicht der sachliche Hinweis auf Missstände und Fehler in konkreten Fällen gefragt. Es braucht den Allgemeinplatz von der katastrophalen Politik als total heruntergewirtschaftete Regelung menschlichen Zusammenlebens.

Im Grunde ist es freilich naiv, die Vertrauenskrise auf die Politik zu beschränken. Ja, nur einer von fünf Österreichern vertraut den Parteien. Bloß jeder Dritte hat eine positive Meinung von Regierung und Parlament. Wenn jedoch dadurch Nicht-Regierungs-Organisationen und Zivilgesellschaft an Bedeutung gewinnen, wo ist das Problem? Es liegt darin, dass auch diesen nicht vertraut wird. Natürlich steht Vertrauen als gesellschaftlicher Wert stets auf wackligen Beinen, doch in wirtschaftlich schwierigen Zeiten ist es bis zur kapitalen Vertrauenskrise nur ein kleiner Schritt. Hiesige Medien machen den Kardinalfehler der Freude und Selbstbeweihräucherung, dass sie im EU-Vergleich oder gar gegenüber nicht demokratischen Ländern eine hohe Glaubwürdigkeit aufweisen. Das ist relativ gesehen richtig, ändert jedoch nichts am geringen Vertrauenswert, den sie absolut haben.

Schlimm ist die Misstrauenskultur in allen Bereichen. Die soziale Marktwirtschaft wird längst nicht mehr als Symbol des Aufschwungs seit 1955 und für mehr Wohlstand gesehen. Statt Sachdebatten über das Phänomen neuer Armut haben Pauschalierungen Hochsaison, dass dubiose Lobbys und Geheimbünde im Hintergrund regieren. Deren Vertreter mit ihren dunklen Absichten treffen sich angeblich alle in Liechtenstein mit den Zumwinkels dieser Welt zwecks Steuerhinterziehung als Betrug des Gemeinwesens.

Letztere plus Schattenwirtschaft vulgo Pfusch ist übrigens für Durchschnittsbürger genauso eine Art Volkssport, was den Wert des sozialen Kapitals ebenfalls nicht im besten Licht erscheinen lässt. Das Dilemma ist das dadurch bedingte Fehlen gegenseitiger

Kontrollmechanismen. Eine starke Politik könnte Maßlosigkeiten in der Wirtschaft Grenzen setzen. Eine verantwortungsvolle Ökonomie müsste politische Schaumschläger in die Schranken weisen. Ein Grundkonsens ethischer Werte würde politische und wirtschaftliche Extremisten ins Abseits stellen. Doch schaut jeder auf seinen Vorteil und den Nachbarn schief an. Derart parallele Vertrauenskrisen in Politik, Wirtschaft und Gesellschaft sind die wirkliche Gefahr.

Vertrauen ist nämlich Basis jeder Kommunikation. Wem man nicht vertraut, dessen öffentliche Botschaften werden bestenfalls ignoriert. Mit anderen Worten: Man glaubt es nicht, was immer er sagt. Im schlechtesten Fall führt jede Politikeraussage zu Kritik oder wird als Provokation empfunden. Genau das ist das Problem. Wenn der Politik – und der Wirtschaft sowie den Medien – grundsätzlich misstraut wird, so fehlt es an der Akzeptanz von öffentlichen Entscheidungen. Es ist der gesellschaftliche Zusammenhalt infrage gestellt und kann womöglich sogar der Staat Österreich nicht dauerhaft bestehen.

Das ist die aktuelle Situation: Wenn Spitzenpolitiker, Wirtschaftskapitäne oder Medienherausgeber etwas entscheiden, wird automatisch davon ausgegangen, dass sie das nicht nach bestmöglichem Wissen und Gewissen zum Allgemeinwohl machen, sondern in böser Absicht. Das hat nichts mit demokratischer Kontrolle und gesundem Misstrauen zu tun. Auch nicht mit der banalen Tatsache, dass Entscheidungsträger der Gesellschaft sich furchtbar irren können.

Nein, es gibt in Österreich gleichsam Automatismen, dass jeder vom anderen glaubt, ein Schweinehund mit verbrecherischen Absichten zu sein. Das ist nicht bloß fies, sondern macht es unmöglich, das Miteinander in Staat, Land oder Stadt zu organisieren. Steuerzahlungen als persönliche Leistung für die Gesellschaft beruhen unabhängig von der Einkommenshöhe darauf, dass das Staatsbudget dazu dient, Schulen und Kindergärten zu finanzieren, Ausgaben für Krankenhäuser zu bezahlen oder Straßen zu bauen. Derzeit wird davon ausgegangen, dass Regierungen im Rahmen ihres Ermessensspielraums am Rande der Korruption Steuermittel verschwenden, um jemand mehr Geld zukommen zu lassen, der es nicht verdient. Das Paradoxon ist, dass Politik und Medien regelmäßig ihre eigene Vertraulichkeit und Vertrauenswürdigkeit mit gegenseitigen Angriffen infrage stellen. Wie sollen wir ihnen vertrauen, wenn wir von ihnen selbst laufend hören, dass das falsch wäre?

Kapitel 4:

Das Ausländerthema rechts von der rechten Wand

Zum Thema Ausländer hat jeder eine Meinung. Politiker und ihre Wähler bezeichnen sich wechselweise als Rassisten oder Gutmenschen, wobei die fremdenfeindlichen Erstgenannten es als sprachliche Kuriosität schaffen, das zweite Wort genauso verächtlich zu meinen. Was eine ziemliche Frechheit ist und trotzdem die Selbstgerechtigkeit der selbst ernannten Guten nicht von ihrer Naivität freispricht. Inhaltliche Debatten sind auf jeden Fall schwierig bis unmöglich. Auch wer neutraler Experte ist, wird von der einen oder anderen Gruppe zwangsvereinnahmt oder zum Gegner erklärt. In den Augen der Österreicher muss man entweder linkslinker Weltverbesserer ohne Realitätsbezug zu Integrationskonflikten oder rechtsradikaler Hasser von nicht österreichischen Mitbürgern sein.

Das Problem ist, dass Exponenten beider Gruppen in ihrem Umfeld umso beliebter werden, indem sie die jeweils andere Seite noch mehr an den Rand drängen. Dass sich dadurch die ganze Debatte bloß noch an beiden Seiten der politisch rechten Wand abspielt, das bemerkt keiner. Ein Grünpolitiker beispielsweise hat leicht reden. Nach den Daten der Wahltagsbefragung in der österreichischen Nationalratswahl 2008 waren das Ausländerthema und die Zuwanderung für höchstens ein Drittel seiner Wähler von Bedeutung. Im Gegensatz zu drei Viertel der Anhänger von FPÖ und BZÖ, welche sich in ihrer Entscheidung für die Partei davon beeinflussen ließen. Letztlich ist das kein Wunder, weil entgegen allen Klischeevorstellungen das größte Wählerpotenzial der Grünen ja relativ bürgerliche Besserverdiener und formal Hochgebildete darstellen.

In diesen Kreisen ist man im harten Alltag weniger von Problemen des Zusammenlebens mit Menschen fremder Kulturen betroffen. Falls doch, so gibt es rechtliche und finanzielle Lösungschancen, alles zu regeln. Als Universitätsprofessor teile ich durchaus eine in meiner Berufs- und Bildungsgruppe typische Sympathie für grüne Positionen zur Einwanderungs- und Asylpolitik. Ungleich mehr Zweifel habe ich, ob uns diese bei der Integration konkret weiterhelfen. Vielmehr drängt sich der Verdacht auf, dass im heilen Lebensumfeld ein bisschen Integration gelebt wird, um jenseits davon alles und jeden zum Ausländerfeind zu machen.

Die Schwierigkeit der Hochschulen etwa, internationale Spitzenforscher aufgrund absurder Regelungen beim Aufenthaltsrecht zu verlieren, hat nichts mit Auseinandersetzungen von Jugendbanden unterschiedlicher Nationalität zu tun. Wer für die Grünen stimmt, beruhigt daher allzu oft sein Gewissen durch symbolische Menschlichkeit, ohne eine solche an der ungemütlichen Front des Alltagslebens mit heimischen Rassisten oder fremden Fundamentalisten beweisen zu müssen. Dafür geht es uns zu gut, was neben Grün- auch für ÖVP-Anhänger zutrifft. Diese können locker der an sich richtigen Forderung nach ausländischen Arbeitskräften für die Wirtschaft zustimmen, weil sie gemeinsam mit vielen Grünen fern der Ghettoisierung solcher in ärmlichen Wohnvierteln leben.

Umgekehrt lebt neben dem Stammpublikum der hilflosen SPÖ die blau-orange Klientel, vor allem jene der FPÖ, exakt an der Schnittmenge der Genannten. Das Tag für Tag vor Ort – und nicht etwa in Hörsälen, Intellektuellencafés oder hinter dem Schutzschild eines Computers oder Massenmediums – aushalten zu müssen, macht für Non-Lösungen der Marke „Ausländer raus!" anfällig. Was keine Rechtfertigung für widerliche Parteislogans rechtsrechter Flügelstürmer ist. Rechts von der Außenlinie stellten sich die Freiheitlichen beispielsweise mit der Spitzenkandidatin in der Grazer Gemeinderatswahl 2008 auf, als diese posaunte, der islamische Religionsgründer Mohammed wäre ein Kinderschänder. Einem ihrer Mitstreiter gelang das seltsame Kunststück, so eine Unappetitlichkeit noch zu übertreffen. Sinngemäß meinte er, dass Ausländer und Moslems mit Schafen in den Parks der steirischen Landeshauptstadt Sodomie treiben würden. Das Erschütternde ist, dass in Österreich erst beim Niederschreiben die Ungeheuerlichkeit von derartigen Vorkommnissen auffällt, während sie im politischen Hickhack zur tolerierten Selbstverständlichkeit wurden. Frau Susanne Winter jedenfalls sitzt trotz einer rechtskräftigen Verurteilung vor Gericht im genannten Fall heute im Nationalrat. Dass im selben Grazer Wahlkampf das BZÖ in Anlehnung an historisch belastete Propagandasprüche von vor 70 Jahren die Stadt von „asozialen Elementen" säubern wollte, das ist fast wieder in Vergessenheit geraten.

Unangebracht sind dennoch empörte Verblüffungen jener, die sich großartig fühlen, wenn sie alle unheiligen Zeiten quasi als Abenteuertrip für eine Veranstaltung, eine Recherche oder ein Spendenprojekt die Welt der FPÖ-Bezirksräte betreten. Es geht nicht um den interkulturellen Raum der Eliten, sondern was zählt, ist die harte Wirklichkeit. Da ist es manchmal schwierig, für pöbelnde In- oder Ausländer überhaupt Sympathie zu empfinden. Also gehen Meinungsführer dorthin manchmal mit dem ausschließlichen Wunsch, in ihrer Heimatwelt damit zu punkten, indem sie Politiker der FPÖ nur wegen des formal niedrigen Bildungsgrades der Lächerlichkeit preisgeben oder sie ohne jedwede Differenzierung als Rassisten enttarnen wollen. Damit stärken Aufklärungsjournalisten nicht einmal das Integrationsbewusstsein solcher, bei denen das gar nicht notwendig wäre. Die Menge derjenigen mit womöglich nur sehr latent ausländerfeindlichen Wahlmotiven wird endgültig in die Arme von Populisten ohne Skrupel getrieben.

Schon in den neunziger Jahren hat das heftige Anschreiben gegen Jörg Haider und dessen behauptete Fremdenfeindlichkeit seinen Aufschwung ermöglicht und die FPÖ keine einzige Stimme gekostet. Warum Linksintellektuelle mit einer solchen Strategie sich gut und toll fühlen, das bleibt deren Geheimnis. Anders als in Deutschland haben Rechts- und Links-Parteien es irgendwie gleichermaßen verpasst, sowohl anständig als auch realistisch mit dem Ausländerthema umzugehen. Stattdessen wird in Österreich an der Eskalationsschraube gedreht, sobald es um Ausländer geht. Jeder Tabubruch scheint möglich, obwohl das natürlich jeder abstreitet. Sicherheitshalber haben wir alle stolz eine Geschichte parat, wie wir schon einmal zu Ausländern freundlich und zu Rassisten unfreundlich waren. Sogar wenn so eine Erzählung ungeschönt stimmt und nicht alltägliche Selbstverständlichkeiten ausgeschmückt werden, drückt sich nicht nur die Politik vor der Gesamtproblematik, sondern das erinnert fatal an Vorzeigejuden zur Nazizeit. Heute wird lieber ein Teenager zum Anlass- und Symbolfall hochstilisiert.

Die Scheinheiligkeit im Einzelfall

Die zu Beginn ihrer Medienpräsenz 15-jährige Arigona Zogaj wurde als 18-Jährige aus (Ober-)Österreich abgeschoben, ihre Familie zunächst auseinandergerissen und später trotz Integration in den unwirtlichen Kosovo zurückgeschickt. Die Zogajs waren vor vielen Jahren mit mehreren Kindern illegal ins Land gekommen, hatten legale Bescheide ignoriert und unabhängig davon keinen Grund geliefert, nicht hier zu sein. Die rechtliche Tragik dahinter – inklusive eines Schneckentempos der behördlichen Arbeit – und das Fehlen einer menschlichen (Sofort-)Lösung stehen außer Streit. Der öffentliche Diskussionsprozess darüber war eine Folge von Scheinheiligkeiten.

Sogar bunte und nicht für ihre Ausländerfreundlichkeit berühmte Medien machten plötzlich mit Menschlichkeit Quote und Reichweite. Normalerweise betreiben sie dasselbe Spiel umgekehrt. Es gibt schrille Schlagzeilen, wenn Ausländer oder Menschen moslemischen Glaubens eines Verbrechens oder gar des Terrorismus verdächtig erschienen. Von zwei – mehr waren es nicht – inhaftierten Islamisten, die im Internet staatsfeindliche Botschaften verbreiteten, bis zu Arigona werden ohne Nachdenken Einzelfälle als Argument sowohl für ein extrem hartes Fremdenrecht als auch für dringend erforderliche Aufweichungen der geforderten Härte angeführt. Am anderen Ende des Spektrums sind Arigona & Co willkommen, um die Rechtslastigkeit der Gesetze zu verteufeln, ohne konstruktive Gegenvorschläge zu machen.

Journalisten und vermutlich Politikwissenschaftler sind dabei fast so schlimm wie Politiker. Kaum jemand aus den genannten Gruppen, der zugunsten von Arigona über den Rechtsstaat und dadurch gebundene Hände der Menschlichkeit jammerte, hat beim 21-jährigen Mohammed M. als zeitgleich in Österreich angeklagten Al-Kaida-Sympathisanten die Unschuldsvermutung betont. Der Grund ist im wörtlichen Sinn offensichtlich: Arigona war hübsch und sympathisch, der gegenständliche Mohammed weder noch. Eine Anerkennung der Rechtsstaatlichkeit dürfte nicht von Politik und Medien derart extrem unterschiedlich kommuniziert oder gar je nach Geschmack ausgelegt werden.

Doch Mohammed war als Vielleicht-Täter willkommen, um ihn unter hunderttausenden Moslems in Österreich für eine Pauschalverurteilung zu missbrauchen. Die falschen Krokodilstränen über Arigona waren Teil des Sympathiemanagements jener, welche in Massenmedien vorkommen. Wobei den Politikern mehr vorzuwerfen ist als den Journalisten. Mag sein, dass Vertreter fast aller Parteien sich für Arigona eingesetzt hätten, wenn sie juristisch könnten. Trotzdem sind alle Rechtsvorschriften gegen unzählige 15-Jährige und deren Familien ein Produkt der Politik. Im Parlament und in den Landtagen als Organe der Gesetzgebung sitzen dieselben (Partei-)Politiker. Deren Selbstvorwurf muss sein, warum sie menschenverachtende Gesetze beschließen. Daran sind nämlich weder Journalisten noch Politikwissenschaftler schuld.

Arigona ist zu wünschen, dass sie und ihre Familie irgendwann nach einer Wiedereinreise doch gemeinsam und endgültig in Österreich leben dürfen. Vielleicht haben Regierung und Boulevardmedien etwas in dieser Art abgesprochen, so fragwürdig das sein mag. Hoffen wir, dass kein Politiker sich hinstellt und sagt: „Wir gehen bei Ausländern davon aus, dass sie integrationsunwillig, kriminell, gefährlich usw. sind, und wollen daher gegenteilige Einzelschicksale zum Schutz Österreichs in Kauf nehmen!" Das wäre unmenschlich und träfe trotzdem den versteckten Kern der Realpolitik seit vielen Jahren.

Irgendwann war das Dilemma unlösbar. Politiker, die salopp forderten, zugunsten Arigonas 15 gerade sein zu lassen, kippten in den nächsten Populismus. In Kärnten meint man mit demselben Unverständnis von Staat und Recht, sich anlässlich der zweisprachigen Ortstafeln wenig um Urteile des Verfassungsgerichtshofes zu scheren. So nebenbei wird Artikel 7 des Staatsvertrages – dieser regelt den Minderheitenschutz, dass in den Verwaltungsbezirken Kärntens mit gemischter Bevölkerung Bezeichnungen und Aufschriften topographischer Natur sowohl in slowenischer Sprache wie in Deutsch verfasst werden – nach eigenem Gutdünken interpretiert. Der nächste Schritt wäre, das „gesunde Volksempfinden" entscheiden zu lassen. Eine derartige Wortwahl wurde von den Ewiggestrigen zwischen 1938 und 1945 erfunden. Weitere Kommentare sind überflüssig.

Ausländer nach Zahlen und Stimmungslage

Wie sehen nüchterne Zahlen über Ausländer in Österreich aus? Für alle numerischen Einordnungen wird das Kriterium der Staatsbürgerschaft herangezogen. Je nach Definition von deren Verleihung an eine Person, schon an deren Eltern oder gar bereits die Großeltern spricht man von bis zu 20 Prozent Österreichern mit Migrationshintergrund. Das ist heikel, weil hierzulande viele

Österreicher unter der formalen Klassifikation als eingebürgerte Migranten erster, zweiter oder dritter Generation leben, die sich weder als Inländer fühlen, noch im Alltag von ihren Nachbarn als solche behandelt werden. Wer als Ausländer gilt, ist gar nicht so klar.

Das liegt gleichermaßen an Österreichern, die ihre Mitmenschen nach deren Einbürgerung unverändert ausgrenzen, und an neu-österreichischen Bürgern, welche spätestens beim nächsten Ländermatch der Balltreter zur Türkei oder zu Serbien halten. Was an sich nichts Böses ist, doch knapp 70 Prozent der Türken in Österreich fühlen sich mehr „dem Staat, aus dem ich oder meine Eltern stammen" zugehörig. Als Hauptgrund wird prompt ihre mangelnde Akzeptanz seitens der Österreicher angegeben, sodass sich also der Kreis schließt. Die seit Slobodan Milošević kaum besser gewordene Verflechtung von rechtem Nationalismus und Fußball macht gleichfalls nachdenklich. Kurioserweise finden nationale Denker jenseits ihrer Kulturgrenzen sofort gemeinsame Nenner, sodass Heinz-Christian Strache und die FPÖ in Wien um Stimmen der Ex-Serben buhlen.

Nach der nationalen Zugehörigkeit hat sich der Ausländeranteil in Österreich im letzten Jahrzehnt von rund 730.000 auf 870.000 Menschen erhöht. Gleichzeitig ist die Bevölkerung allgemein gewachsen, sodass der prozentuelle Anteil nur von 9,1 auf 10,4 Prozent stieg. Davon kommt weit mehr als ein Drittel aus EU- und EWR-Staaten. Die Schwankungen zwischen Regionen und Gemeinden sind gewaltig. Von hundert in Österreich lebenden Ausländern wurden 2008/09 nur einer oder höchstens zwei pro Jahr eingebürgert. Vor zehn Jahren waren es zehnmal so viele. Wahltaktisch wichtig ist also lediglich jemand, der seine Staatsbürgerschaft bereits erhalten hat. Wer heute und morgen dazukommt, wird als zahlenmäßig vernachlässigbar eingestuft.

Noch größer ist die Streuung unter den Schülern. Davon gibt es unter den 1,2 Millionen im Durchschnitt 17 Prozent mit nicht deutscher Mutter- und Umgangssprache. Doch sind es in Kärnten

unter 9 und in Wien über 40 Prozent. Ein kärntnerisches Wahlkampfgegröle mit ausländerfeindlichem Hintergrund und Unter-
tönen ereignet sich also stets im Bundesland mit den geringsten
Sprachunterschieden überhaupt, das zudem seine Asylwerber-
quote nicht erfüllt. Insbesondere Tschetschenen wurden südlich
des Packsattels gerne als Musterbeispiele von abzuschiebenden
Kriminellen präsentiert, obwohl es sehr wenige davon gab.

Für Stimmungslagen sind objektive Zahlen sowieso unwichtig, nachdem etwa das Verbot der Burka von der Innenministerin
abwärts als Thema von vermeintlich höchster Priorität dargestellt
wurde. Teilweise mit absurden Argumenten bis hin zum Risiko
für die Verkehrssicherheit. Ich lehne das mit Burkas in Verbindung stehende Frauenbild und Religionsverständnis strikt ab,
doch Hand aufs Herz: Wie viele voll verschleierte Frauen sind
Ihnen im vergangenen Monat begegnet, und welche davon saß
am Steuer eines Autos? Da wird künstlich Aufregung erzeugt, um
mit niedrigen Instinkten politisch und medial zu punkten.

Um nichts besser war der Medienartikel des Nachrichtenma-
gazins „profil", als ein Journalist Geschlecht und Körper unter
einer Burka verbarg, um derart verkleidet unter falscher Identität
auf Wohnungssuche zu gehen. Als sprachlose Frau ohne Deutschkenntnisse, weil ihn Stimme und Tonlage verraten hätten, wenn
es die fast zwei Meter Körpergröße nicht taten. Wenigstens war
er so ehrlich zuzugeben, dass seine Redaktionskollegen fragten,
was er damit überhaupt beweisen wolle. Für den Nachweis der
Banalität, dass derart auffallend Fremdes zu Verwunderung bis
Distanz führte – viel mehr kam nicht heraus –, sollte man nicht
mit einem sensiblen Thema aus dem Reagenzglas so viel Effekt-
hascherei betreiben.

In einzelnen Bezirken der Bundeshauptstadt Wien gibt es also
viel mehr sogenannte oder tatsächliche Ausländerkinder. Ich er-
lebte das bei einer Veranstaltung für Politische Bildung in einer
Polytechnischen Schule in Rudolfsheim-Fünfhaus nahe dem
Westbahnhof. Dort wurde mir fast verschwörerisch vorab zuge-

tragen, ob ich denn wisse, dass bis zu 80 Prozent der teilnehmenden Kinder nicht deutscher Umgangssprache sind. Na und? Als ob das schrecklich wäre. Meine ungleich größere Sorge war, was Teenager mit Hauptschulabschluss von einem über 40-jährigen Politikwissenschaftler halten würden.

Gemeinsam mit den Parteiakademien aller Farben – bezeichnenderweise hatten gleich fast allen parallelen Schulveranstaltungen SPÖ, ÖVP und Grüne die Einladung angenommen, FPÖ und BZÖ nicht – sollte es einen Vormittag lang um das umstrittene Ausländerthema gehen. Nach der einleitenden Diskussion mit mir wurden in Workshops mit Vertretern der Parteien politische Meinungen besprochen. Es gab einzig und allein die Vorgabe, dass es um Inhalte gehen muss. Was immer sonst noch kommen sollte und passieren konnte, mit der Einbringung von Sachbezügen statt nur ins Persönliche gehenden Unterstellungen und Vorurteilen war das Ziel der politischen Bildungsarbeit erreicht. Auf dieser Basis lassen sich auch Emotionen besser ausleben.

Die schulischen Erfahrungen und Stimmungen waren schließlich in mehrfacher Hinsicht spannend. Erstens hatten die Jugendlichen das Thema Ausländer frei gewählt. Das Prinzip der dahinter stehenden Politische-Bildung-Initiative sieht vor, dass an allen Schulen nicht die Lehrer oder gar superschlaue Politiker, ihren Linksliberalismus hemmungslos auslebende Journalisten und sich gutmenschlich gebende Wissenschaftler wie ich von außen bestimmen, was wann wichtig ist. Ich hatte daher trotz aller Sprach- und Kulturbarrieren leichtes Spiel, weil einer Gruppe junger Menschen gegenübersitzend, die mir eine faire Chance gaben. Es war für sie angenehm überraschend gewesen, sich selbst auszusuchen, worüber sie etwas hören wollten. Ihre Stimmung entsprach in keinster Form dem Stereotyp der fremdenfeindlichen oder integrationsunwilligen Jugend. Solche Stimmungsbefunde sind vielleicht medial sexy und deshalb in ihrer Verallgemeinerung um nichts weniger falsch.

Im Unterschied zu vielen Erwachsenen an deren Stammtischen aller Art, vom echten Wirtshausbruder bis zum pseudointellektuellen Universitätsmenschen, haben Jugendliche eine ehrliche Neugier gegenüber dem Fremden. Nach dem Gesetz der Wahrscheinlichkeit hatten vermutlich einige, mehrere oder viele Schüler einen nationalistisch, rassistisch, fundamentalistisch oder auf sonstige Art dumpfbackig bis übel gesinnten Hassprediger als Elternteil daheim. Und das in einem sozial schwierigen Umfeld. Doch unter den Jugendlichen wollen vor allem Nicht-Österreicher von der anderen Seite etwas wissen und hören, wahrscheinlich sogar lernen.

Zweitens ist das Dilemma der Verständnisschwierigkeiten differenziert zu beurteilen: Beim oberflächlichen Hinhören merkt man es kaum, denn die ausländischen Jugendlichen haben einen angelernten Wortschatz von 400 oder 500 Begriffen, um im Alltag nicht aufzufallen und irgendwie durchzukommen. Den setzen sie geschickt ein. Der Haken ist, dass die österreichische Integrationspolitik – von den Deutschkursen für Ausländer bis zu zahllosen Kontaktsuchen – sich damit zufriedengibt und der eigentlichen Schwierigkeit, in die Tiefe zu gehen, ausweicht. Dafür fehlen Zeit und Geld.

Jedenfalls waren die Gäste aus den Parteiakademien gleich mir überrascht, mit wie viel Engagement und Offenheit diskutiert wurde. Dass wir alle ein Aha-Erlebnis hatten, mit richtigen Menschen anderes zu erleben, als es medialen Berichten entspricht, sollte uns nachdenklich stimmen. Genauso galt das für viele Fragen von Einwanderungs- bis Arbeitsrecht, welche Behörden beantworten sollten, an die interessierte Jugendliche offenbar nicht herankommen. Ihre Eltern noch weniger. Wechselweise Vorwürfe, wer arbeitsscheu und/oder gewalttätig wäre, kamen natürlich schon, jedoch fast nie als Pauschalurteil, sondern immer als Kritik im konkreten Fall inklusive Erklärung und Begründung. Als generalisierend arbeitsscheu oder aggressiv hat niemand den anderen bezeichnet.

Richtig ist übrigens, dass die Zahl der erwerbstätigen Personen bei den Österreichern doppelt so hoch ist als unter Nicht-Österreichern. Fast die Hälfte der Einheimischen sieht – so Umfragedaten der GfK-Meinungsforschung aus dem Jahr 2009 – ihre Arbeitsplätze durch Ausländer gefährdet. Zwei Drittel glauben, dass Ausländer Kriminalität importieren. Die Asylwerber hielt, laut Gallup-Daten, im Sommer 2010 eine Mehrheit für eher kriminell und unehrlich. Nur ein Viertel bezeichnete sie als schutzbedürftig und 15 Prozent als integrationswillig.

Das ändert nichts daran, dass 55 Prozent der Österreicher Menschen aus anderen Ländern als Bereicherung für das eigene Land sehen. Das ist zudem objektiv richtig, weil sowohl für den Arbeitsmarkt als auch für das Pensionssystem Zuwanderung dringend erforderlich ist. Im Sommer 2010 wurde das vorübergehend zum sachlichen Thema, um von einer eher unappetitlichen Ausländerdebatte im Wiener Wahlkampf abgelöst zu werden. Auch pro-migrantische Positionen von Parteien und Medien erweckten da manchmal den Eindruck, als ginge es um zusätzliches Stimmvieh, um ein paar Prozentpünktchen zu gewinnen. Inhaltliche Argumente, warum wir uns etwa den Luxus leisten, an hiesigen Universitäten ausgebildeten Akademikern mit ausländischer Staatsbürgerschaft den Zugang zum heimischen Arbeitsmarkt zu erschweren, gingen unter. Es verstehe wer will, dass es vor lauter Fremdenangst gut sein soll, wenn höchstqualifizierte Menschen besser anderswo das Bruttonationalprodukt erhöhen helfen.

Was übrigens wirklich spaltet, ist weniger die nationale Herkunft als die Religion. Fast 75 Prozent – laut dem Meinungsforschungsinstitut IMAS 2010 – beklagen zu wenig Anpassungsbereitschaft seitens zugewanderter Moslems. Die Mehrheit hat Angst und sieht den Islam als Bedrohung, weil eine Unvereinbarkeit mit westlichen Werten wie Demokratie, Freiheit und Toleranz empfunden wird. Und was machen Parteien aus all dem?

Das Ausländerthema im politischen Wettbewerb

Niemand Geringerer als US-Präsident Barack Obama hat bewiesen, dass man mit einer gelungenen Ansprache der Migranten Wahlen gewinnen kann. Nach herrschender Lehre hieß es lange Zeit, eine Partei oder ein Kandidat hätte entweder die Mehrheit der Wechselwähler auf ihre/seine Seite zu bringen oder mehr Stammwähler zu mobilisieren als die Konkurrenz. Im Idealfall beides. Was aber die Gefahr beinhaltet, sich mit den Botschaften für so verschiedene Wählergruppen selbst zu widersprechen. Als dritte Möglichkeit erkannte Obama, dass es neue Wähler gab, um die sich bisher keiner gekümmert hatte. Dazu zählten vor allem Amerikaner hispanischer Herkunft, deren Wahlbeteiligung sich dramatisch erhöhte und welche prompt mit überwältigender Mehrheit für ihn stimmten.

In Österreich sind eingebürgerte Ex-Ausländer als Wählergruppe offiziell ein Tabu, obwohl man sich hinter den Kulissen um sie bemüht. Angesichts einer zweistelligen Prozentzahl möglicher Wähler mit Migrationshintergrund können Parteien kaum länger den Kopf in den Sand stecken. Einerseits sieht das „gesunde Volksempfinden" – ein wie oben erklärt im Nationalsozialismus eingeführter Begriff, was heutige Amtsinhaber wie den Kärntner Landeshauptmann nicht an dessen Verwendung hinderte – längst eingebürgerte Zuwanderer der zweiten, dritten und vierten Generation als ausländisch. Andererseits haben diese das Wahlrecht.

In Deutschland spricht man darüber. Eine Studie der Universität Mannheim zeigt, dass die CDU/CSU unter Zuwanderern um zehn Prozentpunkte schlechter liegt als bei den übrigen Deutschen. Dasselbe gilt abgeschwächt für die FDP. Von der migrantischen Linksorientierung profitieren nicht die Grünen, sondern jeweils ein bisschen die SPD und die Partei Linke. Viele Zuwanderer wenden sich den Nichtwählern zu. Das kann an Integrationsmängeln liegen – doch genauso daran, dass es sich um eine rechts-konservative Klientel handelt, für die rechte Parteien keine Klientelpolitik betreiben.

Dramatisch sind die Unterschiede nach dem Herkunftsland. Aussiedler aus Osteuropa – etwa Polen – wählen in überwältigender Zahl durchaus CDU und CSU. Statistisch nahezu niemand ist für die Grünen. Das christdemokratische Dilemma rührt aus einstelligen (!) Wahlergebnissen, würden bloß eingebürgerte Wähler aus der Türkei und Südeuropa abstimmen. Die SPD hält da bei ansonsten für sie utopischen 40 Prozent.

Im Vergleich dazu ist die österreichische Datenlage eine dünne Suppe. Hinzu kommt, dass die liberale FDP nicht mit der nationalen FPÖ vergleichbar ist. Daher muss die ÖVP hoffen, dass es blau-nationalistische Ausraster gibt. Stimmengewinne können Josef Pröll und seine Mitstreiter nur erzielen, wenn rechte Alt-Österreicher und konservative Neo-Österreicher von der FPÖ angewidert sind und trotzdem rechts der Mitte wählen.

Hätten in der Nationalratswahl 2008 nur eingebürgerte Österreicher abgestimmt, so kommt gemäß ORF-Wahltagsbefragung fast eine absolute Mehrheit für die SPÖ heraus. Die Grünen lägen vor der ÖVP, welche mit unter 15 Prozent bei den Wählern nicht katholischen Religionsbekenntnisses ähnlich katastrophal abschneidet. Die FPÖ wäre mindestens halbiert. Womit die strategische Ausgangslage der Ein- und Zuwanderungspolitik klar ist. Der nächste Ausländerwahlkampf kommt bestimmt.

Seine Grundlage machen folgende Zahlen klar: Wir sind insofern kein Land der Rassisten, weil das in ihrer pursten Form für weniger als fünf Prozent der Bevölkerung zutrifft. Prozentzahlen dürfen freilich nicht verniedlichend zur Anwendung kommen, weil a) genügt das in der Theorie, um nach dem traurigen Vorbild der Republikaner, DVU und NDP in Deutschland zumindest punktuell und knapp in heimischen Nationalrat und Landtage einzuziehen. Zudem sind b) ein Zwanzigstel der Wahlberechtigten in absoluten Zahlen über 300.000 Österreicher, die Mitmenschen aufgrund ihrer Herkunft, Sprache, Hautfarbe oder religiösen Überzeugung am liebsten zum Teufel schicken würden, teilweise mit Deportations- und Vernichtungsmethoden. Das klingt weniger harmlos.

Die Absolutzahl ist groß genug, um im Rahmen der Islamhysterie seitens politischer Akteure mit artfremden Minaretten bis zur verlangten Massenabschiebung Stimmung zu machen. Doch auch auf der Gegenseite können mit scheinobjektiven Zahlen Gefühlslagen wunderbar beeinflusst werden. Zitiere ich beispielsweise Studien, dass höchstens zwei oder drei Prozent der sich in Österreich befindlichen Menschen mit muslimischer Religion Andersgläubige ablehnen, klingt das nach einem geringen Wert. Ähnlich klein ist die Zahl jener ausländischen oder mit der österreichischen Staatsbürgerschaft hier lebenden Moslems, welche Grundregeln der Demokratie infrage stellen. Behaupte ich hingegen, dass über 10.000 islamische Fundamentalisten in unserer Mitte sind, hört sich das nicht so nett an.

Der letzte Satz wäre richtig, weil drei Prozent von rund 400.000 muslimisch Gläubigen 12.000 sind. Im nächsten Atemzug könnte man abschwächen, wenn anstatt aktueller Vermutungen von offiziell 320.000 Moslems aufgrund der letzten Volkszählung ausgegangen wird. Das ist allerdings viele Jahre her. So oder so wird das Spiel mit den Zahlen zur politischen Waffe. Zahlenmäßig steigen übrigens Moslems als Mitbürger in einem solchen Vergleich gut aus. Bis zu zehn Prozent der Österreicher und nicht nur drei Prozent geben demokratiefeindliche Meinungen von sich. Das ist ein mehr als dreifach so hoher Anteil als unter den vermeintlich so schrecklichen Ausländern. Trotzdem ist natürlich jedweder Umkehrschluss Unsinn, dass beim Kampf der Kulturen vor allem Christen demokratiefeindlich sind.

Der Punkt ist, dass Zahlenspiele in der Politik ein dankbares Instrument sind. Der nächste Schritt sind Politiker und Medien, für die beim Thema Ausländer seriöse Meinungsforschung und mehr oder weniger erfundene Eindrücke aus einer Straßenbefragung im Prinzip gleich gut funktionieren. Denn Sachkenntnis ist kein Hindernis und dennoch nicht wirklich gefragt. Es geht lediglich darum, forsch etwas zu behaupten. Offenbar lesen viele Österreicher gerne über Umfragen vom Islam bis zu den Ausländern generell, sonst würden Zeitungen sie nicht abdrucken. Unklar ist, ob eine so veröffentlichte Meinung irgendetwas mit der öffentlichen Meinung zu tun hat.

Das wirkliche Problem sind jene mehr als 25 Prozent oder fast zwei Millionen Ureinwohner der Alpenrepublik, welche den Fremdenhass nach eigener Aussage ablehnen und trotzdem von Fremdenangst geprägt sind. Es gilt die Unschuldsvermutung, doch sie sind das mögliche Opfer politischer Rattenfänger – und eine mehr als ausreichende Minderheit von Mitläufern, um in sozial und wirtschaftlich schwierigen Zeiten Zustände wiedereinzuführen, die wir zu Hitlers Zeiten einmal hatten. Dass dabei das Feindbild Judentum vom Hass auf den Islam abgelöst wird, tut wenig zur Sache und macht vor allem nichts besser.

Diese 25 Prozent plus sonstige Proteststimmen, das ergibt ein Stimmenbecken von mindestens einem Drittel der Wahlberechtigten. Platz eins für die FPÖ ist mit der Fokussierung auf das Ausländerthema demnach durchaus möglich. Die eingangs skizzierte Option Obamas, sich unter den ehemaligen Ausländern neue Wähler zu holen, hat im Gegensatz dazu einen Haken. Das funktioniert nur bei jenen Mitmenschen, die lange österreichische Staatsbürger sind und bislang ihre Stimme nicht abgaben. Wer noch dazukommt oder kommen könnte, wird wie belegt als zahlenmäßig vernachlässigbar eingestuft. Wahltaktisch wichtig ist daher lediglich jemand, der den heimischen Reisepass bereits erhalten hat. Zudem ist in den USA mit früher nur 50 bis 60 Prozent Wahlbeteiligung mehr Luft nach oben durch neue Wählergruppen als in Österreich, wo über 80 Prozent an einer Nationalratswahl teilnehmen.

Nur in der Wiener Landtagswahl sieht das anders aus. Wobei Grüne und FPÖ mit parteilicher Polarisierung ihre Wählerschaft gut bedienen. Schwieriger ist das für die SPÖ, welche einerseits eingebürgerte Ausländer als Wähler gewinnen will. Andererseits weiß sie, dass zwei Drittel der eigenen Stammwähler dazu rechte Meinungen haben. Der gutmenschlich-ehrenwerte Vorschlag des linken Flügels der Partei und außen stehender Besserwisser, ohne Differenzierung gefälligst mehr für ausländische Mitbürger zu tun, würde bei diesem Thema mitten ins Wahldebakel führen.

Politische Bildung an unpassenden Orten

Das Problem Politischer Bildung ist, sich in einem gigantischen Inzest konsequent mit jenen bis zu 75 Prozent zu beschäftigen, die sich anders als die 25 Prozent Möchtegern-Rassisten ohnehin in ihrer Menschenfreundlichkeit einig sind. Mit dem fremdenängstlichen Viertel in einen Dialog zu treten, das ist anstrengender. Im Umkehrschluss ist die Ignoranz, Hunderttausende zu rechtslastigen Rassisten zu erklären, für Theoretiker der politischen Bildungsarbeit ungleich bequemer. In den Medien und an der Universität bringen Auftritte in Bierzelten nichts, obwohl Politische Bildung sich dort abspielen sollte.

Bezeichnenderweise erhielt ich 2010 vom zuständigen Wirtschaftsministerium den Auftrag, erstmals ein systematisches und universitäres Politische-Bildung-Programm für in der Jugendarbeit tätige Personen zu konzipieren. So schön das für mich war, es wäre zu hinterfragen, warum so etwas als Innovation gilt und nicht seit Jahrzehnten als Selbstverständlichkeit. Im Schulbereich gibt es für Lehrer länger vergleichbare Angebote, doch sind es zu wenige und es melden sich immer dieselben Teilnehmer an. Wer bei der Integration ein Verweigerer politischer Bildungsarbeit ist, der bleibt es auch.

Ich bin ungefähr zehnmal im Jahr bei Schulbesuchen gemäß der obigen Beschreibung. Was hundertmal zu wenig ist. Hinzu kommen ein paar Vorträge in bierzeltähnlicher Atmosphäre, die eine größere Herausforderung darstellen, als – noch dazu für sehr

110

hohe Honorarsummen – vor Vorstandsvorsitzenden zu referieren. Der Rest meines Beitrags zur Politischen Bildung spielt sich ebenfalls in geschützten Werkstätten ab. Natürlich sind Schulungen von Lehrern an Universitäten wichtig, doch was ich da gegen Xenophobie vulgo Fremdenangst tue, ist zu wenig und geschieht im falschen Umfeld. Das wäre mein persönliches Problem, wenn andere Multiplikatoren und Meinungsführer nicht allzu oft in dieselbe Falle tappen.

Wir machen Politische Bildung dort, wo sie am wenigsten gebraucht wird, und gehen nicht dorthin, wo sie richtig wehtut. Folgendes Gleichnis uralten Datums drängt sich auf: Ein verlorener Schlüssel im halbdunklen Raum ist nicht bloß zu suchen, wo die Lampe ist. Das ist zugegeben einfacher, weil das Herumkriechen in den finsteren Ecken des Zimmers wenig Spaß macht. Der Schlüssel ist jedoch selten im freundlichen Licht zu finden. Nach demselben Prinzip funktioniert Politische Bildung gegen Fremdenangst und Rassismus. Als ich in einer illustren Runde mit Sektionschefs beider Bildungsministerien einmal meinte, man müsse mehr Politische Bildung gegen die Fremdenfeindlichkeit machen, doch nicht in Eliteschulen und stattdessen in Jugendgefängnissen, erntete ich verständnislose Blicke. Irgendwann stammelte jemand, dass man dafür nicht zuständig sei. Nun ja.

Die Medien machen ebenfalls gute Sendungen vorbei an den echten Zielgruppen. Ein Beispiel: Kurz vor der letzten Nationalratswahl war ich zu einer Live-Sendung aus dem Klassenzimmer einer Wiener Schule eingeladen. Das Regionalradio des ORF sendete von ebenda, wobei erwachsene Anrufer Fragen stellen und Diskussionsbeiträge liefern durften. Meine Aufgabe als Politikwissenschaftler war es, durch Sacherklärungen den Schülern zu helfen, falls die ja Jahrzehnte älteren Erwachsenen mit halbwahren „Früher war alles besser!"-Erzählungen argumentieren sollten. Das galt für alle Wahlthemen und ganz besonders in Integrationsfragen.

Die gute Nachricht ist, dass ich total überflüssig war. Wenn jemand zu schützen war, so betraf das über 60-Jährige, welche von ihren möglichen Enkeln an die Wand geredet wurden. Sowohl punkto Eloquenz als auch im Hinblick auf das Faktenwissen. Die schlechte Nachricht lautete, dass vom ORF ein Gymnasium mit medienkundlichem Schulversuch und Schwerpunkt Politische Bildung ausgesucht wurde. Das war so ziemlich die untypischste Schule aller Schulen, was die Auseinandersetzung mit Wahlen und Integration betraf. In Wahrheit wäre man in einer Hauptschule im sozialen Brennpunktviertel besser aufgehoben gewesen. Doch das hätte weniger dem Sendungsideal der Scheinperfektion in Wort und Bild entsprochen.

In die Diskussionssendungen des Fernsehens mit Jugendlichen vor der Wahl hatte der ORF genauso bloß Klassen höherer Schulen eingeladen, welche mit jeweils zwei Parteienvertretern zur fragwürdigen Sendezeit nach 23 Uhr sprachen. Das Zeitproblem ist angesichts von Quoten und Werbegeldern zu verstehen, die Elitenauswahl nicht. Auch Medien müssen sich trauen, nicht nur in Reportagen wirkliche Menschen statt politisch korrekter Berufsdiskutanten zu zeigen. Speziell beim Thema Ausländer. Die (partei-)politische Realität sieht nämlich anders aus als die ORF-Sprache und der Code von Qualitätszeitungen.

2005 rülpste ein österreichischer Parteichef – er hieß Heinz-Christian Strache – im Wiener Gemeinderatswahlkampf, Ausländer würden Maul- und Klauenseuche haben, weil sie zuerst maulen und nachher klauen. Seine Aussagen sind belegbar. Inzwischen haben alle Parteien erkannt, dass mit zu einfältiger Fremdenfeindlichkeit allein die Wahlträume nicht in den Himmel wachsen. Die strategische Reaktion ist eine Abwendung von eindimensionalen Erklärungsmustern der Ausländer als Verursacher von allem Schlechten und Kriminellen zugunsten der Entdeckung des Islams als konkretisierbares Schreckensszenario für das Sicherheitsdenken.

Islamfeindlichkeit als mehrheitsfähige Volksmeinung

Der Terrorist der einen Seite ist der Freiheitskämpfer aus Sicht der anderen. Bei aller Objektivität sollte man trotzdem nicht die Kreuzzüge, den Kolonialismus oder das US-amerikanische Imperialdenken als Wurzel allen Übels bis hin zu Al Kaida beschreiben. Will jemand aus der linken Reichshälfte ernsthaft so die Flugzeugattentate auf das World Trade Center und Pentagon sowie die zahllosen Folgetaten in Madrid, Indonesien und anderswo rechtfertigen? Religiös motivierte Anschläge und deren Planung sind vollzogener oder versuchter Massenmord. Der Verzicht auf klare Schuldzuweisungen wäre den Opfern gegenüber frivol.

Die individuelle Schuld einer kleineren oder größeren Gruppe von Fundamentalisten wird jedoch in Sekundenschnelle zur Pauschalschuld einer Weltreligion. Besonders in Österreich. Kaum ist eine Terrorzelle aufgetaucht, wittern Fremdenfeinde ihre Chance. Spätestens seit dem 11. September 2001 lassen sich Vorurteile gegen Menschen aus einem fremden Land perfekt mit jenen gegenüber fremden Religionen kombinieren. Irgendwann in naher Zukunft wird die Feindlichkeit gegen den Islam größer sein als der Antisemitismus. Was in unserem Land mit seiner Geschichte der intensiven Beteiligung am Holocaust und der mangelnden Vergangenheitsbewältigung danach eine sehr tragische Leistung wäre.

„Daham statt Islam!" als Parteislogan verführt dabei zur Ansicht, dass es sich um altbekannte Propaganda der FPÖ und zwischenzeitlich des BZÖ als Nutznießer handelt. Das echte Problem ist, dass die gesellschaftspolitische Gefahr der Fremdenfeindlichkeit mittlerweile wenig bis nichts mit der blau-orangen Kernklientel zu tun hat. In der Politikwissenschaft belegen das moderierte Gesprächsrunden, in englischer Sprache „focus groups" genannt.

Entgegen der auf Balkendiagramme fixierten Medienberichterstattung beziehen wir unser Wissen nicht nur aus solchen, sondern aus diesen „focus groups", in denen acht bis zwölf Personen nach einem ausgeklügelten Gesprächsleitfaden heikle Themen diskutieren. Das Ganze wird – mit Wissen der Betroffenen – mitgefilmt, um nachher eine Serie der Gesprächsrunden auszuwerten. Da sitzt beispielsweise ein bürgerlicher Städter, der sein liberales Mäntelchen zur Schau trägt. Nach einer halben Stunde behauptet dieser, ÖVP- oder nicht selten Grün-Präferent zu sein. Zur Sozialpolitik leiert er brav sozial klingende Sprüche herunter. Dasselbe gilt für den Arbeiter und SPÖ-Anhänger, der etwas deftiger formuliert.

Nur beim Ausländerthema kippt jeweils die Stimmung, und der Forscher im Nebenzimmer ist fassungslos. Von Liberalismus und sozialem Denken plötzlich keine Spur, es wird rechts vom rechten Rand formuliert. Da fallen Aussagen, welche von ihrem versteckten Inhalt her Heinz-Christian Strache bei einer Marktplatzrede zu gewagt wären. Das Teuflische ist der durchaus sympathische Tonfall und eine verklausulierte Wortwahl als Unterscheidung zu Strache. Stets wird betont, dass sich Radikalforderungen von der Abschiebung bis zum Überwachungsstaat bloß gegen einen minimalen Teil der Ausländer oder Moslems richten sollten. Dummerweise scheint nach dem Volksmund der meisten roten, schwarzen oder gar grünen Wähler dieser Teil ausnahmslos in Österreich zu leben.

Das bedeutet, dass eine latent oder manifest fremdenfeindliche Kommunikation der Politik nicht allein für FPÖ und BZÖ zum Punktesammeln dient. ÖVP und SPÖ müssen bei strategischer statt ethischer Überlegung genauso auf den fahrenden Zug aufspringen. Bis zu drei Viertel der Österreicher vertreten in den Bereichen Asyl, Einwanderungspolitik und Integration klare Mitte-Rechts-Standpunkte, obwohl – aufgrund der Bedeutung anderer Politikbereiche als Motiv – in Wahlen viel weniger auch für Mitte-Rechts-Parteien stimmen. Daraus folgt: Ginge es im Wahlkampf nur um das sogenannte „Ausländerthema", so wäre die FPÖ in der nächsten Nationalratswahl klarer Favorit.

Hinzu kommt, dass Fremdenfeinde quer durch alle Lager sich nicht einordnen lassen. Auf keinen Fall handelt es sich nur um Ewiggestrige oder offenkundige Rassisten. Es sind auch nicht alles Modernisierungsverlierer, die sich in ihren Arbeits-, Wohn-, und Finanzverhältnissen furchtbar benachteiligt fühlen und Ausländer oder Andersgläubige zum Schuldigen machen. Das erklärt, warum SPÖ und ÖVP zwar halbwegs glaubwürdig Fremdenfeindlichkeit ablehnen und das mehr oder minder deutlich sagen. Pro-islamische Aussagen von roten oder schwarzen Politikern muss man hingegen mit der Lupe als Stecknadel im Heuhaufen suchen.

Im Grunde handelt es sich sowohl bei den Volksvertretern als auch dem Großteil des Volkes um Unkundige, deren Meinungen über den Koran von Wissen und Sachverstand weitgehend unbeeinflusst sind. Viele kennen über die unfreundliche Grußbekanntschaft hinaus gar keine Moslems. Authentische Bezugspunkte mit islamischen Ländern beschränken sich auf Sonne, Strand und Meer plus Alkohol in einem türkischen Hotel. Für Tunesien und Ägypten gilt das Gleiche. Halbgebildete haben zusätzlich ein paar Fachausdrücke über den Islam vom Lesen Karl Mays aufgeschnappt. Da waren meistens Sunniten gut und Schiiten böse, doch im Grunde alle im Vergleich zu den heldenhaften Deutschen minderwertig. Kara Ben Nemsi konnte sicher sein, zwischen schlechten und weniger schlechten Orientalen irgendwo auch einen aufrechten Landsmann zu treffen. Dieses Erzählmuster von May wiederholt sich als Realität in den nicht europäischen Mittelmeerländern unter österreichischen und deutschsprachigen Urlaubsreisenden.

Es klingt banal und ist kurzfristig keine Lösung: Doch Langzeitprogramme gegen den Terror islamischer Fundamentalisten und unsere Islamfeindlichkeit sind gleichermaßen nicht in der Sicherheitspolitik, sondern ausschließlich in der Bildung zu finden. Vielleicht wäre die nicht kirchliche Religion als Pflichtfach in allen Schulen und der Erwachsenenbildung ein Anfang. Nicht für den eigenen Glauben natürlich, sondern über fremde Glaubensbekenntnisse. Mit dem steigenden Wissensstand sinken Ängste und Vorurteile.

Nicht überliefert ist, ob Maulhelden des rechtsrechten Randes das bundesdeutsche Nachrichtenmagazin „Focus" lesen. Beim oberflächlichen Entziffern der Buchstaben in den Überschriften könnten sie jedenfalls ebenda Stoff für weiteren Hurra-Populismus finden. In der ersten Februarausgabe 2010 wurde von Allahs Vorhut in Europa gesprochen. Der Untertitel verheißt eine Spurensuche in Europas Moscheen, dass radikale Imame dort Scharia lehren und eine Integration der Muslime verhindern. Ein journalistischer Hetzartikel als Wasser auf die Mühlen politischer Hetzer?

Mitnichten. Es handelt sich im Gegenteil um ein Paradebeispiel, einerseits Konflikte zwischen den Kulturen bis hin zum Kulturkampf offen zu thematisieren und andererseits keine falschen Schlussfolgerungen zu ziehen. Vor allem für Österreich wird das Orakel des Buchautors Christopher Caldwell zitiert, dass 2050 die Mehrheit der unter 15-Jährigen im Land muslimisch ist. Im selben Jahr werden mehr als 20 Prozent aller EU-Bürger an Allah glauben. Dass Prozesse eines derartigen Gesellschaftswandels nicht friktionsfrei abgehen, dürfte jedem klar sein.

Schließlich lehnen Muslime etwa liberale Errungenschaften des modernen Europas mehrheitlich ab. Als momentane Bestandsaufnahme sind sie gegen Sex zwischen Unverheirateten und/oder eine moralische Akzeptanz von Homosexualität. Das Tragen eines Kopftuchs wird dafür als religiöse Pflicht und nicht als Unterdrückungssymbol der Frauen gesehen. Die, wie beschrieben, viel seltenere Burka wird auch von Nichtradikalen zumindest toleriert. Im Umkehrschluss müssten also ausgerechnet christliche Fundamentalisten, welche all das genauso sehen, über mögliche Allianzen mit fremden Glaubensbrüdern jubilieren.

Das Spannende am „Focus"-Artikel sind gigantische Abweichungen in den Einstellungen muslimischer Mitbürger unterschiedlicher EU-Mitgliedsstaaten. Frankreichs Muslime sind sehr aufgeschlossen, jene in Großbritannien radikale Verfechter uralter Traditionen. Deutschland rangiert irgendwo dazwischen, was auch für Österreich anzunehmen ist. In Summe zeigt das breite Spektrum gegensätzlicher Daten, dass Integrationspolitik so oder so gemacht werden kann. Dementsprechend liegt es weniger an der Anpassungsfähigkeit der Hinzukommenden, sondern viel mehr an der Aufnahmebereitschaft bereits Anwesender, die Neuen ein- oder auszugrenzen.

Mit rechten und linken Parteien hat der Scheideweg der Integrationsförderung oder Ausgrenzung bloß bedingt zu tun. In Großbritannien waren es Sozialdemokraten unter Tony Blair, welche Einstellungen gegenüber Einwanderern propagierten, die sich in ihrer Tonalität kaum von den rechtesten Recken unterschieden. Fremdenängste und -feindlichkeit gibt es also überall. Was das für Österreich Typische dabei ist? Wir können uns nicht vor der Zeitgeschichte drücken und verleugnen, dass wir Mittäter waren, als Menschen fremder Herkunft oder fremden Glaubens im bisher größten Massenmord der Geschichte umgebracht wurden.

Falsche Fragen zur falschen Zeit

Bei der Vergangenheitsbewältigung hat Österreich eine unglaubliche Fähigkeit, sich mit falschen und verspäteten Fragen vor klaren Handlungen zu drücken. Sind etwa Aussagen des seit 2008 als Dritter Nationalratspräsident fungierenden Martin Graf extrem nahe der rechten Wand einzuordnen – und so sehen das mittlerweile immerhin vier der fünf Parlamentsparteien –, wurde plötzlich gefragt, ob und in welcher Form eine Gesetzgebung zulässig ist, um Herrn Graf des Amtes zu entheben. Laut den Gegnern seiner Absetzung ist Graf wegen einer Selbstausschaltung des Parlaments vor 76 Jahren zu schützen, obwohl damals die Präsidenten zurücktraten und keiner sie abwählte.

Graf ist zwar nie durch klassische Fremdenfeindlichkeit auf-
gefallen, wurde jedoch bereits 1997 in der deutschen Zeitschrift
„Der Spiegel" folgendermaßen zitiert: „Die heutigen Staatsgren-
zen wurden willkürlich gezogen. Das deutsche Volkstum muss
sich frei in Europa entfalten können!" Zudem ist Graf Mitglied
der vom Dokumentationsarchiv des Österreichischen Wider-
stands (DÖW) als rechtsextrem eingestuften Burschenschaft
„Olympia". Graf meinte in seiner Gegenkritik, dass das DÖW
eine sehr weit links angesiedelte Organisation sei und alle nicht
linksorientierten Gruppen automatisch als rechtsextrem bezeichne. Mehrere – zum Teil frühere – Mitarbeiter des Dritten Natio-
nalratspräsidenten haben ebenso eine Mitgliedschaft bei „Olympia". Zwei davon sollen beim neonazistischen „Aufruhr"-Ver-
sand Bestellungen vorgenommen haben.

Jene Mehrheit der SPÖ- und ÖVP-Abgeordneten, welche
Graf 2008 gewählt hat, sollte man lieber nach ihren damaligen
Gründen dafür fragen. Es wurde lediglich debattiert, ob der Dritte Präsident des Nationalrats als Gewohnheitsrecht wirklich von
der drittstärksten Partei zu stellen wäre. Das waren scheinheilige
Grundsatzfragen zum falschen Zeitpunkt, um nicht sofort handeln zu müssen. Das traditionelle Recht einer Partei hat nämlich
wenig mit dem persönlichen Gewissen zu tun, um für die Person
Graf in geheimer Wahl eine Pro-Stimme abzugeben.

Als wenigstens symbolische Handlung hätten Nicht-FPÖ-
Fraktionen sogar einen anderen FPÖ-Politiker als Präsidenten
vorschlagen und auf den Stimmzettel schreiben oder ungültig
wählen können. Die (Nicht-)Anerkennung parlamentarischer Ge-
wohnheiten und (Nicht-)Abberufungsmöglichkeit von Parla-
mentspräsidenten und Volksanwälten muss man sachlich diskutieren, ohne dass es Anlassfälle von Martin Graf über Siegfried
Kampl bis Ewald Stadler gibt.

Kampl – 2005 als Bundesratsvorsitzender vorgesehen – bezeichnete unter dem Oberbefehlshaber Adolf Hitler geflüchtete
Wehrmachtsdeserteure als Kameradenmörder und sprach von

einer Nazi-Verfolgung nach Kriegsende. Volksanwalt Stadler meinte 2002 als damaliger FPÖ-Politiker, Österreich wäre zur selben Zeit bloß angeblich von Faschismus und Tyrannei befreit worden. Später nannte er Graf instinktlos und dumm. Die Frage ist trotzdem nicht, ob Stadler sich vor fast einem Jahrzehnt für sensibel und schlau hielt und nun Vertreter des sich als liberal bezeichnenden BZÖ ist. Es geht darum, warum sich unabhängig von der Person in diesem Land sprachliche Ausrutscher auf höchster Ebene derart oft wiederholen und kaum Konsequenzen haben.

Parallel kommen blaue Konter, ob nicht Äußerungen des Präsidenten der Israelitischen Kultusgemeinde – Ariel Muzicant verglich den FPÖ-Generalsekretär mit Joseph Goebbels – gleichermaßen unzulässig waren. Das sind sie zweifellos. Doch ist das ebenfalls eine falsche und verspätete Vergleichsfrage. Sie erinnert an das typisch rechte Muster, welches sogar beim Holocaust reflexartig auf den Dresdner Bombenangriff der Alliierten verweist. Oder auf die Gräber Katyns und andere Verbrechen Stalins im Osten. Beides ist bedingungslos anzuklagen, doch nicht nur zu einer Zeit, wenn durch Hinweise auf fremdes Unrecht das eigene Unrecht geringgeredet wird.

Im Fall Waldheim wurde anlässlich von dessen Bundespräsidentschaftskandidatur 1986 gefragt, ob dieser ein Riesen-Nazi und Kriegsverbrecher war. Das war er sicher nicht. Verschleiert wurde die wichtigere Fragestellung, ob Österreich ein ansonsten unschuldiges Staatsoberhaupt verdient, das bis 1945 im Zweifelsfall lieber keine Fragen stellte und nach 1945 Gedächtnislücken den kritischen Fragen vorzog. Im selben Sinn sollte man nicht Graf, Stadler & Co mit der Nazikeule zu Faschisten mit der Gnade der späten Geburt machen, sondern sich ruhig fragen, ob sie würdige Vertreter der Republik sind.

Zur diskutablen Würde passte mit Barbara Rosenkranz eine Präsidentschaftskandidatin, bei der laut ORF-Wahltagsbefragung im April 2010 nur neun Prozent der Aussage stark zustimmten, sie habe sich glaubwürdig vom Nationalsozialismus abgegrenzt. 13 weitere Prozent glaubten ihr das teilweise, die restlichen 78 Prozent offenbar nicht. Eine entsprechende Klarstellung der Verurteilung nationalsozialistischer Aktivitäten war notwendig geworden, nachdem Frau Rosenkranz das Verbotsgesetz zur Verbreitung von Nazi-Meinungen infrage gestellt hatte. Erst auf Zuruf der sie ursprünglich unterstützenden „Kronen Zeitung" korrigierte sie ihren Kurs. Sogar jeder siebte bis achte Wähler von Rosenkranz – sie kam mit knapp unter 500.000 Stimmen auf rund 15 Prozent der Stimmen – nahm ihr die Trennlinie zum Ewiggestrigen nicht ab.

Das legt den Schluss nahe, dass rund 70.000 ihrer Anhänger sie trotzdem oder deshalb gewählt haben, weil sie für eine Nationalsozialistin gehalten wurde. Ungleich mehr Österreicher, nämlich 40 Prozent aller Wähler und somit mehr als 1,2 Millionen, hielten alle Diskussionen um das Verbotsgesetz für übertrieben. Zur Erinnerung: 1980 waren 140.000 österreichische Wähler für den extrem rechten Norbert Burger als Bundespräsident gewesen. Burger hatte 1967 mit fast noch rechteren Gesinnungsgenossen die österreichische Nationaldemokratische Partei (NDP) gegründet. Die Partei wurde 1988 wegen nationalsozialistischer Wiederbetätigung aufgelöst. 1986 stimmten unabhängig vom Fall Waldheim 55.000 für Otto Scrinzi. Scrinzi war ehemaliger SA-Sturmführer und NSDAP-Mitglied mit der Nummer 7897561 gewesen. Nach dem Zweiten Weltkrieg unterhielt er regelmäßige Kontakte mit verurteilten Kriegsverbrechern und hatte 1978 eine Generalamnestie für nationalsozialistische Verbrechen erreichen wollen.

Ein fragwürdiger Trost ist, dass das rechtsradikale Wahlpublikum auf jene wenigen Prozentpunkte beschränkt bleibt, welche sich mit der Zahl der hartnäckigen Rassisten decken. Während die letztgenannte Gruppe um jene der Menschen mit Fremdenangst auf das Zehnfache erweiterbar ist, haben sogar xenophobe Österreicher für Neonazis nichts übrig. Die fremdenängstlichen

Landesbewohner decken sich hingegen zahlenmäßig mit den vielen EU-Ignoranten.

Österreich und das unbekannte Wesen EU-ropa

2009/10 weisen Daten des Eurobarometers – eine regelmäßige Meinungsforschung der EU in allen 27 Mitgliedsländern – nach, dass rund 40 Prozent der Österreicher eine positive Meinung zur Union haben und in der dortigen Mitgliedschaft mehr Vor- als Nachteile sehen. Die Zahl derjenigen, welche der EU und ihren Institutionen vertrauen, ist ähnlich groß oder klein. Das offizielle Österreich feiert das auf Regierungsebene als Erfolg, ist doch die Zahl der EU-Kritiker aus vor Kurzem ähnlichen Höhen auf unter 20 Prozent gefallen. Dass sie inzwischen wieder steigt, das wird fröhlich verdrängt.

Scheinbar fällt auch niemandem auf, dass die Beteiligung an den Wahlen zum Europäischen Parlament mit 45 Prozent kaum höher ist. Wir sind in EU-ropa nicht angekommen. Im Grunde haben am 7. Juni 2009 bei der letzten Europawahl sogar die tatsächlichen Wähler alle falsch gewählt. Nein, da sind weder Nichtwähler noch ungültige Stimmen gemeint. Egal für welche Partei jemand sein Kreuz machte, es war ein Zeichen im falschen System. Niemand entschied sich für eine Partei oder Person im Wettbewerb internationaler Volksvertreter, sondern bedient wurden seltsame Nationalismen. Der Wahlkampf bezog sich auf alle möglichen Themen im Mikrokosmos Österreich, überregionale Themen blieben Fehlanzeige. Wer solche, wie Othmar Karas von der ÖVP, einbringen wollte, war sofort nur Listenzweiter statt -erster. Realpolitisch macht die Globalisierung keinen Bogen um Österreich als Insel der Seligen, doch ignorieren wir das konsequent. Einheimische, die uns der Illusion des Eigenbrötelns berauben wollen, werden politisch knallhart bestraft. Selbst wenn mehr Internationalität zu unserem Vorteil wäre.

Die Folge ist ein gigantischer Etikettenschwindel, in dem Österreichs Kandidaten und deren Parteien jedweder Farbe kaum Interesse haben zu zeigen, was sie als EU-ropäer machen wollen. Stattdessen übertraf man sich mehrheitlich darin, als eine Art österreichischer Andreas Hofer in und gegen Brüssel zu gelten. Dafür bösen Spin-Doktoren und Wahlkampfmanagern in Parteisekretariaten die Schuld zu geben, wäre Realitätsverweigerung. Wir als Bürger wollen gar kein Wahlamt, für das europaweit gemeinsam abgestimmt wird. Lieber sind wir für oder gegen nationale Parteilisten, deren sich patriotisch bis nationalistisch gebärdende Mitglieder später in nicht nationalen – hierzulande fast unbekannten – Fraktionen arbeiten sollen.

Das Dilemma kennt man aus den USA: Dort stehen trotz eines überhöhten und manchmal pervertierten Nationalstolzes meistens lokale oder regionale Zugehörigkeitsgefühle an erster Stelle. Ein im Wahlkampf siegreicher Westernheld aus Wyoming inszeniert sich folgerichtig in Washington D.C. als solcher. Er hat nicht das gesamtstaatliche Gemeinwohl im Auge, sondern wird anhand der Menge gemessen, was er als Schweinetrog (in der US-Politikwissenschaft wird das wirklich so genannt!) für seine Heimat herausholt.

Der Unterschied zur EU: Wyoming-Bill wird wenigstens ad personam genau dafür gewählt. Niemand platziert ihn auf eine anonyme Parteiliste und zwingt ihn doppelmoralisch vorzutäuschen, als wäre er an den anderen Einzelstaaten im Mindesten interessiert. Vermutlich ist er das ähnlich intensiv, als für einige österreichische Parteienvertreter in Brüssel Malta und Konsorten ein ehrliches Anliegen sind. Noch weniger käme man auf den Gedanken, ausgerechnet anhand des einen in Wyoming gewählten US-Repräsentanten von insgesamt 435 zu erklären, warum die Vereinigten Staaten von Amerika so wichtig sind. In Österreich wird eine solche Begründung der Bedeutung der EU anhand der 17 von 732 Abgeordneten versucht. Das bescheidene Ergebnis überrascht wenig.

Doch in den USA werden als nationale Institution immerhin der Präsident und der Vizepräsident vom Volk (fast) direkt gewählt. Ähnliches braucht die EU. Mit geringeren Kompetenzen, doch als Symbol europäischer Einheit und zur Förderung der Identifikation des Wahlvolkes. Personenkult ist freilich nicht alles. Wenn Listen, so müsste es europaweit antretende Parteienbündnisse geben. Das zwänge österreichische und sonstige Lokalpatrioten bis -idioten, sich zu internationalisieren und vor allem auch EU-Denken zu entwickeln. Natürlich mit einem ausgeklügelten System der Mandatsverteilung, doch warum nicht? Wer das nicht will, was sein gutes Recht ist, muss konsequenterweise das ganze Konzept der EU ablehnen.

Doch das ist pure Vision. Was sich daher nicht verändert hat, sind bis zu 40 Prozent der Österreicher, welche zur EU keinen Standpunkt einnehmen, weil ihnen das Thema zu blöd ist. Sie sind die wahre Konstante und zeigen das Totalversagen der EUropäischen Politischen Bildung in Österreich seit 1995. Man kann mit guten Argumenten EU-Befürworter oder -Skeptiker sein, doch wenn 13 Jahre nach dem Beitritt jeder Dritte bis fast jeder Zweite bei gleichzeitiger Fremdenangst keinen Standpunkt beziehen will, so stimmt eine Menge nicht. Wie soll für und wider eine Erweiterung der Union um ex-jugoslawische Länder oder gar die Türkei jenseits von Klischees und Vorurteilen diskutiert werden, wenn jedweder Bezug zur EU und ihrer Idee fehlt?

Parallel dazu wirken unverändert Kampagnen vom Euro als Teuro, obwohl gerade in Zeiten der Wirtschaftskrise kaum jemand sein Gehalt in Währungen außerhalb der Eurozone erhalten hätte. In ungarischen Forint oder rumänischen Lei hätte auf dem Lohnzettel monatlich eine unangenehme Überraschung gedroht, was das Geld überhaupt noch wert wäre. Da sind Normalisierungen des Euros im Wechselkurs gegenüber dem Dollar vergleichsweise lächerlich. Dass Leistungen der EU unzureichend vermittelt werden, liegt gleichermaßen an der Beschränktheit heimischer Medien und der Dummheit von Brüsseler Institutionen.

Die „Kronen Zeitung" trommelt seit Jahren mit doppelseitigen Leserbriefen, was schlecht an der EU ist. Gratisblätter stehen ihr um nichts nach. Also sind über drei Viertel der Österreicher mit den Zuständen im eigenen Land zufrieden, mit jenen in der EU ist es bestenfalls die Hälfte. Umgekehrt hat die EU nicht verstanden, dass die professionelle Gestaltung von Werbemitteln und deren Verteilung von oben herab nichts bringt. So wie Österreich nicht in Europa, ist EU-ropa nicht bei den Menschen in Österreich angekommen. In Verbindung mit dem beschriebenen Ausländerthema bietet das die Plattform für einen inner- oder wenigstens osteuropäischen Rassismus.

Letztlich lässt sich Österreichs Rolle in EU-ropa so beschreiben: Wir leben – als Gleichnis zur EU – in einer großen Wohnanlage. Ein riesiger Gebäudekomplex von 27 Stiegenhäusern als Mitgliedsländern mit unterschiedlich vielen Leuten. In Summe hunderte Millionen. Vor Kurzem wurde eine neue Hausordnung als Verfassung beschlossen. Diese gilt überall und bestimmt, was man beim menschlichen Zusammenleben tun und lassen kann, welche Rechte und Pflichten alle haben, und wer was hergibt und bekommt.

Vor allem wird geregelt, wie der gigantische Ameisenhaufen voller Teilhäuser und mit zahllosen allzu menschlichen Bedürfnissen zu organisieren ist. Ein Kompromiss, weil da niemand jedes Einzelinteresse erfüllen kann. Doch mit der ehrlichen Absicht des gemeinsamen Wohls. Beschlossen haben das Hausmeister in Rat, Parlament und Kommission, welche für die Verwaltung der Stiegen zuständig sind.

Deshalb gab es Streit, weil in der auflagenstärksten Hauszeitung Österreichs steht, dass bloß sämtliche Hausmeister für die Ordnung wären und in Wahrheit alle Bewohner dagegen. Wenigstens kritzeln das viele regelmäßig in der „Krone", welche knapp jeder Zweite liest. Eine Abstimmung wäre wirklich besser gewesen, doch nicht Stiege für Stiege, sondern überall und zugleich. Nach schweizerischem Vorbild der Volksentscheide mit dem Anspruch, dass es sowohl eine Mehrheit der Bewohner als auch der Stiegen geben muss.

Viel schlimmer ist, dass man sich in Österreich einig ist, niemand hätte die Hausordnung gelesen. Angesichts von vielen kompliziert geschriebenen Seiten ist das verständlich. Man ist freilich auch stolz darauf, sich sogar jeder Kurzfassung zu verweigern, Sachlichkeit ist geradezu unerwünscht, dafür laufen jede Menge von Kenntnissen des Inhalts unbelastete Hurra- und Pfui-Schreier herum. Trotz Weltreisen will diese Gruppe der notorisch Grölenden nichts von den sonstigen Stiegen und deren Denkweise wissen. Vor allem nicht, wenn andere Stiegenhäuser im Südosten liegen.

Traurig ist, dass die Holschuld des Informierens verweigert wird. Mitverantwortlich sind jedoch alle Hausmeister, welchen zur Bringschuld Information nichts Besseres einfällt, als eben wie beschrieben von oben herab Materialien zu gestalten, statt mehr mit den Menschen zu reden. Material von Büchern bis Internetseiten ist deshalb sinnlos, weil bloß für Informationseliten eine zusätzliche Quelle bietend. An der Dachspitze sozusagen. Unten im Erdgeschoss laufen österreichweit mehr als 2500 häusliche Gemeindemeister, Dorfpfarrer oder Stadtlehrer orientierungslos herum, um im Zweifelsfall lieber zu sagen, dass alles ein Schmarren ist. So bauen wir unser Haus EU-ropa zur wackligen Ruine um.

Als Lösung empfiehlt sich eine Fortsetzung des Hausgleichnisses. Dort wären stiegenübergreifende Mietertreffen, regelmäßige Hausmeisterkontakte und ganz viele Gespräche über die Ordnungsvorschriften ein logischer Schritt zur Besserung. Jeweils mündlich und weder als behördliche Verlautbarung am schwarzen Brett noch als subversive Flugzettel von Dauerprotestierern. Wenn ich mir als Kommunikationsberater einen Auftrag wünschen kann, so wäre das für ein langfristiges Strategiepapier, was das EU-ropäische Äquivalent zum Prinzip „Durchs Reden kommen die Leute zusammen!" im Gemeindebau ist. Also ein Basisprogramm für eine bessere Vermittlung der EU und Europas in

Österreich. Durch Realkontakte statt Massenmedien. Mit der Vorgabe, dass alle meine Ideen solche Gesprächsforen von unten statt Elitenwerbung der Oberen beinhalten. Vielleicht würde mir nichts einfallen oder meine strategischen Gedanken wären kurios bis utopisch. Doch ich bin überzeugt, dass das der einzig richtige Denkansatz ist.

PS: Wo Strategien und Analysen ein Ende haben

Wird es der FPÖ stimmenmäßig helfen, dass sie in ihrer Ab- und Angrenzung gegenüber der extremen Rechten sowie durch die Vermengung von Wahlkampf und Religion den demokratiepolitischen Grundkonsens ausreizt? Ist es für die SPÖ taktisch ein Vor- oder Nachteil, wenn ihr Parteichef Werner Faymann damit allzu deutlich nichts zu tun haben will und trotzdem beim EU-Thema eine seltsame Allianz der Skepsis mit dem verstorbenen Herausgeber der „Kronen Zeitung" schloss? Vergrault der im Wahlkampf für das Europäische Parlament 2009 zweitplatzierte ÖVP-Kandidat Othmar Karas Wähler seiner Partei, weil er anders als der Listenführer Ernst Strasser anti-türkische Parolen zum Beitritt des Landes nicht tolerierte? Wer profitiert überhaupt im Wettrennen um Parlamentssitze in EU-ropa, nachdem die grüne Frontfrau aufgrund ihrer sexuellen Orientierung beschimpft wurde? Erweist sich umgekehrt jemand wie Ewald Stadler als Stimmenbringer des BZÖ, der seine Parteikollegen einst als warme Brüder titulierte?

Derartige Fragen dominieren nicht nur im Frühjahr 2009 anlässlich der EU-ropäischen Parlamentswahl Vorwahl- und Wahlberichte. Vielleicht ist längst der Punkt erreicht, an dem wir das nicht mehr kommunikationsstrategisch beantworten sollten. Natürlich sind Antworten etwa anhand von Rechts-Links-Denkweisen der Österreicher, des Wahlverhaltens regelmäßiger Kirchgänger oder der nach Parteipräferenz aufgeschlüsselten Einstellungen zu gleichgeschlechtlichen Partnerschaften möglich. Doch sind solche Antwortversuche sinnvoll, nur weil Politikbeobachter das zugegeben regelmäßig als Erklärung heranziehen?

Schließlich will man sich ja auch nicht analytisch damit auseinandersetzen, ob der Einsatz von Gewalt einer Partei Stimmen verschafft, ein starker Mann besser ist als die Demokratie oder manche Leute vom Wählen auszuschließen sind. Genauso wie das alles nicht sein darf, gibt es Bereiche, bei denen sich wissenschaftliche Analyse und private Meinung decken: Bewusste Streifzüge an den rechtesten Rand, gefährliche Kommunikationsspiele mit Fremdenangst und Diskriminierungen aufgrund der Sexualität sind unzulässig. Punkt.

Anstatt langatmig zu überlegen, ob und wem so etwas im Wahlergebnis nutzt, sollte man lieber Zeithistoriker erklären lassen, warum und wobei Österreich aufgrund seiner Geschichte besonders sensibel sein muss. Politikwissenschaftlich liest es sich abstrakter: Es muss für eine Partei oder einen Politiker nicht klug sein, statt Anpreisung der eigenen Fähigkeiten nur zu argumentieren, warum das Gegenüber fachlich unfähig ist. Trotzdem ist es erlaubt, politische Kampagnen darauf aufzubauen, warum Kandidaten der jeweils anderen Partei inhaltlich ungeeignet wären.

Negativkampagnen werden erst zu Schmutzkübeln, wenn man statt sachbezogener Vorwürfe Persönliches in den Mittelpunkt stellt. Dazu zählen körperliches Aussehen inklusive Hautfarbe, ethnische Herkunft plus Namen, religiöse Überzeugung und das Sexualverhalten. Sowie jede Form von Diskriminierung. Wer derart schimpft oder lacht, der hat keine Sachargumente zu den Inhalten.

Für Politiker und Politikbeobachter gilt da dasselbe: Schaden in Grundsatzfragen der Demokratie klare Worte wahlkampftaktisch oder medial, so soll das so sein und die unglaubliche Leichtigkeit des Blicks in den Spiegel des Gewissens gleicht das mehr als aus. Professionalität und Neutralität haben nichts mit gefährlicher Scheinobjektivität zu tun. Wenn sich also jemand durch einzelne Passagen dieses mit viel Emotionalität und aus dem Bauch heraus geschriebenen Kapitels auf den Schlips getreten fühlt und mir schaden will, sei's drum. Es gibt schlechtere Gründe, unbeliebt zu sein.

Kapitel 5:
Wahnsinn mal neun in den Ländern

In Statistiken sind wir Österreicher die europäischen Champions der Vaterlandsliebe. Offen bleibt nur, ob es sich dabei – frei nach dem französischen Schriftsteller Romain Gary – um Patriotismus als Liebe zu den Seinen oder um Nationalismus als Hass auf die anderen handelt. Nach den USA als Weltchampion ist jedenfalls beim Alpenvolk der nationale Stolz am meisten ausgeprägt. Nur das Lokal- und Regionalbewusstsein der Burgenländer, Nieder- und Oberösterreicher, Steirer, Salzburger, Tiroler und Vorarlberger sowie sogar der Wiener und insbesondere der Kärntner schlagen das „I am from Austria"-Gefühl um Längen.

Nicht bloß im und um das Inntal heißt es: „Bischt a Tiroler, bischt a Mensch – bischt koana, dann bischt an A...!" Sinngemäß gilt das in jeweils subjektiver Sichtweise und Sprachvariation für alle Bundesländer. Vom Neusiedler- bis zum Bodensee herrscht die Meinung, in den Wirtschafts- und Sozialleistungen besser zu sein als minderwertige Landsmänner hinter der nächstgelegenen Berg- oder Flussgrenze. Unvorstellbar, dass ein Tiroler vorarlbergerische Vorsprünge anerkennt. Oder umgekehrt. Von Kärntnern und Steirern und deren Rivalität ganz zu schweigen. Oberösterreicher und Salzburger sind nicht so klare Erzfeinde, haben jedoch ebenfalls eine Ur-Überzeugung, dem sonstigen Pofel um Eckhäuser voraus zu sein.

In Niederösterreich gibt es spätestens seit der Verlegung des Regierungssitzes nach Sankt Pölten eine hochprofessionelle Langzeitkampagne der regierenden Volkspartei, um regionale Stolzgefühle zu fördern. Die Burgenländer haben ihr Minderwertigkeitsgefühl, Gegenstand schlechter Witze zu sein – bevor man dabei von Kärnten im Haiderismus und der Zeit danach abgelöst wurde –, durch Hinweise auf ihre Erfolgsgeschichte der wirtschaftlichen und sozialen Entwicklung bekämpft. Das goldene Wienerherz lebt sowieso davon, Nicht-Wiener weniger goldig zu beschreiben und zu behandeln. Das Gerede von den G'scherten außerhalb der Stadtgrenzen ist noch vergleichsweise freundlich.

Die Folge sind neunmalkluge Behauptungen der Landespolitiker und dortigen Häuptlinge, ihre Heimat wäre gegenüber der Achter-Restmenge und dem bundespolitischen Wasserkopf schlaraffisch. Vor Landtagswahlen ist das geradezu die typische Strategie von Amtsinhabern. An Missständen ist stets Wien oder Brüssel schuld. Sogar die Konkurrenten eines ländlichen Hauptmanns beiderlei Geschlechts stimmen meistens in den Chor der löblichen Heimatgesänge ein, um das Image des Nestbeschmutzers zu vermeiden.

Der Haken ist, dass rechnerisch unmöglich alle neune recht haben können, besser als acht aus derselben Gruppe zu sein. Das ist nur durch mathematische Kreativität ohnegleichen möglich. Das Durchschnittseinkommen – in absoluten Zahlen in Wien am höchsten und im Burgenland am niedrigsten – wird skrupellos mit oder ohne Berücksichtigung von Verteilungsfragen und Kaufkraftparitäten, was man sich wo um einen Euro leisten kann, dargestellt. In der Bildung werden Forschungs- und Maturantenquote bunt durcheinandergewürfelt, sodass das Burgenland einmal Letzter und einmal Erster ist. Je nachdem, was für ein Land besser aussieht. Im Tourismus wird die Zahl der Nächtigungen wahlweise mit Hinzufügung oder Weglassung jedweder Relation zu Beherbergungsbetrieben und Bevölkerungsgröße präsentiert.

Bei den Arbeitslosen verzeichnete etwa nach Beginn der Wirtschaftskrise im Dezember 2008 Wien eine geringe Steigerung. Was prompt für Jubelmeldungen genutzt wurde, obwohl – für eine Großstadt wenig überraschend – der Prozentsatz der Menschen ohne Beschäftigung in Wien am höchsten von allen Bundesländern war. Salzburg und Oberösterreich lagen damals mit Steigerungen zwischen 15 und 24 Prozent in einer Führung, die niemand haben wollte. Das sah trotz des sehr niedrigen Ausgangsniveaus weniger schön aus, rentierte sich jedoch 2009/10: In der fröhlichen Dateninterpretation nach regionalem Gutdünken wurde mittels propagandistischer Presseaussendungen prompt der stärkste Rückgang gefeiert, ohne die vorangegangene Zunahme zu erwähnen.

Der Rest unter den Bundesländern sucht sich immer jenen Bereich aus, in dem man am wenigsten schlecht liegt. Ob Frauen oder Männer, Jugendliche oder Senioren, Groß- oder Kleinstädter, im ländlichen Raum Verwurzelte oder Pendler, Industriearbeiter oder Dienstleister, Schulabgänger und Akademiker – irgendein Bevölkerungsteil, bei dem das eigene Bundesland gut abschneidet, findet sich immer. Das erklärt, warum eine simple Internetrecherche zu Meldungen von mindestens sechs Ländern mit der jeweils angeblich geringsten Arbeitslosigkeit führt. Der Äpfel- und Birnen-Vergleich im Interesse des Regionalstolzes macht's möglich.

Der Wiener Wasserkopf

Von Wien nach Graz, Linz, Salzburg oder Klagenfurt. Das ist eine Strecke von ein paar hundert Kilometern. Nach Innsbruck und Bregenz ist es nur eine Spur weiter, nur Sankt Pölten und Eisenstadt sind geographisch sogar näher. Für alle jedoch gilt: Geistig ist es ein sehr weiter Weg. Schließlich neigt man im Wasserkopf Wien dazu, sich selbst als Mittelpunkt der gepachteten Wahrheit zu sehen. Wie wir politisch ticken, das meint man in den Ministerbüros, Parteizentralen und Redaktionsstuben innerhalb der Wiener Ringstraße am besten zu wissen.

Niemand Geringerer als der frühere Bundeskanzler Alfred Gusenbauer hatte einen Anflug von Selbsterkenntnis und war überzeugt, dass im Wiener Regierungsviertel hirniger Inzest getrieben wird. Auf zwei Quadratkilometern sagen sich die stets selben Leute Tag für Tag immer das Gleiche. Diskussion und Analyse der Politik und Wirtschaft spielen sich quasi in einem Elfenbeinturm von Parteimenschen und Politikbeobachtern ab. Mit dem wirklichen Leben hat das wenig bis gar nichts zu tun. Nun war es von Gusenbauer taktisch unklug bis dämlich, den Wiener Journalisten ungefragt deren Weltfremdheit zu erklären. Noch dazu, wenn man ohnedies den Ruf hatte, angeblich alles besser zu wissen und das jedem zu sagen. Recht hatte er trotzdem.

Am Anfang seiner Kanzlerzeit konnte sich Gusenbauer auf ein Musterbeispiel am eigenen Leib berufen. Er reiste 2005/06 startklar in einer gleichnamigen Tour durch das Land. Besucht wurden Gemeinden und Regionen in jenen acht Bundesländern, deren Name nicht Wien lautete. Wiener Qualitätsblätter mokierten sich über die „Startklar"-Werberundfahrt. Vor allem als der spätere Regierungschef auf einer Wanderung körperbetonte Leggins als unvorteilhaftes Beinkleid trug. Was die schreibende Zunft der Bundeshauptstadt vergaß: Sie selbst und mehr als 90 Prozent ihrer Leser gleichen mit ihrer Figur ebenfalls nicht kenianischen Wunderläufern oder Red-Bull-Bergkletterern. Gusenbauer war dem Volke näher, als es der abgehobene Medienhimmel in Wien wahrhaben wollte.

Die Schlussveranstaltung der fahrenden Kampagne fiel übrigens mit dem Urknall der BAWAG-ÖGB-Affäre zusammen. Doch ist fern der innerstädtischen SPÖ-Zentrale in der Löwelstraße hinter dem Burgtheater und stattdessen in den Bundesländern das Gespür entstanden, unverzagt auf Arbeitsplätze, Schule und Gesundheit zu setzen. Diese Themen waren in der Nationalratswahl 2006 entscheidend. Amtsvorgänger Wolfgang Schüssel und dessen Team unterlagen einer Fehleinschätzung. Zum Beispiel bei der Pflege. Auch mit den besten Statistiken kann man nicht vom Ballhausplatz aus Alltagsprobleme der Nicht-Regierungsviertler verstehen. Gusenbauer wollte daher als Kanzler neuerlich durch Österreich touren, um der Stadt-Land-Falle zu entkommen. Zu seinem Pech hat er diese Reise nie zu Ende geführt, sei es aus Zeit- oder Lustmangel. Das war der Anfang vom Ende des gewollten Volkskanzlers.

Denn die gesellschaftlichen Konfliktlinien der Vergangenheit haben sich geändert. Der Widerspruch von Kapital und Arbeit hat Bestand, doch der Klassenkampf ist Geschichte. Wer nicht einsieht, dass Ökonomie und Ökologie als umweltbewusste Marktwirtschaft zu kombinieren sind, lebt im falschen Jahrhundert. Staat und Kirche sind friedlich getrennt worden. Geblieben ist der Gegensatz von Stadt und Land. In einer mobilen und vernetzten Welt nicht als räumliche Trennung. Doch es gibt Parallelwelten im Kopf. Wer sich als Wiener Bourgeois-Bohemien („Bobo") sieht, wird das Denken im Südburgenland, Gail- und Mölltal, Lungau, Innkreis oder Montafon niemals verstehen. Und vice versa.

Im ersten Wiener Gemeindebezirk wohnen 0,2 Prozent der Wahlbevölkerung. Sogar in allen Innenbezirken zwischen Donaukanal und Gürtel leben weniger als fünf Prozent. Flächenmäßig geht es sowieso um den Anteil von viel weniger als einem Tausendstel. Im Umkehrschluss haben Kleinstgruppen die Interpretationshoheit über alles, das in unserer Nation passiert. Dabei kennen sie höchstens einen Bruchteil der nationalen Befindlichkeiten. Schafft es jemand, städtische und ländliche Einblicke zu verknüpfen, hat er einen Wettbewerbsvorteil. Trotzdem wollen Politik und Kommunikationsbranche das nicht so recht einsehen. Die Erweiterung des eigenen Horizonts gilt als verpönt. Lieber wundert man sich, wenn regionalistische Landesfürsten ihren Wahlkampf darauf aufbauen, dass sie gegen das Wiener Unverständnis ihrer Lebenswelt und eine Benachteiligung der Länderheimat anrennen müssten. Das ist erstens Populismus pur, und zweitens stimmt es.

2009/10 beispielsweise wurde in sieben der neun Bundesländer ein Landtag gewählt. Dabei und in der nationalrätlichen Wahl 2008 galt Wien als Mutter aller Schlachten. Warum nur, warum?

Das populistische und polemische Schimpfen über den Wasserkopf Wien und dessen Überschätzung dürfte zugegeben überall jenseits der hauptstädtischen Grenzen mehrheitsfähig sein. Doch ist objektiv nicht nachvollziehbar, warum Wien wahltechnisch im Mittelpunkt steht. Es ist ein dummer Mythos, dass sich ebenda alles entscheidet. Niederösterreich hat rund 100.000 mehr Wahlberechtigte. Aufgrund der geringen Beteiligung in Wien gab es zum Beispiel 2008 auch in Oberösterreich 40.000 mehr tatsächliche Wähler. Sogar die Steiermark bringt in den Landtagswahlen fast mehr Menschen zu den Urnen. Immerhin betrug die regionale Wahlbeteiligung in Wien 2005 schlappe 60 Prozent. Südlich des Wechsels waren es im selben Jahr über 75 Prozent.

Von der Größe her darf deshalb Wien die politische Bedeutung seiner Wahl nicht argumentieren. Abgesehen davon sind die wirtschaftlichen und sozialen Daten nicht so, um als Prachtstück Österreichs zu gelten. Trotz eines höheren Durchschnittseinkommens ist – vor Sozialleistungen – in Wien jeder Dritte armutsgefährdet. Im Burgenland gilt das für weniger als jeden Fünften. Die überall rückläufige Kriminalität ist in Wien konstant und im Verhältnis zur Bevölkerungszahl doppelt so hoch als in der Steiermark und viermal höher als im Burgenland. Doch ist die wienerische Aufklärungsrate halb so groß. Fairerweise muss nur gesagt werden, dass ein internationaler Großstadtvergleich aussagekräftiger und mehr zum Vorteil Wiens wäre als innerösterreichische Zahlenspiele.

Zurück zur Politik: Das Wahlverhalten von Besitzern goldener Wienerherzen ist zugleich strategisch viel unwichtiger als jenes der Grünen Mark oder in Kärnten und Salzburg. Überall dort wechselte irgendwann die Parteifarbe des Landeshauptmanns. In Wien wird der Bürgermeister auf jeden Fall von der SPÖ gestellt, ob nun mit absoluter Mehrheit oder mithilfe eines Kleinpartners. Weil davon mit ÖVP und Grünen sowie theoretisch auch der FPÖ drei Koalitionäre denkmöglich sind, müssen rote Stadtfürsten wenig Macht abgeben. Wien bleibt Wien.

Die Landesidentität im schwarzen Reich des Erwin Pröll

Der entscheidende Unterschied zwischen Niederösterreich und seinen Kollegenländern ist, dass anderswo der Regionalstolz seit Jahrhunderten vorhanden war. In Niederösterreich musste man ihn erfinden. Die Landesidentität wurde in einer jahrzehntelangen Kampagne der Mehrheitspartei ÖVP gestärkt. Das war ein kommunikatives Meisterstück, weil die Hauptstadt erst 1986 von Wien nach Sankt Pölten verlegt wurde. Rund 400.000 beziehungsweise bis zu 35 Prozent der erwachsenen Niederösterreicher leben im Speckgürtel rund um die Bundeshauptstadt, höchstens 20 Autominuten von ihr entfernt. Jedenfalls theoretisch, weil montags in der Früh oder freitags am Nachmittag fährt man dreimal so lang.

Solche Stadtrandbewohner haben naturgemäß viele familiäre und berufliche Bezugspunkte in Wien. Die Gemeinsamkeit eines Wiener Neustädters mit Waldviertlern oder Marchfeldern aus Kleinstgemeinden am früheren Rande des Eisernen Vorhangs und der toten Grenze ist ebenfalls nicht leicht herzustellen. Die Menschen im Grenzgebiet zur Steiermark und Oberösterreich sind sowieso eine eigene Spezies. Während in anderen Ländern geographische und kulturelle Grenzen eine Positionierung gegen Wien als automatisches Erfolgsrezept der Politik und Wirtschaft erscheinen lassen, muss in Niederösterreich der hochgradig mobile Markt Wiens gezielt angesprochen werden.

Selbstverständlich haben Niederösterreich und die niederösterreichische ÖVP – korrekt ist der Name Volkspartei Niederösterreich, weil auf diesen Unterschied legt man Wert, sonst könnte man kaum dauernd gegen die Wiener Mutterpartei erfolgreich Wahlkampf führen – die Landesidentität nicht bloß aus Überzeugung forciert, sondern im ureigensten Interesse geschaffen. Wirtschaftlich holte man vom Kleingeschäft bis zum Großprojekt Mehrwert ins Land. Ob es um Universitäten, Fachhochschulen und Forschungsstätten von Krems bis Gugging ging, um den Schwechater Flughafenausbau samt Verbindungsautobahnen, um Kulturfestspiele in Grafenegg und Skirennen am Semmering oder Sonstiges. Das ehrliche Engagement dabei ist unbestritten, doch ein Verschuldungskritiker fasste seinen Standpunkt mir gegenüber so zusammen: „Wir gehen laufend los, um einen Mittelklassewagen zu kaufen, und kommen mit teuren Luxuskarossen nach Hause!"

Klotzen statt Kleckern ist tatsächlich das Selbstverständnis des Landes. Wer das schlecht findet, bekommt schon einmal die Arroganz der Macht von Landesbeamten der zweiten oder dritten Reihe zu spüren. Da jedoch viele davon profitieren, gibt es schlimmere Sorgen und ohne Machtbewusstsein würde jedweder Gestaltungswille verpuffen. Einseitigkeit ist Erwin Pröll als allmächtigem Landeshäuptling nicht wirklich vorzuwerfen, nachdem von ihm unterstützte Künstler wie Manfred Deix und Hermann Nitsch sicher keine christlich-konservativen Speerspitzen sind. Ich kann als Teilzeitprofessor an der Donau-Universität Krems bestätigen, dass Querdenkertum einen nicht zur unerwünschten Person werden lässt. Der Flüsterwitz, dass es sich in Niederösterreich um ein Land des aufgeklärten Absolutismus ohne Aufklärung handle, geht ins Leere. Schwierig wird die Sache für uns alle nur, wenn sparsame Zeiten bevorstehen. Was nun der Fall ist.

Politisch stellt Niederösterreichs Landesidentität den strategischen Rahmen für die Wahlkampfführung der regionalen ÖVP dar. 2003 wurde sie erstmals zum Kampagnenbestandteil. Ausgangspunkt war die These, dass ein importiertes Wienertum dazu gebracht werden müsste, niederösterreichisch zu wählen. Wähler im Großraum Wien als bisheriges Hoffnungsgebiet von SPÖ und Grünen wurden mit Regionalstolz und der Marke Erwin Pröll für die ÖVP angesprochen. Dadurch verstärkte man als Marktführer seine Rolle als auf das Bundesland bezogen, während alle anderen Parteien quasi Filialkonzepte verfolgten. Sie verstanden sich als Außenstelle der jeweiligen Bundesparteiführung in Wien und wurden genau so wahrgenommen. Dementsprechend desaströs waren die Wahlergebnisse von SPÖ, FPÖ und Grünen, während die ÖVP mit Pröll & Co triumphierte.

2008 unterschieden sich blau-gelbe Werbeplakate des Landes und der Volkspartei Niederösterreich nur insofern, als die Parteiinserate weniger nach Partei aussahen. Ähnlich der SPÖ in Wien mit deren Stadtimage setzte man Landes- und Parteiidentität gleich. Das hatte freilich viel früher begonnen, denn seit 1996 warb man mit der zentralen Botschaft, dass das Land seinen Weg ginge, Niederösterreich sich im neuen EU-ropa befinde und überhaupt ein schönes Stück Österreich darstelle. Das war banal und hausbacken, doch enorm wirksam.

Hinzu kommt, dass die Medienlandschaft in Niederösterreich einerseits beschränkt ist. Es gibt keine rein landesbezogene Tageszeitung, während fast überall sonst die „Kronen Zeitung" mit einem führenden Regionalblatt konkurriert. Andererseits sind mediale Kommunikationsabläufe in Niederösterreich sehr komplex, weil aufgrund der geographischen Lage wienerische und bundesweite Medien die Themenlandschaft mitbestimmen. Dementsprechend wichtig ist es für politische und wirtschaftliche Akteure, als Substitut in überregionalen Fernsehsendungen und Zeitungen präsent zu sein.

Erwin Pröll hat das als amtierender Landeshauptmann perfektioniert. Wann immer gespottet wird, dass die ORF-Sendung des Bundeslandes in „Pröll heute" umzubenennen wäre, übersieht man die perfekt orchestrierte Medienpräsenz in der Niederösterreich-Ausgabe der „Kronen Zeitung" mit einer Reichweite von fast 45 Prozent und im „Kurier" mit bis zu 20 Prozent.

Weder verschlief man außerdem das Aufkommen von Gratiszeitungen, noch wurden bunte Beilagen des Landes in Wochenmagazinen vergessen. Unter den Wochenzeitungen waren die „Niederösterreichischen Nachrichten" mit über 700.000 Lesern und einer regionalen Reichweite von über 50 Prozent ohnedies ein Heimspiel. Die Monopolstellung von „Niederösterreich heute" als Nachrichtensendung im Fernsehen mit bis zu 300.000 Zusehern und eine Reichweite des ORF-Regionalradios mit fast der Hälfte der Wahlberechtigten – und von mehr als der Hälfte der tatsächlichen Wähler – oder bis zu 600.000 Hörern haben den Landeshauptmann und seinen Amtsinhaberbonus unangreifbar gemacht. Einziger Nachteil ist, dass sein Nachfolger in Wahlen praktisch nur verlieren kann. Wem die Zukunft gehören soll, der tritt besser beim übernächsten Mal an.

Die Stärke Erwin Prölls als Fürst des Landes liegt darin, sich gleichermaßen staatsmännisch, als Manager und mitfühlend für die Sorgen des Durchschnittsbürgers mit dem Slogan „Ich bin einer von Euch!" zu präsentieren. So zeigt sich Pröll im Gespräch mit Bauern auf einem Traktor, als Tommy-Lee-Jones-Verschnitt oder Lowlander für die Jugend und im Anzug am Schreibtisch sitzend. Ähnliche Fähigkeiten weist lediglich Michael Häupl auf, der ebenfalls als Paradoxon eines volksnahen Intellektuellen auftreten kann, während alle anderen Landeshauptleute in wenigstens einem der genannten Bereiche Defizite haben.

85 Prozent der ÖVP-Wähler in der Landtagswahl 2008 nannten Erwin Pröll als Motiv ihrer Entscheidung. Für nicht einmal die Hälfte der ungleich weniger SPÖ-Wähler war deren Spitzenkandidatin Heidemaria Onodi ein Wahlmotiv. Barbara Rosenkranz zog unter FPÖ-Anhängern etwas mehr, doch gar an letzter Stelle begründeten schlappe 32 Prozent Grünwähler ihre Wahl mit der Spitzenkandidatin Madeleine Petrovic. Erwin Pröll als Person erhielt 300.000 Vorzugsstimmen, mehr als es SPÖ-Stimmen gab.

Typisch zur Stärkung des parteiübergreifenden Images sind Personenkomitees, denen für Erwin Pröll 1998 unter anderem der Schauspieler Herbert Fux als ehemaliger Grün-Mandatar und die Sängerin Marianne Mendt als deklariertes SPÖ-Mitglied angehörten. Die systematische Pflege der Prominentenkontakte durch Landeshauptmann Pröll ist im Unterschied zu Amtskollegen nicht auf die eigene Reichshälfte reduziert. 2003 wurden erstmals von

Proponenten persönlich im Radio gesprochene Wahlkampfspots eingesetzt. Die dortigen Vertreter, beispielsweise Elfriede Ott als SPÖ-nahe Wiener Schauspielerin, waren als „roter" und „grüner" Proponenten-Mix handverlesen. 2008 fungierte Monika Langthaler, ehemals Nationalratsabgeordnete der Grünen, auf ÖVP-Wahlkampfveranstaltungen als Rednerin.

Besondere Erwähnung verdient das Namenswahlrecht in Niederösterreich. Der Wähler hat die Möglichkeit, Vorzugsstimmen für einen Bewerber auf der Wahlkreisliste und einen Bewerber auf der Landesliste durch Ankreuzen zu vergeben. Der Clou dabei ist, dass Personen die Partei schlagen. Vornehmer ausgedrückt: Bei Vorliegen einer Vorzugsstimme für Erwin Pröll und gleichzeitiger Anzeichnung der SPÖ, FPÖ oder Grünen als Parteiwunsch kommt der personenbezogenen Stimme Vorrang zu – und es wird eine ÖVP-Stimme gezählt. Zwar ist es eine Dolchstoßlegende der SPÖ, dass viele ihrer Stimmen nur deshalb nicht galten, doch ist der Vorteil für die Amtsinhaberpartei offensichtlich.

Mysteriös erscheint, warum die SPÖ als ständiger Herausforderer dem zugestimmt hat. Dem Vernehmen nach – das ist eine hübsche Umschreibung, wenn ich meine Quelle nicht preisgeben will – soll seitens der ÖVP mehr oder weniger der Sekretär oder Referent vom Dienst in die entsprechende Verhandlungsrunde geschickt worden sein. Man machte sich keine Illusionen, dass die SPÖ einen solchen Wahlrechtsvorschlag zugunsten der Landeshauptmannpartei befürworten würde. Umso größer war die Verblüffung, als besagter Referent mit der Meldung des bis auf minimale Änderungswünsche roten Einverständnisses zurückkam. Fast machte sich Panik breit, ob man etwas Kleingedrucktes übersehen hätte. Eine verklausulierte Formulierung, dass ÖVP-Politiker anschließend zu erschießen sind, oder sonst eine Falle. Doch nichts dergleichen geschah, und Niederösterreich bekam infolge einer geistigen Umnachtung der SPÖ das Wahlrecht, das sich Erwin Pröll gewünscht hatte.

Diese Geschichte mag Legende sein, verbürgt sind hingegen deren Folgen. Die ÖVP warb ab sofort perfekt um Vorzugsstimmen. Nicht nur für den Landeshauptmann, sondern auch als interner Wettbewerb um nicht fix vergebene Listenplätze. Was eine raffinierte Methode war, die eigenen Funktionäre zum Laufen zu bringen. Niemand konnte sich Wochen vor der Wahl zurücklehnen, weil er sicher auf der Wahlkreis- oder Landesliste aufschien. Vor allem jedoch plakatierte Erwin Pröll „Sie wollen eigentlich keine Partei wählen?". Den Zusatz, dass man als Alternative ihn wählen kann und soll, haben die Niederösterreicher verstanden.

Der Klapperstorch im Burgenland

Es gibt einen Witz, der so uralt ist, dass ich ihn als Wissenschaftler gar nicht erzählen sollte: Obwohl im Frühjahr sowohl Störche ins Burgenland kommen als auch Babys geboren werden, sind Kinderchen eine Sexfolge und haben nichts mit dem Klapperer Adebar zu tun. Mit diesem Kalauer meinen Statistiker, dass zeit- und ortsgleiche Ereignisse keinesfalls automatisch einen Kausalzusammenhang herstellen. Doch nicht nur Wiener behaupten besonders selbstgerecht zu wissen, was sich auf der burgenländischen Seenplatte abspielt, obwohl sich die Kenntnisse des Landes auf gelegentliche Besuche des Neusiedler Sees beschränken.

Das zeigte sich, als das Ergebnis der Landtagswahl im Mai 2010 wenig mit Eberau und Assistenzeinsatz – den medialen Hauptthemen und Aufregern außerhalb des Burgenlandes – zu tun hatte. Nur in der veröffentlichten Meinung wurden da voreilige Schlussfolgerungen gezogen. Nicht-Burgenländer meinten Wochen und Monate vor der Wahl zu wissen, dass rotschwarz-blaugrüne Parteipositionen zum Eberauer Asylzentrum und dem Bundesheer an der Grenze so oder so entscheidend sein würden. Schlagzeilen vom SPÖ-Populismus bis zur angeblichen ÖVP-Totengräberin Maria Fekter – die Innenministerin plante ein

Erstaufnahmezentrum für Asylwerber, ohne Burgenlands Politik oder ihre Parteikollegen zu informieren, und musste nachher die Aktion absagen – als Erklärung für alles waren die logische Folge. Aus empirischer Sicht ist das teilweise falscher als der Glaube an klappernde Störche. Die Daten der ORF-Wahltagsbefragung etwa zeigten viele andere Ursachen der sonntäglichen Resultate. Richtig ist, dass das Thema Sicherheit allgemein wichtig und für Wähler von SPÖ und FPÖ bedeutender war als unter ÖVP- und Grün-Anhängern. Bei den Letztgenannten rangierte das Motiv Menschenrechte gleichauf mit der Bedeutung des Umweltschutzes. Das war's jedoch schon. Thematisch waren für SPÖ-Wähler die Arbeitsplätze entscheidender. Bei Fans der ÖVP wirkten jenseits von Fekter die Wirtschaftsslogans.

Zuwanderung lag da und dort als Motiv unter ferner liefen. Der parteipolitische Diskurs über die Abschaffung des Proporzsystems und die Verkleinerung des Landtags interessierte sowieso kaum ein Schwein. Das deckt sich im Gegensatz zu den Ansichten der Fachöffentlichkeit im Wiener Regierungsviertel mit subjektiven Eindrücken vor Ort. Der Wahlkampf der SPÖ bezog sich in Veranstaltungen mehr auf Arbeitsplätze und Bildung. Die ÖVP plakatierte in klassischer Form ihre Wirtschaftskompetenz. Bloß die Grünen verpassten die Gelegenheit, ihr Kernthema Umwelt mehr zu kommunizieren. Deshalb schrammte man haarscharf am Supergau des Flugs aus dem Landtag vorbei.

Was angesichts der Wirtschaftslage die Wechselwähler – unter 30-jährige Männer sowie berufstätige Frauen der Elterngeneration – mehr interessierte, waren eben Krise und Jobs. Also müssen SPÖ und ÖVP sich fragen, warum sie in ihren traditionellen Themenfeldern Wirtschaft und Arbeit mittelmäßig überzeugten. Nur weil rechte Sicherheitsdiskurse für Politik und Medien mehr Sexappeal haben, sind sie nicht Begründungen des Wahlergebnisses. Eberau ist daran unschuldig, man sollte den Ort endlich in Ruhe lassen.

Mit dem Eberauer Populismus, gegen die Pläne der Innenministerin zu protestieren und Volksbefragungen abzuhalten, hat

die SPÖ bloß ihren Absturz verhindert. Wenn eine Bundespoliti-
kerin das Asylzentrum plangemäß ohne Zustimmung der Landesregierung umsetzt, wäre das für Landeshauptmann Hans Niessl
ein Grund zum Abdanken gewesen. Sein Koalitionspartner Franz
Steindl von der ÖVP litt ohnehin genug unter den zwei Interpre-
tationsmöglichkeiten, entweder ahnungs- und bedeutungslos
oder ein Schwindler zu sein. Je nachdem, ob er keine oder gehei-
me Informationen seitens seiner Parteifreundin Fekter erhalten
hat. Eine dritte Variante gibt es nicht. So oder so hätten damit die
regionalen Regierungsparteien beim Bau von Eberau der FPÖ
20 Prozent der Wählerstimmen und mehr auf dem Silbertablett
überreicht.

Dass die Wahrnehmung des Burgenlandes von außen derart
von der Realität abweicht, beruht auf vielen Missverständnissen.
Die Uhren ticken anders als in einer Millionenstadt, wenn Eisenstadt rund 12.000 Einwohner hat und zehn weitere Städte zwischen 3000 und 7000. Willi Sagmeister beschreibt in seinem Buch
von den Grenzwächter-Nachbarn die Burgenländer als Wesen der
besonderen Art. Das eigene Häuschen und die Gemeinde sind
Festung und Lebensmittelpunkt zugleich. Man putzt beides
heraus, feiert gerne Feste und sogar Politiker werden dabei stolz
und freundlicher empfangen als anderswo. Da geht es im politischen Wettbewerb nicht um den Luftkrieg der massenmedialen
Berichterstattung, sondern um den Bodenkampf des Wanderns
von Tür zu Tür.

Hinzu kommt eine wienerische Ignoranz, dass man den burgenländischen Erfolgsweg aus externer Perspektive nicht sehen
will. Als wirtschaftlich unterentwickeltes Bundesland Österreichs
wurde das Burgenland 1995 zur Gänze zum Ziel-1-Gebiet der EU
erklärt. Der eigene Landeshauptmann Theodor Kery hatte davor
vom „Land der Schulschande" gesprochen. Seitdem gab es mit
Ausnahme der Krise 2009 jedes Jahr ein Wirtschaftswachstum.
Die Spitzenwerte der realen Veränderung des Bruttoregionalpro-
dukts betrugen bis zu rund vier Prozent. Das Netto-Regionalein-

kommen im Burgenland hat sich in den vergangenen Jahrzehnten mehr als verdoppelt. Dasselbe gilt für die Arbeitnehmerentgelte, während sich die Selbstständigeneinkommen sogar nahezu verdreifachten.

In absoluten Zahlen ebenfalls zweimal so hoch als vor 20 Jahren sind beispielsweise die privaten und öffentlichen Konsumausgaben sowie die Exportquote des Landes. Pro-Kopf-Einkommen und Investitionsquote für jeden Burgenländer erhöhten sich im Langzeitvergleich mehr, als die Inflationsrate ausmachte. Eine Vorreiterrolle erfüllt man zugleich im Umweltbereich – ein Drittel der Landesfläche steht unter Naturschutz – sowie bei der erneuerbaren Energie. In ein paar Jahren wird das Burgenland Stromselbstversorger sein. Und das Schulschandenland hat inzwischen die höchste Maturantenquote aller Länder. Doch manche wollen das nicht wahrhaben und glauben lieber an den Klapperstorch.

Nur in zweierlei Hinsicht verkörpert auch das Burgenland den seltsamen Idealtypus aller Länder. Erstens mobilisiert der Kampf gegen Wien trotz oder wegen der vielen Pendler die Massen. So hat die bis 2010 mit absoluter Mehrheit regierende SPÖ die Wahlen vom Herbst in das Frühjahr vorverlegt, um bloß nicht gemeinsam mit Wien und der Steiermark quasi in einen bundespolitischen Wahlkampf zu geraten. Mit Erfolg, weil die Stimmenverluste begrenzt wurden. Zweitens wird über die EU geschimpft, obwohl man als Förderregion am allermeisten profitiert und diese noch viel mehr nutzen könnte.

Oberösterreich als überalterter Schlüssel aller Wahlen

Zu Oberösterreich ließe sich viel schreiben, das dem niederösterreichischen und anderen Beispielen gleicht. Etwa zur Heterogenität der politischen Bezirke und Wirtschaftsregionen mit dem industriellen Städtedreieck der ehemaligen SPÖ-Hochburgen in Linz, Wels und Steyr im Gegensatz zu landwirtschaftlich oder touristisch orientierten Gegenden als Heimspiel der ÖVP. Trotz aller Unterschiede in Person und Persönlichkeit gibt es Parallelen im Machtstreben von Erwin Pröll und Josef Pühringer. Beide Parteien kooperieren intensiv und tauschen sich laufend in ihren Strategien aus. Aktuell versucht etwa die oberösterreichische Volkspartei den Weg der niederösterreichischen Parteikollegen zu kopieren, folglich eine Landesidentität zu schaffen und in der Folge die eigene Marke mit dieser gleichzusetzen.

Obwohl zwischen Enns und Inn regional meistens konservativ – also auf Landtagsebene die ÖVP, nur in Nationalratswahlen hat die SPÖ Chancen – gewählt wird, ist die Sache mit dem Regionalbewusstsein allerdings komplizierter als anderswo. Wolfgang Braun, Leiter des Politikressorts der „Oberösterreichischen Nachrichten", beschreibt das Problem so: „Es gibt keine oberösterreichische Eigenheit in der Form, wie man sie Tirol oder Kärnten zuschreibt. Wird ein Oberösterreicher nach seiner Herkunft gefragt, so hört man eher, dass er Innviertler oder Mühlviertler ist. Oder ein Steyrer oder ein Linzer. Ganz heikel wird es im Salzkammergut: Zwischen Gmunden und Bad Ischl herrscht eine Rivalität, dagegen ist Rapid gegen Austria eine Freundschaftspartie. Und da reden wir noch gar nicht von den Goiserern. Oberösterreich ist geographisch und in seiner Mentalität so vielfältig, dass ich es gerne als komprimierte Kurzfassung Österreichs bezeichne. Vielleicht sind jedoch diese Vielfalt und die ohne Zweifel gute wirtschaftliche Position des Bundeslandes die Ursache für ein selbstbewusstes Auftreten, wenn es gegen Wien geht. Doch das alles macht es für die Parteien – und nebenbei: auch für die Medien – nicht leicht, Oberösterreich zu erobern."

Um also Wiederholungen aus anderen Ländern zu vermeiden, nehmen wir Oberösterreich als Musterbeispiel für eine alternde Gesell- und Wählerschaft in den Ländern. Der Anteil von über 60-jährigen Wählern wird in nur drei Wahlen sogar 40 Prozent und mehr betragen. Noch liegt das oberösterreichische Durchschnittsalter der Wahlberechtigten knapp unter 50 Jahren. Es wird sich jedoch langfristig in ländlichen Bundesländern in Richtung des 55- bis 60-Fachen von zwölf Monaten entwickeln. Das allein reicht für den ersten Platz und vielleicht sogar bald für absolute Mehrheiten.

Also laufen wir Gefahr, dass (ober-)österreichische Politiker jeder Farbe wider besseres Wissen am liebsten Millionenpensionen für jeden, der sich alt genug dafür fühlt, versprechen würden. Keiner kann es ihnen verdenken, denn niemand betreibt gerne seine eigene Abwahl mit unpopulären Wahrheiten eines notwendigen Pensionsalters von bald 70 Jahren. Offen ist bloß, ob es bei den Forderungen an den Pensionszahler Bund bleibt oder – vom gescheiterten SPÖ-Spitzenkandidaten Erich Haider 2009 erstmals verlangt – auch um Landespensionen jenseits jener für Landesbeamte geht.

Dabei kann man es drehen und wenden, ein Widerspruch zwischen strategischer Perspektive der Parteien und Zukunftsdenken bleibt immer. Die in der letzten Landtagswahl 2009 schwer geschlagene SPÖ in Oberösterreich war nur bei den Pensionisten vorne. Sie könnte also zur Bestandswahrung der Treuesten der Treuen Rentenpopulismus betreiben. Der Wahlsieger ÖVP hingegen kann beim nächsten Mal nur verlieren. Es sei denn, man legt in der einzigen Gruppe zu, bei der die Partei hinten lag. Das sind besagte Pensionisten, auf welche sich also schwarzpopulistische Wahlzuckerln konzentrieren müssten. FPÖ und Grüne haben auf dieselbe Art ein fragwürdiges Wachstumspotenzial und werden das höchstens zwecks Betonung ihrer jungen Kernklientel raffinierter ausdrücken. Das reale Problem ist, dass es bei den Pensionen selbst kaum Landeskompetenzen gibt und der damalige SPÖ-Parteichef Erich Haider im Landtagswahlkampf 2009 mit dem Thema gescheitert ist.

Viel spürbarer ist daher, so Wolfgang Braun, die demographische Entwicklung für Länder und Gemeinden beim Thema Pflege. Hier ist das Land finanziell betroffen und organisatorisch verantwortlich. Wie die Pflege angesichts der maroden Finanzsituation der Gemeinden verbessert werden kann – etwa durch neue und modernere Altenheime oder mobile Pflege –, das bringt Oberösterreichs Landespolitiker fast zur Verzweiflung. Ähnliches gilt für die Spitalsversorgung. Da steht der wahltaktisch bedingte Überfluss von Herzkathetern in Widerspruch mit dem budgetären Konsolidierungskurs. Zum Glück gibt es die Wirtschaftskrise, welche man seitens der machtpolitisch fast allein regierenden ÖVP für jede Sparmaßnahme verantwortlich machen kann.

Für die SPÖ ergibt sich ein genauso national auftretendes Sonderproblem, weil sie bei den Arbeiterstimmen sowohl verliert als auch diese Gruppe zahlenmäßig stets kleiner wird. Oberösterreich ist kein Land der Bauern oder Stahlarbeiter mehr, und die Angestellten sind fest in Hand der ÖVP. Trotz viel Kultur in Linz und einer vielfältigen Wirtschaft hält sich unter Nicht-Oberösterreichern hartnäckig das dominierende Bild von VÖEST und Chemie Linz AG. Interessanterweise fühlt man sich westlich der Enns von der Wirtschaftskrise weniger betroffen, die Hauptsorge sind Arbeitsplätze. Sonderliche Lösungskompetenz wird dabei weder ÖVP noch SPÖ zugetraut. FPÖ und Grünen schon gar nicht.

In Oberösterreich selbst könnte sich ein stillschweigender ÖVP-SPÖ-Pakt verstärken, sich das Land und die Industriestädte gegenseitig zu überlassen. In Nationalratswahlen gilt man gemeinsam mit der Steiermark als Zünglein an der Waage. Bei uns besteht das Verhältniswahlrecht, also sind geographische Diskriminierungen die logische Folge. Kein großparteilicher Manager wird es zugeben, doch das Strategiedenken im Wasserkopf der Bundeshauptstadt beinhaltet, dass etwa Vorarlberg und das Burgenland egal sind. Schnurz und piep sozusagen. Weniger wichtig als das sprichwörtliche Umfaller-Fahrrad in China. Beide Bundesländer beherbergen unter vier Prozent aller Wähler. Ein regionaler Sensationserfolg von plus zehn Prozentpunkten ist national der zehnte Teil davon. Das österreichische Totalergebnis würde um mickrige 0,4 Prozent beeinflusst.

In Oberösterreich plus der Grünen Mark gibt es in Summe über zwei Millionen Wahlberechtigte. Zehn Prozentpunkte auf oder ab sind plötzlich drei bis vier Prozent auf Bundesebene. Das entscheidet über den ersten Platz, weil beide Länder für SPÖ und ÖVP gewinnbar sind. In Oberösterreich war seit 1955 stets der Erste im Landesergebnis auch Gesamtsieger. Wilhelm Molterers Problem 2008 war, dass ausgerechnet sein Landsmann Josef Pühringer im ÖVP-Parteivorstand gegen Neuwahlen stimmte und den Vizekanzler mit einem eleganten Schritt zur Seite in der Folge wahlkampftechnisch gegen die Wand rennen ließ. Dass er die Geldverweigerung für den Bundeswahlkampf seiner Partei in den Medien verkündete, zeigt den vorhandenen Regionalstolz. Dabei wäre ein Detail aus Oberösterreich bundespolitisch interessant: Dort gab es nicht nur die erste schwarz-grüne Zusammenarbeit, es ist zugleich die laut Umfragen mit Abstand beliebteste Koalitionsform.

Wer übrigens meint, Oberösterreich kommt in der Bundesländerbeschreibung zu gut weg, der sei an den Aschermittwoch erinnert. Wochentag und Fastenzeit können nichts dafür, doch werden da seit 1992 alljährlich von den FPÖ-Parteichefs in der Rieder Jahnturnhalle Reden gehalten, welche als einziges Strategieziel rechte Provokationen haben. Prompt wird von den Medien regelmäßig brav darüber berichtet. 2010 galt es als vergleichsweise harmlos, als der regionale Obmann Lutz Weinzinger „Ehre und Treue" als Grundpfeiler der FPÖ bezeichnete. Wogegen rein begrifflich nichts zu sagen ist, hätte nicht der Wahlspruch von Heinrich Himmlers Schutzstaffel „Meine Ehre heißt Treue!" gelautet. Bereits 2000 hat Ernest Windholz als niederösterreichischer Amtskollege Weinzingers mit dieser Losung der SS langjährige Mitglieder geehrt. Es blieb jeweils offen und ist nicht beweisbar, ob solche Aussagen infolge absichtlicher Rechtslastigkeit oder historischer Dummheit geschehen. Beides ist gleichermaßen schrecklich.

Beim Heringschmaus früherer Jahre traten Gastredner international als rechtsextrem geltender Parteien – etwa vom flämischen Vlaams Belang – auf oder schmähte der damals noch die FPÖ anführende Jörg Haider den Verfassungsgerichtshofpräsidenten und den Präsidenten der Israelitischen Kultusgemeinde mit Anspielungen auf ihre Herkunft und Religion. All das mag zufällig im Innkreis vulgo Innviertel geschehen, doch handelt es sich von Hitlers Geburtsort Braunau bis zum Konzentrationslager Ebensee (das allerdings im Salzkammergut liegt) um eine geschichtlich belastete Region. Im letztgenannten Ort wurden 2009 Überlebende des Lagers bei einer Gedenkfeier von Jugendlichen überfallen. Im ähnlich klingenden Eberschwang musste der Bürgermeister eine Initiative gegen regelmäßige SS-Veteranentreffen starten. 2010 finden sich in einer Internetsuchmaschine bei der Wortkombination Innviertel und Rechtsextremismus rund 10.000 Meldungen. Wenn Oberösterreichs Politiker betonen, sie hätten sich der Vergangenheit des Landes gestellt und sie aufgearbeitet, so mag das hinsichtlich des subjektiven Empfindens der Bemühungen – von Gedenkstätten im ehemaligen Konzentrationslager Mauthausen bis zu Schloss Hartheim als Ort der Euthanasie – stimmen. Der Erfolg ist trotzdem bescheiden.

Nachdenklich gestimmt hat mich die Erzählung eines oberösterreichischen Journalisten, der Jahr für Jahr das zweifelhafte Vergnügen der Berichterstattung von solchen Veranstaltungen in Ried und anderswo hat. Vor langer Zeit traf er dort häufig Ewiggestrige höheren Alters an, deren Aussagen widerlich waren. Angst hatte er trotzdem nie. Die Vorstellung war absurd, dass ein paar Nazis im Greisenalter ihn körperlich bedrohen. Dass sie sogar eine neue Hitlerdiktatur aufbauen, das klang geradezu lächerlich. Nun träfe er, so die Erzählung, in seiner Heimat von Linz bis ins Innviertel zunehmend kahlgeschorene Typen im ärmellosen T-Shirt und dafür sichtbaren Tätowierungen mit Symbolen der rechtsextremen Szene. Sie grölen schon vormittags bei diversen Treffen in betrunkenem Zustand fast noch Übleres. Vor diesen als Instrument von deren Hintermännern fürchte er sich. Ganz so toll ist Oberösterreich, wo die als neonazistisch und fremdenfeindlich eingestufte Nationale Volkspartei mit ihrer beabsichtigten Kandidatur von der Landtagswahl 2009 ausgeschlossen werden musste, also sicher nicht.

Das widersprüchliche Wesen der Steiermark

Zur Steiermark kann es viele Spontangedanken geben. Mit schönen Erinnerungen oder vielen aktuell positiven Assoziationen. Dummerweise fällt den Steirerfreunden fast sofort und ständig ein „Ja, aber …!" dazu ein. Zum Beispiel beim Fußball. GAK und Sturm, das bedeutet Rivalität, Herzblut und Erfolge. Doch der GAK ist mehrfach pleitegegangen und wurde in unterste Spielklassen zwangsversetzt. Sturms Präsident zur Glanzzeit, Hannes Kartnig, verbrachte wegen mindestens chaotischer Finanzgebarung sogar einige Zeit im Gefängnis. Also denken wir lieber an Eishockey. Die Erfolge sind ebenfalls groß, zwischenzeitliche Geldmiseren auch. Beim Wechselsprung zur Kultur drängt sich das Rätsel auf, warum das gleichnamige Hauptstadtjahr für Graz fast ein Finanzdebakel wurde. In der Wirtschaft ist man ein Industrieland, jedoch deshalb in der Autozulieferindustrie besonders von der Krise betroffen. Ehemalige Vorzeigeregionen in der Mur-Mürz-Furche kämpfen ums Überleben.

Es scheint Schicksal der Steirer zu sein, dass es dem Land sowohl gut geht als auch irgendetwas schiefläuft. Schuld daran sind übrigens stets dieselben Politiker. Denn das Proporzsystem scheint in Stein gemeißelt. Fast schon als Komödiantenstadel verkünden SPÖ und ÖVP endlich zu beenden, dass jeder gemäß den Anteilen am Wahlergebnis seine Regierungssitze bekommt. Blöd gelaufen, dass es bei dieser Forderung nie eine Gleichzeitigkeit und somit keine Mehrheit gibt.

Apropos Steirer: Nicht nur auf Politiker bezogen ist es gar nicht so leicht, sich solche vor dem geistigen Auge vorzustellen. Bei einem Stadtfest in Murau dominieren Tracht und Lederhose.

Als ich beim 100-jährigen Jubiläum der dortigen Brauerei die Festrede hielt, kam ich mir mit Anzug und Krawatte reichlich deplatziert vor. Schließlich betätigte sich in der Steiermark sogar Landeshauptmann Franz Voves gerne als Volksliedsänger. Umgekehrt ist Graz im Verhältnis zur Bevölkerungsgröße jene Stadt Österreichs mit den meisten Studierenden und im Universitätszusammenhang lebenden Menschen. Klassische Lederhosen kommen da eher selten vor. Graz war aber genauso Kulturhauptstadt Europas und ist mit seinem Umland zugleich Industriestadt. Von der Abendrobe bis zum blauen Arbeitsoverall und Stahlhelm – beides in der Mur-Mürz-Furche ebenfalls zu empfehlen – braucht man alle Kleidungsstücke.

Als Themen sind folgerichtig in der Steiermark neben Wirtschaft und Arbeit auch Bildung, Landwirtschaft und Kultur wichtig. Mit einem faszinierenden Mix aus Großstadtperspektive und Gemeindepolitik. Wobei Letztere sich kopfüber mit Finanz- und Prestigeprojekten ins nur theoretisch warme Thermenwasser stürzt. Das oft unterschätzte und doch alle betreffende Thema in der Steiermark ist freilich der Verkehr. Nicht zufällig hat die zuständige Landesrätin Kristina Edlinger-Ploder Sympathiewerte jenseits von Gut und Böse. Im Positivbereich, um Missverständnissen vorzubeugen. Obwohl es mir als Universitätsmensch wehtut, liegt das sicher nicht an ihrer Ressortkompetenz für Wissenschaft. Politik und Parteivorlieben werden zwischen Koralmtunnel und Grazer Feinstaub entschieden. Mit klaren Vorteilen für den Verkehr, Umweltlandesräte haben einen vergleichsweise schweren Stand.

Allerdings ist das Thema vielschichtig und trickreich. In den Gemeinden, wo Bürgermeistern viel außer dem laufenden Ärger im Schritttempo verziehen wird, und auch in der Landes- oder Bundespolitik. Nicht zufällig haben mit Werner Faymann als ehemaligem Verkehrsminister unmittelbar sowie Josef Pröll als Ex-Umweltminister mittelbar die Spitzen der Großparteien einen Verkehrsbezug. Damit kann man punkten. Was zugegeben für

Bundespolitiker besonders schwierig ist, weil ihre steirischen Berufskollegen sie ohne Rücksicht auf Verluste und Parteifreundschaften attackieren. Der ÖVP-Abfangjägerstreit von Josef Krainer als Landesfürst gegen den damaligen Verteidigungsminister Robert Lichal in den achtziger Jahren hatte es in sich. Damals ging es um die regionale Stationierung von Draken-Flugzeugen. Zwei Jahrzehnte später wurden von Voves und Bundeskanzler Gusenbauer in der SPÖ laufend die sprachlichen Panzerfäuste ausgepackt. Da ist Simmering gegen Kapfenberg eine im Vergleich kuschelige Pyjamaparty.

Doch inhaltlich ist in der Steiermark, dem Land der Fahrradfahrer und Autopendler plus ÖBB-Frust und Transitgefahr, jene Partei vorne, die den unmöglichen Spagat zwischen maximaler Infrastruktur und größtmöglicher Verkehrsberuhigung schafft. Der gelernte Steirer will nämlich vom Parkplatz oder der Garage aus eine direkte Innenstadt- und Autobahnauffahrt. Allerdings jeweils für sich allein, damit Verkehrs-, Staub- und Lärmbelastung gegen null tendieren. Deshalb sollen die anderen etwas für den Umweltschutz tun.

Trotzdem ist der Verkehr für steirische Politiker ein Gewinnthema, weil weder typisch Mitte-Rechts noch Mitte-Links. Das Thema kann von jeder Partei besetzt werden. Während rechte Stabilitätsthemen der Marke Sicherheit für die ÖVP einen Wettbewerbsvorteil bedeuten und linke Sozialthemen von Gesundheit bis Bildung die SPÖ begünstigen, bieten sich beim Verkehr Anknüpfungspunkte für alle. Nicht nur die Grünen haben das mit der Feinstaubdebatte im Grazer Gemeinderatswahlkampf vorgezeigt.

Neben dem Verkehr hat höchstens die Wohnpolitik eine ähnlich unterschätzte Bedeutung. Ob die Steiermark beleidigt ist, wenn einem Politikwissenschaftler als erste Assoziation zu ihr das Wort Kommunist einfällt? Doch Wohnen wurde nicht nur in den obigen Ausführungen, sondern seitens der steirischen Eliten lange Zeit vergessen. Bis eine Partei kam, der man es nicht zutraute und die doch das Thema und seine Missstände nutzte. Neben dem ansonsten in Österreich sehr raren Phänomen des Wechsels der Parteifarbe von Landeshauptleuten waren die Erfolge der KPÖ mit Ernest Kaltenegger und sozialen Wohnbauslogans das bemerkenswerteste Phänomen der jüngeren steirischen Wahlgeschichte.

Noch dazu in einer Stadt und einem Land, wo der nationale Kern besonders hart ist. Wer ein paar Seiten zurückblättert, findet im Vorkapitel die widerlichen Ausraster von Grazer Rechtspolitikern jenseits aller Toleranz- und Geschmacksgrenzen. Ausländer, Andersgläubige und sogar einfach arme Menschen bis zu den Bettlern sind ein willkommenes Feindbild. Neben den Kommunisten entwickeln sich in der ansonsten wunderschönen und nicht bloß in der Kultur liberalen Steiermark daher genauso Brutstätten des jugendlichen und ewiggestrigen Rechtsextremismus.

Der vor relativ kurzer Zeit enorme KPÖ-Stimmenanteil in Graz – 2003 waren es über 20 Prozent, also wählte jeder Fünfte die Kommunisten – und sogar der Steiermark (2005 über sechs Prozent) ging keinesfalls allein auf Kosten von SPÖ und Grünen. Vielmehr haben ÖVP und FPÖ gleichermaßen verloren. Sowohl gutbürgerliche Vorstädter als auch rechte Recken haben mit Begeisterung kommunistisch gewählt. Oder fanden das chic. Schon klar, dass Proteststimmen weitgehend ideologiefrei sind, doch bei den Freiheitlichen müssen in der Steiermark Menschen darunter gewesen sein, die früher jemanden lieber zum Säbelduell gefordert hätten, als die Linkslinken zu wählen.

Es gibt offenbar unabhängig vom Rechts-Links-Spektrum eine steigende Wählerzahl, welche sich bei den Themenbezügen und in ihrem Politikverständnis von traditionellen Parteien nicht vertreten fühlt. Das sind keine Nichtwähler, weil es sich nicht um völlig Verdrossene handelt, sondern Enttäuschte mit durchaus politischem Interesse. Paradox ist, dass ausgerechnet im steirischen Graz mit den Kommunisten eine Uralt-Partei diese Chance nutzen konnte. In den anderen Bundesländern und national hat sich noch keine geeignete Partei dafür gefunden.

Eine Erklärung dafür ist ein komischer Todestrieb der steirischen Großparteien, sich selbst durch interne Konflikte zu schaden. Bis 2003 verfügte etwa Waltraud Klasnic als ÖVP-Landeshauptfrau – sie bestand auf der Anrede Frau Landeshauptmann – über so sensationelle Beliebtheitswerte und Zustimmungsraten für ihre Politik, dass sie unangreifbar war. Dann verlor sie einen Großteil ihres Teams durch Querelen rund um den Energiekonzern des Landes. Hinzu kamen sorgfältig platzierte Meinungsumfragen über den schlechten Zustand der eigenen Partei. Plötzlich war sie durch persönliche Angriffe bis hin zu Gerüchten über ihr Privatleben verwundbar. Die Waffen dafür kamen aus den eigenen Reihen.

2005 führte die ÖVP im Landtagswahlkampf Krieg mit ihrem abtrünnigen Ex-Landesrat Gerhard Hirschmann und verlor prompt Haus und Hof. Dem Hauptkonkurrenten SPÖ kann man nicht vorwerfen, das redliche Bemühen unterlassen zu haben, damalige Fehler des Feindes möglichst nachzumachen. Wenige Monate vor der herbstlichen Landtagswahl 2010 spaltete sich die Grazer Stadtpartei in alle Richtungen. En passant wollten wahlkämpfende Abgeordnete medienwirksam ihre Parteisteuer verweigern. Und so weiter und so fort. Die Reife der steiermärkischen Politik hält scheinbar nicht ganz mit der kulturellen Aufgeschlossenheit mit.

Zwischen gemeinen Nockerln und Emanzipation

Nirgendwo sonst in Österreich ist der Größenunterschied von Hauptstadt und zweitgrößter Stadt so gewaltig als in Salzburg, das nur 119 Gemeinden hat. Die Landeshauptstadt hat rund 150.000 Einwohner, danach folgt Hallein mit 20.000. Die Differenz ist durchaus ein Kulturschock. Da die Festspielmetropole als eine dadurch im Vergleich zur Größe hoffnungslos überhöhte Weltstadt mit der Nase hoch in der Luft. Dort ländlich bis touristische Gegenden mit einem Lohngefälle um die Hälfte und das Doppelte. Das Jahreseinkommen schwankt zwischen der stolzen bis arroganten Landeshauptstadt und den Gebirgsgauen von 17.000 bis 35.000 Euro.

Trennlinien durchziehen das Land, sind jedoch Tabuzone. Wer städtisch ist – im Medienbereich etwa der Marktführer „Salzburger Nachrichten" als Meinungszeitung mit vielen Lesern in Umgebung von Schloss Mirabell und Hohenfeste sowie außerhalb der Landesgrenzen –, verliert im Land. Dortige Gemeinden mit harten Stammwählern wollen umgekehrt Gedanken der jüngeren Wechselwähler in der Hauptstadt nicht verstehen. Ins Geld geht es, wenn sich solche Un- und Missverständnisse auf den wirtschaftlichen Bereich ausdehnen. Was schleichend zwischen globalem und expandierendem Red Bull sowie lokaler und dahinsiechender Papierindustrie geschieht.

Der politische Unterschied zwischen Salzburg und sonstigen Bundesländern sticht ins Auge. Chef eines Bundeslandes war bislang stets und überall ein gewichtiger Mannesfürst, wenn auch in Salzburg oft mit leiseren Tönen. Nur einmal regierte bis zum salzburgerischen Fall eine Landesmutter, nachzuschlagen in der Geschichte unter K wie Klasnic. Sie wollte sich um jede Sorge der Bürgerkinder bis hin zum abgerissenen Hosenknopf persönlich und liebevoll bemühen.

Salzburgs Landeshauptfrau Gabi Burgstaller passt nicht in diese Schublade. Sie versteht es, Willensstärke und Herzlichkeit im passenden Ausmaß zu verbinden. Für die Konkurrenz macht das die Sache schwierig, weil standardmäßige Gegenstrategien – „Machtrausch" bei den Möchtegern-Monarchen, „übersensibel und führungsschwach" bei den Kümmerinnen – untauglich sind. Zudem hat Burgstaller die Rolle der Außenministerin eines Bundeslandes neu interpretiert. Jeder Landespolitiker ist bestmöglicher Vertreter seiner Heimat, doch viele männliche Berufskollegen beschränken sich auf die Überhöhung des Regionalstolzes, um nach innen billige Punkte zu machen.

Die Folge ist das mehrfach erwähnte Einprügeln auf einen tatsächlichen oder konstruierten Feind in Wien oder Brüssel. Burgstaller schafft es, mit viel Natürlichkeit als energische Repräsentantin ihrer Heimat zu erscheinen, ohne sich überall sonst unbeliebt zu machen. Damit steht sie für einen trotz aller Härte und Konsequenz sympathischeren Politikstil. Das beginnt bei der Wahrheitsliebe – wenn sie bekundet, in ihrem Bundesland zu bleiben, klingt das ungleich glaubwürdiger als in der Branche üblich, und man vermutet keine Ambitionen für das Kanzleramt – und endet beim Verzicht auf Verbalinjurien und sonstige Untergriffe. So etwas kommt an, weil die Österreicher traditioneller Parteipolitiker überdrüssig sind und eine große Sehnsucht nach Volksvertretern anderen Typs haben. Obwohl Burgstaller gar nicht in Salzburg geboren, sondern vom östlichen Nachbarn importiert wurde. Doch aus Oberösterreich stammend waren auch Franz Schausberger vor ihr sowie neben Josef Pühringer genauso Herwig van Staa in Tirol und Jörg Haider in Kärnten. Als es einst möglich erschien, Innenminister Ernst Strasser würde Nachfolger Prölls in Niederösterreich, da hätte es unter den neun Landeshauptleuten glatt eine absolute Mehrheit der Oberösterreicher geben können.

Vielleicht sind obige Zeilen als Lobhudelei für Burgstaller jedoch bald Schnee von gestern. In den letzten Jahren hat sich das Stimmungsbild zu drehen begonnen. Mit dem Vorwurf, eine hochbegabte Populistin zu sein, kann sie gleich allen Landeshauptleuten wunderbar leben. Doch großen Worten noch größere Taten folgen zu lassen, das wird immer schwieriger. In der bundespolitischen Oppositionszeit ihrer Partei bis 2006 konnte sie als Protestgeschrei mit nettem Antlitz leicht erklären, was besser und richtig wäre. Bei einer Kanzlerschaft der SPÖ und den Schwierigkeiten der Wirtschaftskrise müssten freilich konkretere Ergebnisse her. Ist das objektiv schwierig bis unmöglich, stehen Populisten vor dem Dilemma, nicht statt der bisherigen Ankündigungspolitik plötzlich schweigen zu können. Ganz Salzburg hat sich zu sehr daran gewöhnt, einander besser zu reden, als man ist.

Mittlerweile ist zu hören, dass Frau Burgstaller ihr Amt nur noch verwaltet und sie bloß mangels Alternativen wiederum gewählt wurde. Thomas Wizanys Karikatur „Unter den Blinden ist die Einäugige Königin" würde das aus der Sicht mancher gut treffen. Dennoch sichert Burgstaller ihrer Partei unter den Frauen einen erheblichen Mehrwert. In der für die SPÖ ansonsten durchwachsenen Landtagswahl 2009 lag man bei weiblichen Wahlberechtigten unter 30 Jahre 20 Prozentpunkte vor der ÖVP. Bei den 30- bis 59-Jährigen war es immer noch ein satter Vorsprung, nur über 60-jährige Pensionistinnen sind keine Fans der Landeshauptfrau.

Was übrigens nichts daran ändert, dass Burgstaller Vergangenheit wäre, hätten ÖVP und FPÖ das Naheliegende gemacht. Nämlich sich auf eine Koalition verständigt und sie abgewählt. Die Mehrheit des Zweit- und Drittplatzierten dafür war nach der jüngsten Wahl vorhanden, die schwarze und die blaue Bundespartei auch dafür. Nur regional erwies man sich als zu feige, das Risiko einzugehen. Schließlich können schwarz-blaue Koalitionen schnell platzen, und das Sicherheitsnetz ist ein läppisches Landtagsmandat mit schlechter Rückkehrchance in den ursprünglichen Beruf, weil Salzburg kein Proporzsystem hat.

So weit, so gut. Damit ist freilich nicht ansatzweise alles Gold, was in Salzburg aus Sicht der Salzburger glänzt. Die Salzburger Seele zeigte sich im Umgang mit Burgstallers Vorgänger. Dem Familienvater Schausberger wurde in einer Gerüchtekampagne familiäre Gewalt unterstellt – weniger euphemistisch ausgedrückt hieß es, er würde seine Frau prügeln – und er so in eine doppelte Verlustsituation manövriert. Weil die Familie öffentlich widersprach, wurde die Frage „Schlägt XY seine Ehefrau?" erst recht zum Gesprächsthema. Schweigen hätte umgekehrt der Verleumdung freien Lauf gelassen.

Rechtlich kann man auf die schlechte Tarnung der Auslöser von Gerüchten hoffen, um Klagen einzubringen. Politisch ist nichts zu machen. Salzburg allerdings muss sich als Sittengemälde den Spiegel vorhalten lassen, ob nun – was wahrscheinlicher ist – Parteifreunde als interne Konkurrenten für die miese Aktion verantwortlich waren oder ach so friedlich neutrale und aufgeschlossene Landesbürger. Widerlich war es in beiden Fällen.

Die Fokussierung auf Salzburger Festspiele und begleitende Schickeria vermittelt demnach ein falsches Bild. Einerseits handelt es sich um keine sonderlich feine Gesellschaft. Andererseits verflüchtigt sich der Eindruck des glänzenden Goldes beim Blick auf die realen Kontostände. Salzburg lebt auf Pump. Nicht nur verzögerte Verkehrsprojekte beweisen das. Auf dem Domplatz und im Festspielhaus sind trotzdem kritische Worte unerwünscht.

Die Österreicher entwickeln ja, wie im Eingangskapitel erwähnt, generell unglaubliche Fähigkeiten im Werfen geschönter Blicke. Das beschriebene Beispiel der jeweils österreichisch-deutsch uminterpretierten Herkunft von Beethoven und Hitler ist kein Einzelfall. Aufgrund weniger Kilometer ist Salzburg da nicht Haupttäter, doch erweitert man den Regionalstolz mit den Eigenheiten Nockerln und Wolferl. Mit Letzterem ist nicht der Klavier spielende Ex-Bundeskanzler, sondern das musikalische Wunderkind gemeint. Bis heute wird in Salzburg das Kleinsein mittels Idealisierung von Mozart-Künstlern – vorzugsweise nach deren Ableben – oder der Ski-Nationalmannschaft bekämpft. Wenigstens solange Hermann Maier fuhr.

Andreas Hofer for ever

In Tirol sind die Berge hoch und die Täler eng. Als ich sieben Jahre lang an der Universität Innsbruck arbeitete, prophezeite man mir deshalb Depressionen. Insbesondere bei Föhnlage würden Patscherkofel und Nordkette rechts und links der Stadt einem auf den Kopf fallen. Davon bemerkte ich nichts. Was hingegen im Inntal und dessen Seitentälern zutage tritt, ist eine Engstirnigkeit zwischen den Ohren, welche punkto Toleranz und gesellschaftlicher Aufgeschlossenheit nicht durch Gehirnmasse behindert wird.

Bereits die Karriere der liberalen Politikerin Maria Schaffenrath soll beendet gewesen sein, als sie feststellte, dass es in Tirol mehr Schwule als Bauern geben würde. Nicht, dass das rechnerisch falsch gewesen wäre, doch so etwas sagt man nicht im heiligen Land der Scheinheiligkeit. Das Gegenteil schon. Werner Königshofer, Nationalratsabgeordneter der FPÖ aus Tirol, bezeichnete den Grünpolitiker Gebi Mair sexistisch als „Landtagsschwuchtel". Später bedauerte er das mit den Worten, dass er die Aufregung nicht verstehe und künftig mit unverkennbarem Zynismus von einer homophilen Bereicherung des Landtags sprechen wolle.

Kurz darauf begegnete Herr Königshofer der Kritik von Kardinal Schönborn an der FPÖ-Kandidatin für das Bundespräsidentenamt, Barbara Rosenkranz, dadurch, dass er – vor dem Hintergrund von Kindesmissbrauch in der Kirche – Schönborn empfahl, dieser solle sich lieber um warme Brüder und Klosterschwuchteln in der Kirche kümmern. Unabhängig von der Beschränktheit des Einzelfalls stellt sich die Frage, wie aufgeschlossen Tirols Politik ist.

Während es in den USA mit Barack Obama ein Afroamerikaner zum Präsidenten brachte, ist für die tirolerische Mehrheit ein nicht weißer, nicht christlicher, nicht muttersprachiger, nicht männlicher und nicht heterosexueller Gemeinderat nur mit großer Mühe denkbar. Nicht zufällig entzündete sich eine mit Vorurteilen gespickte Debatte um den Bau von Minaretten und Moscheen an einem Tiroler Beispiel. Der dortige Führer der FPÖ, Gerald Hauser, regte sich über ein selbiges in Telfs mit dem dummdreisten Slogan vom Glockenklang statt Muezzingesang auf und begründete das zudem noch mit der Tiroler Treue.

Zur fehlenden Offenheit passt die Beschreibung des sommerlichen ORF-Festes durch einen Journalisten, der mir das lieber nur sagte und nicht in seiner Zeitung schrieb: „Da sind 400 Leute, die sich für Tirol halten und es sind!" Gemeint war eine geschlossene Führungsschicht mit überschaubarer Personenzahl, welche die Geschicke des Landes bestimmt. Fast immer und trotz interner Konflikte der ÖVP zugehörig, sichern sie sich ihr Machtmonopol. Über Parteigrenzen hinweg sind sie sorgsam bemüht, niemand in ihren elitären Zirkel hineinzulassen.

Natürlich gibt es in Wirtschaft und Wissenschaft Oasen des Andersseins, doch funktionieren diese eher auf Basis einer Ghettobildung. Am Institut für Politikwissenschaft der Innsbrucker Universität lehrte und forschte phasenweise unter 20 Mitarbeitern ein einziger Nordtiroler echten Ursprungs. Proteststimmen und Wahlerfolge der Grünen sowie von Namenslisten zeigen, dass es unter der Oberfläche einer heilen Welt durchaus brodelt, doch letztlich ist das nur ein Aufflackern im gelobten Land Tirol.

Denn die schöne Landschaft wird von den Tirolern als liebstes Aushängeschild gesehen. Tirols Politiker lassen davon hübsche Bilder anfertigen und platzieren davor Seniorinnen mit Skihelm oder sich selbst im Wollpullover. Die jüngere Generation geht ohnedies zunehmend verloren. Ein Hinterfragen, dass man die herrliche Gegend nicht erfunden hat – sondern mit umweltpolitisch umstrittenen Verkehrs- und Tourismusprojekten mehr beschädigt als schützt – und somit Berge und Täler keine Eigenleistung des Landes darstellen, findet nicht statt. Der mittlerweile überregional tätige Medienberater Peter Plaikner – in Tirol lange Zeit als Chefredakteur tätig – spricht offen aus, dass das Erfolgsrezept des heimischen Wohlstands in der unablässigen Unterjochung der Natur durch Straßen, Kraftwerke, Lifte und Hotels besteht. Längst wäre jede Neuerschließung umstritten, doch die Wirtschaft fordert unbeeindruckt: „No amol!"

Grund und Boden begründen somit einen Reichtumssegen, der als selbstständige Leistung vereinnahmt wird, ohne dass man nachhaltig wirtschaften kann. Anna Hosp als Porsche fahrende Ex-Landesrätin der ÖVP spottete einmal über das Burgenland, dass dortige Häuser in Tirol bloß bessere Garçonnièren wären. Das zeigte die Arroganz und Überheblichkeit eines von der Natur reich gesegneten Bundeslandes. Wobei man mit Regionalstolz und Raffinesse etwas daraus zu machen verstand, doch allzu oft nur kurz- und mittelfristig im Stil von Felix Mitterers „Piefke-Saga". Das Problem liegt in den mangelnden Alternativen zum Tourismus.

Man setzt auf ein überaltertes Produkt, das durch jene letzten treuen Kunden lebt, die noch nicht gestorben sind. Das Bangen und Hoffen auf heiße Sommer und weiße Weihnachten überschattet sogar berechtigte Jubelnachrichten aus anderen Wirtschaftsbranchen. Das einst so kohleabhängige Ruhrgebiet wird mit Hochtechnologie und Kultur zum Phönix aus der Asche. Oberösterreich lebt nach dem Zusammenbruch der Verstaatlichten Industrie auf. In Tirol setzt man weiter auf Monokultur.

Dabei ist jedwede Kritik an der wirtschaftlichen Erfolgsgeschichte Tirols verpönt. Wenn Brüssels EU-Statistiker ihren Regionsvergleich präsentieren, halten Innsbrucks Wirtschaftskämmerer dagegen. Wer meint, dass es rundum in Südtirol, Vorarlberg, Salzburg und Bayern mehr Grund zum Jubel gäbe, wird zum Nestbeschmutzer. Dass man im Bildungsbereich die niedrigste Maturantenquote von knapp über einem Drittel hat, ist auch kein Aushängeschild. Doch langfristige Zukunftsvisionen und gesamtgesellschaftliche Verantwortung über die Landesgrenzen hinweg sind nur bedingt vorhanden. Wer für sich den großen Horizont in Anspruch nimmt, entkommt der Enge. Dass etwa der Journalist Armin Wolf Tiroler ist, als Journalist, weiß kaum jemand und wollen viele gar nicht wissen.

Das eigentliche Charakteristikum Tirols ist seine Sehnsucht nach dem Freiheitskampf. Der idealisierte Andreas Hofer war eine zwiespältige Gestalt, doch Kritik an ihm wird als Gotteslästerung empfunden. Vor allem müssen Politiker seinem Typus entsprechen. Mangels französischer Truppen, die es im 21. Jahrhundert nicht mehr zu bekämpfen gilt, sucht man äußere Feindbilder der anderen Art. Napoleon am nächsten kommen anonyme Fieslinge der EU beim Transitthema, obwohl diese nur Verträge einmahnen. Doch als der Europäische Gerichtshof wenig überraschend ein Gesetz aufhob, dass ausländische Lastwagen im Unterschied zu tirolerischen nicht fahren dürfen, konnte der damalige Landeshauptmann ungestraft über einen Justizskandal schimpfen. Das zieht in Tirol.

Als politischer Kandidat hat eine Chance, wer am ehesten Hofer gleicht. „Mander, s'isch Zeit!" ist das populärste Zitat der Regionalgeschichte. Mit dem aufsässigen Spruch „Außer aus die Stauden!" gab es 2008 durch Fritz Dinkhauser einen Sensationserfolg in der Landtagswahl. Das genügte, obwohl Dinkhauser 1965 sein erstes Politamt in den sicheren Sträuchern der ÖVP antrat und ihr mehr als vier Jahrzehnte diente. Sein Weggefährte Eduard Wallnöfer, langzeitiger Landeshauptmann von 1963 bis 1987 mit Mehrheiten von bis zu zwei Drittel, stellte geradezu Hofers Wiederverkörperung dar. Polternd sagte er denen im feindlichen Wien so richtig, was Sache ist.

Nach ihm kam Alois Partl und stand auf verlorenem Posten, weil eher den Beamtenstil verkörpernd. Objektiv ist nicht zu beurteilen, wer inhaltlich der bessere Häuptling des Landes war, doch die Tiroler Wählerschaft hatte eine klare Meinung: Mit Partl stürzte die ÖVP auf unter 50 Prozent ab. Dessen Nachfolger hatte die Lektion gelernt, und Wendelin Weingartner überraschte beim persönlichen Kennenlernen neben der kleinen Körpergröße mit leiser Stimme, sanfter Tonlage und der feinsinnigen Argumentation eines Intellektuellen. Vor Fernsehkameras und an Rednerpulten schien er um 20 Zentimeter zu wachsen, steigerte sich um zahllose Dezibel und kam Wallnöfer ziemlich nahe. Dessen Schwiegersohn Herwig van Staa als Nächster in der Reihe wiederum musste sich dafür nicht einmal verstellen. Obwohl man ihm damit Unrecht tut, denn in Wahrheit war er nicht immer ein Polterer. Nur wollten Tiroler und Nicht-Tiroler ihn so sehen.

2008 gab es die Meldung, van Staa hätte den deutschen Ex-Außenminister Joschka Fischer ein Schwein genannt. Der Tiroler Landeshauptmann van Staa bestritt das und seine Partei behauptete, dass in Wahrheit Politaktivisten ein Tonband manipuliert hätten, um aus dem Wort Schweigen die zitierte tierische Abwandlung zu machen. In der Tiroler Politik scheint demnach jede Schweinerei erlaubt zu sein. Was der eigentliche Clou war: Beim jeweiligen Zielpublikum hätten erstens weder Beschimpfung noch Manipulation den Betroffenen geschadet. Zweitens sind das jene Sorgen, die man sich in Tirol macht, statt über die wirtschaftliche Zukunft ernsthaft nachzudenken.

Der aktuelle Landeshauptmann Günther Platter tritt zugegeben mit wohltuender Ruhe auf und mehr im Hintergrund Seilschaften pflegend. Spätestens beim leisesten Zweifel am Bau des Brennerbasistunnels merkt man zwar, dass er sich in seiner Tirolität wenig von den Vorgängern unterscheidet. Doch er schreit das nicht in jedes Mikrophon, dessen er ansichtig wird, sondern versucht zu argumentieren. Vielleicht wollen die Tiroler deshalb lieber den Schauspieler Tobias Moretti. Der spielte nämlich Andreas Hofer bisher am besten.

Vorarlberg hinter den sieben Bergen

Eine Beurteilung des Landes hinter dem Arlberg durch einen gebürtigen Wiener wie mich, das ist eine heikle Sache. Schon rein sprachlich. Zu frisch ist die Erinnerung an eine politische Diskussionssendung vor der Vorarlberger Landtagswahl 2009. Auf Einladung des ORF sollte ich im Radio mit Anrufern deren Fragen vom Wahlrecht bis hin zur vergeblichen Sehnsucht nach der Kristallkugel mittels Wahlprognosen diskutieren. An sich etwas, das ein medial präsenter Politikwissenschaftler mit dem Arbeitsschwerpunkt politische Kommunikation kaum ablehnen kann. Jedenfalls nicht aus inhaltlichen Gründen.

Der kleine Pferdefuß: Mir schoss der Gedanke durch den Kopf, dass mir jeder Wähler aus Vorarlberg alles erzählen könnte. Tut er es in der breitesten Form der dort verbreiteten Mundart, so würde ich ihn nicht verstehen. Anhand mühsam identifizierter Stichworte in Verbindung mit dem freundlichen oder unfreundlichen Tonfall das Thema schlusszufolgern, das erschien mir zu riskant. Laufende Übersetzungen durch den Moderator wären peinlich. Erst als ortskundige Journalisten mir versicherten, die Vorarlberger wären ein tolerantes Volk, das sich im Radio den mangelnden Sprachkenntnissen eines externen Experten anpassen und notfalls auf Hochdeutsch sprechen könne, beruhigte ich mich.

Die zweite Spontanassoziation des Politik- und Kommunikationswissenschaftlers bei den Vorarlbergern ist deren alemannische Sparsamkeit. Dazu ein rein berufsbezogenes Beispiel: Wahlkämpfe sind teuer, und hierzulande gibt es anders als in den USA eine öffentliche Wahlkampffinanzierung. Aus guten Gründen, weil anderenfalls private Finanziers – und dafür kommen hierzulande nur wenige Großkonzerne infrage – oder gar ausländische Firmen sich Parteien und deren Wahlchancen kaufen könnten. Zum Leidwesen der Parteien ist es freilich mäßig populär, für den eigenen Erfolg besonders viel Steuergeld auszugeben.

Also muss man so tun, als würden Kampagnen nichts kosten. In Vorarlberg jedenfalls. In Niederösterreich gilt beschreibungsgemäß, dass was teuer ist, auch so aussehen darf und muss. In Vorarlberg muss man glaubhaft vermitteln, man hätte so billig wie möglich gewirtschaftet. Das bestimmt sogar die Wahl der Werbemittel: In der Endzeit der klassischen Videos etwa waren diese in Wahrheit bereits ein Billigprodukt. Die Idee, solche an städtische Wähler zu verteilen, lag nahe, und prompt wurde das im Osten gemacht. In Vorarlberg erwies sich dasselbe als Schnapsidee, weil der Geldverschwendung verdächtig.

Vielleicht haben die Vorarlberger deshalb im Rekordtempo entdeckt, dass trotz absoluter ÖVP-Mehrheit ein Anfreunden mit dem Vorschlag der Neuen Mittelschule durch die SPÖ-Ministerin vorteilhaft wäre. Schneller als andere Bundesländer kapierte man, dass die Kosten von Wien aus bezahlt würden. Prompt wurden gemeinsam mit Kärnten und dem Burgenland das Geld und die Quote ausgeschöpft, andere Länder schauten durch die Finger. Parallel dazu gilt Herbert Sausgruber als nahezu einziger Landeshauptmann, dem man Spargedanken zur Verwaltungsreform abnimmt. Seine Stimme hat Gewicht, denn unnötige Euros gibt in Vorarlberg niemand aus. Bleibt für den Rest Österreich das Problem, dass man hinter dem Arlberg auch zum eigenen Vorteil zu wirtschaften versteht.

Ich wurde allerdings zugegeben zweimal, im September 2004 und 2009, in Vorarlberg beinahe zur unerwünschten Person erklärt. Der Grund ist eine Verletzung des Regionalstolzes. Noch dazu als Wiederholungstäter. Jedes Mal wurde ich nämlich nach den bundespolitischen Folgen der alemannischen Landtagswahl gefragt. Die Antwort ging zwangsläufig in Richtung mathematische Geringschätzung der Vorarlberger. In Österreich leben über 6,3 Millionen Wahlberechtigte, in Vorarlberg sind es rund 260.000. Das macht einen verschwindend geringen Anteil aus. Die Wahlbeteiligung im Ländle ist natürlich nicht hundert Prozent. Tatsächlich machen zwischen zwei und drei Prozent der österreichischen Wähler ihr Kreuzchen. Die ÖVP wurde von einem Prozent plus ein bisschen etwas zum Erstplatzierten gekürt. Bei allen anderen Parteien betrug der gesamtösterreichische Wähleranteil null-komma-x Prozent.

Trotz des tagespolitischen Tohuwabohu dürften die langfristigen Auswirkungen von Landtagswahlen hinter dem Arlberg auf den Rest der Republik in ähnlicher Größenordnung sein. Ich verstehe, dass manche Vorarlberger dadurch gekränkt sind. Schließlich sind ihre Wahlkämpfe durchaus heftig. Der riesige Aufreger 2009 war, als der Direktor des Jüdischen Museums in Hohenems von der FPÖ mit antisemitischen Tönen angegriffen wurde. Zum Glück war der bräunliche Antisemitismus für das gute Ergebnis der Blauen nicht hauptverantwortlich und für Vorarlberg nicht typisch. Entgegen allen medialen Schlagzeilenträumen waren für die stark zulegende FPÖ mehr Menschen wegen des Heimatthemas an sich und nicht infolge judenfeindlicher Hetztiraden. Diesen hat der Landeshauptmann in Vorarlberg mit einer klaren Kooperationsverweigerung eine deutlichere Absage erteilt, als man es in anderen Ländern tut. Schon gar nicht in Kärnten.

Kärnten ist anders

Irgendwie ist es komisch. Bei mir als Autor muss es eine Mutation des Freud'schen Versprechers sein. Was dem Leser vermutlich sofort ins Auge springt, fiel mir erst bei der Korrektur der Druckfahne auf: Einerseits steht Kärnten bei den Bundesländerbeschreibungen an letzter Stelle. Andererseits ist der Text dazu um ein Vielfaches länger. Das ist geradezu symbolisch, obwohl im Unterschied zum Politikwissenschaftler das Land und seine Politik für Wähler nicht immer faszinierend sind. Nachdem das BZÖ in der Landtagswahl 2009 der große Sieger war und es eine hohe Wahlbeteiligung gab, bezeichneten sich noch im selben Jahr infolge des politischen und finanziellen Landesdesasters rund um die Hypo Alpe Adria-Bank – der Staat musste die völlige Pleite des Bundeslandes durch eine Bankübernahme abwenden – 50 Prozent der Bevölkerung als frustrierte Nichtwähler.

Ein Top-Wirtschaftstreibender aus dem Süden überlegte damals in einer ernst gemeinten Anfrage an unsere Kommunikationsagentur, mit welcher Strategie er den kompletten Austausch aller Parteiführungen erreichen könnte. Erst der ihm neben einer höflichen Absage an solche Träumereien als Antwort übermittelte Gedanke, dass dadurch unabhängig von der Parteifarbe Rabauken aus der dritten oder vierten Reihe statt der jetzigen Landesspitze ganz vorne stehen, brachte ihn von seinen Plänen ab. Unterstützer für die Ursprungsidee hätte er vermutlich genug gefunden.

Wessen Kopf nicht vom Kärntner Nebel umwölkt ist, muss den radikalen Änderungsbedarf südlich von Wechsel und Katschberg erkennen. Einstweilen sind es trotz zivilgesellschaftlicher Protestlüftchen wirtschaftliche Akteure, die den Ernst der Lage beklagen. Kärnten hat Imageschäden, die Milliarden kosten. Es brauchte viel Geld für eine weltweite Öffentlichkeitsarbeit ähnlich postkommunistischen Staaten nach 1990, um in der Welt wieder gut dazustehen. Die Situation ist vergleichbar mit Serbien und anderen Parias der internationalen Medien. Man muss mühsam vermitteln, dass es sich um ein demokratisches Land handelt, in dem Investitionen nicht korruptionsbedingt oder infolge ansteckender Naivität sinnlos sind.

Dasselbe gilt für gutgläubige Kärntner, die finanziell viel mehr verlieren als durch ein Debakel der Landesbank. Was ebenda nicht verstanden wird, weil man diese Euros nie zu sehen bekommt. Sie werden nicht aus Kärnten weggenommen, sondern von überall mit Freude anderswohin geschickt. Pleite geht das Land dadurch trotzdem. Warum einen Firmenstandort in Kärnten planen, wenn unter den potenziellen Partnern keiner mehr über das Geschäft sprechen will, sondern jeder fragwürdige Anekdoten zur dortigen Mentalität beisteuert.

Zudem ist ländliche Ignoranz offenbar weit verbreitet. Die Vorstandsvorsitzende eines globalen Marktführers erzählte im Herbst öffentlich, dass ihre Tochter lieber in Wien als in Klagenfurt studiert. Peinlich für die Lehrwerkstätte am Wörthersee war, dass die junge Dame so entschied, als sie mit dem Unverständnis der Universitätsverwaltung für Auslandsaufenthalte konfrontiert wurde. Provinzialismus pur. So stand es bereits in einer Zeitungskolumne meinerseits, nach welcher es hochgehende Wogen gab.

Die Folgen dieser Geschichte in der Zeitung sahen so aus, dass mich ein empörter Vizerektor der Universität mittels elektronischer Post kontaktierte, ihm sei nur eine Kärntner Firmenchefin mit internationaler Bedeutung bekannt. Deren weiblicher Sprössling könne das nicht gewesen sein. Das hätte er in einem Spontananruf bei der zu Recht völlig überrumpelten und verblüfften Dame geklärt. Nach meinem vertraulichen Hinweis, dass es sowohl in Kärnten eine andere Firmenchefin gab, welche ebenso einem Weltmarktführer vorstand, als auch diese von mir gemeint war, reagierte er mit einem weitergeleiteten Schreiben an besagte Unbekannte. Ohne vorher seine deplatzierten Bemerkungen, dass ihm weder sie noch ihre Firma ein Begriff waren, aus unserem E-Mail-Wechsel zu löschen. Da ist jeder Kommentar überflüssig.

Dazu passt die Geschichte, dass eine Mannschaft des Ballspiels zwecks Champions League ihre Halle ausbauen wollte. Gerüchteweise wurde bei den üblichen Förderungsanträgen an das Land sofort rückgefragt, warum der europäische Wettbewerb wichtig wäre. Man solle lieber Regionalmeister auf Ewigkeit bleiben. Was sich genauso anhand der Kärntner Einstellungen zur EU beweisen lässt. Diese ist der Inbegriff des Schreckens, weil der eigene Horizont von Bergen begrenzt ist.

Nur Kärntner außerhalb Kärntens sehen das anders. Nicht zufällig steigen sich in Wien mehrere Vereine von Exilkärntnern fast auf die Zehen. Das Land leidet unter einer Abwanderung menschlichen Kapitals. In Entwicklungsländern heißt das „brain drain", was mit Abfluss von Gehirnen übersetzbar ist. Moderne Mobilität gibt es nicht, weil umgekehrt der „brain gain" großteils fehlt. Die Zahl der intellektuellen Zuwanderer nach Kärnten ist bescheiden.

Warum nur, warum? Die Frage wird dem darüber seine Diplomarbeit schreibenden Stefan Petzner – ehemals FPÖ, später BZÖ und niemals FPK sowie zwischenzeitlich mit Überlappungen Pressesprecher zweier Landeshauptleute, Nationalratsabgeordneter, Parteigeschäftsführer, Landesparteichef und angeblich nach Monte Carlo abwandernder Geschäftsmann – gefallen, weil ein Liedtitel von Udo Jürgens. Regionalstolz und Sturheit gibt es in jedem Bundesland. Allerdings meistens in Verbindung mit übersteigertem Selbstbewusstsein. Wer Tiroler ist, gilt als Mensch. Wer nicht, wird als Pforte des Gesäßmuskels bezeichnet.

Kärntner haben eine ähnliche Wortwahl für Andersdenkende. Doch stecken dahinter tiefes Benachteiligungsgefühl und Minderwertigkeitskomplexe. Sie glauben wirklich, von bösen Geistern – ersatzweise kann man EU-ropäer, Bundespolitiker, Nicht-Kärntner und andere Falotten in beschimpfender Form einsetzen – verfolgt zu sein. Die reflexartige Reflexions(un)fähigkeit eigener Mängel und Defizite tendiert im Unterschied zu anderswo nicht gegen null, weil man sich in beispielloser Arroganz für Übermenschen hält, sondern entsteht aufgrund einer tief verwurzelten Stimmungslage, bei strenger Prüfung für nicht tauglich befunden zu werden.

Dass Kärnten anders sei, ist übrigens weder zum Hochjubeln noch als Verdammung des Landes gemeint, sondern zwecks Thematisierung seines polarisierenden Images. Wirtschaftlich entstehen dadurch Millionenschäden. Politische Hurra-Meldungen nach einem skandalträchtigen Bankendebakel sowie vielfarbige Parteispektakel begeistern nun einmal Handelspartner und mögliche Investoren wenig. Die Reaktionen auf solche Meinungsäußerungen beinhalteten übrigens meistens halbierte Zustimmung oder Autorenschelte aus Kärnten und über 90 Prozent positive Rückmeldungen von außerhalb.

Dabei ist nicht jeder, der etwas Kritisches zu Kärnten sagt, ein Kärntenfeind. Im Gegenteil. Statt des Reflexes südlicher Politiker, jeden mit der Regionalstolzkeule zu prügeln und sprachlich zu beißen, wäre mehr Nachdenklichkeit angesagt. Kärntnerische Medien und Wirtschaft haben bereits erkannt, dass man am überregionalen Image etwas ändern muss, um nicht bloß in skurriler Form anders zu sein.

Schuld sind trotzdem nicht immer Politik und Politiker. Deren Tohuwabohu steht zu Recht im Mittelpunkt der Kärntner Misere, doch andere Gesellschaftsbereiche dürfen es sich nicht so einfach machen, einer unpopulären Berufsgruppe die Schuld für alles zuzuschieben. Um vor der eigenen Tür zu kehren: Für die namhafteste Politologin Kärntens, Kathrin Stainer-Hämmerle, war an der Universität Klagenfurt kein Platz mehr. Von ihr ist in einem

Interview nachzulesen, dass die Villacher Fachhochschule den hochschulischen Vergleich gewinnt, weil sie im universitären Klagenfurt – das wörtlich – eine Aufbruchstimmung schmerzhaft vermisst. Dafür sind weder Politik noch Politikwissenschaft verantwortlich. Von den Kulturschaffenden über politikferne Sportler bis zu sämtlichen Bildungseinrichtungen muss sich jeder fragen, ob man vom Virus der regionalen Beschränkung frei ist.

Tragikomisch war zugleich ein kollegialer Rat meines Freundes Peter Plaikner vor dem Verfassen einer carinthischen Kolumne. Bei der Überlegung, ob ein entsprechender Text zu Kärnten oder die damals einjährige Regierungsbilanz Barack Obamas Thema sein sollte, hieß es: Wichtiger ist Obama, doch ich würde das Kärntner Pferd reiten, bis es tot ist! Dem ausdrücklich widersprechend, stellt sich die Frage, ob Kärnten Gefahr läuft, dass es als eine Art prominenter Untoter gesehen wird und irgendwann niemand mehr interessiert. Derzeit ist man Gegenstand von Kärntnerwitzen. Dass wirtschaftlich das Wasser bis zum Hals steht, wird so beschrieben: Angeblich hätte Kärnten sein einziges U-Boot verloren, weil der Kommandant im Sinn von mehr Volksnähe einen Tag der offenen Tür anordnete.

Es ist nichtsdestoweniger ein wunderschönes Land. Das hat niemand bestritten, auch wenn von Umweltaktivisten an dieser Stelle mehr oder weniger berechtigte Einwände kommen, was der Tourismusgedanke an der Natur verbrochen hat. Doch vor allem hat es keinen Sinn, das wirtschaftspolitische Dilemma regelmäßig nur gekränkt als Berge- und Seen-Gespräch zu diskutieren. Die Wertschöpfung des Tourismus für das Land beträgt unter 10 Prozent, jene der Industrie über 50 Prozent. Daraus folgt, dass der Imageschaden für die Standortpolitik nicht mit hübschen Landschaftsbildern behebbar ist.

Diesen als Argument für Firmengründungen stehen zudem infrastrukturelle Nachteile bei den Straßen-, Zug- und Flugverbindungen gegenüber. Dazu eine Realsatire mit bitterem Wahrheitsgehalt: In einem Telefonat empörte sich mir gegenüber ein

Kärntner Spitzenpolitiker, dass ein Wissenschaftler so etwas behaupten könne. Und überhaupt. Trotz langem Verweilen beim letztgenannten Punkt kristallisierte sich schließlich als Sachargument eine Landesstudie heraus, welche Kärntens Spitzenwerte in der Infrastruktur beweisen würde. Es ergab sich ein fast konstruktives Gesprächsende, nämlich in Form der Zusage einer Übermittlung besagter Studie. Geschickt wurde stattdessen eine Powerpoint-Präsentation. Die Pointe war jedoch, dass auf deren letzter Folie stand, am meisten würden wirtschaftspolitische Defizite infolge der mangelhaften Infrastruktur bestehen.

Höflichkeit und Vertraulichkeit verbieten bei persönlichen Gesprächen als Quelle eine Namensnennung – umgekehrt erwartet man sich das auch –, doch um den vermutlich nun aufkeimenden Generalverdacht zu entkräften: Besagter Politiker lebt und hörte demnach nicht auf den Namen Jörg Haider. Auch wenn man in Kärnten angesichts von dessen Mythologisierung vielleicht mit der Behauptung glatt durchkommen würde, ihn gestern gesprochen zu haben.

Rote SPÖ- und schwarze ÖVP-Vertreter schaffen es jedenfalls nicht, in Kärnten eine Rede zu halten, ohne auf Haider Bezug zu nehmen. Ansonsten haben sie wenig gemeinsam. Außer einer besseren Vergangenheit als Gegenwart. Beide stellten einmal den Landeshauptmann und erhielten zu Glanzzeiten über 50 beziehungsweise über 30 Prozent der Wählerstimmen. Trotz des gemeinsamen Niedergangs gab es jedoch zwischen Roten und Schwarzen kaum Wählerströme. Zu stark ist die Ablehnung des jeweils anderen. Die logische Folge: Wenn ehemalige SPÖ- oder ÖVP-Wähler ihre Stammparteien ablehnen, aus welchen Gründen immer, wird ein Dritter zum großen Sieger.

Das machte unabhängig von Politik und Populismus einen Gutteil der Erfolgsgeschichte Jörg Haiders und seiner Politerben aus. Aus blau wurde orange und später blassblau, doch daran hat sich nichts geändert. Ebenso gleichbleibend sind Amtsinhaberrezepte, welche man von Haider lernte, und die dessen erfolgloser

Herausforderer Peter Ambrozy so beschrieb: „Wenn morgen der Wörthersee zufriert oder es schneit, wird das als Initiative des Landeshauptmanns verkauft!" Das Problem ist, dass man das in Kärnten wirklich glaubt.

Freilich steht die Naivität der Kärntner Politiker jener ihrer Wähler um nichts nach. Als sich mit einem Strache-Scheuch-Schulterschluss – andere Beteiligte waren Fußvolk – das Kärntner BZÖ als neue FPK und die FPÖ wiedervereinten, wurde das unmittelbar nachher von einem Chefredakteur als halbwegs intelligente Strategie bezeichnet. Mit damaligem Wissensstand zu Recht. Bei aller Kritik kann man jemanden, der sich durch Pseudo-Fusion fünf Millionen Euro Klubgeld plus doppelte Parlaments- und Medienpräsenz verschaffen wollte, nicht blöd nennen.

Die doppelte Klublösung des blauen Fanklubs der Strache-Freunde und eines Kärntner Regionalklubs im Nationalrat wäre moralisch fragwürdig gewesen, in gesetzlichen Grauzonen und unter Berufung auf den Präzedenzfall des verhassten Liberalen Forums frivol. Doch vor allem erinnerte die Umsetzung an das Motto „Avanti dilettanti!". Es sprangen nämlich zu viele Mitstreiter ab, sodass sich der Klub nicht mehr ausging und die Millionen pfutsch waren.

Für Heinz-Christian Straches Wahl der Wahlen in Wien brachte das Ganze wenig außer ohnehin sicheren FPÖ-Gewinnen. Diese wurden bloß im Nachhinein mit der Fusion erklärt, obwohl das falsch ist. Wie soll Uwe Scheuch Herrn Strache in dessen Heimat helfen? Der Großbauer aus dem Mölltal hat in der Hauptstadt die Beliebtheitswerte von Wienern im tiefsten Kärnten. Also gar keine. Umgekehrt kann Strache südlich des Packsattels dem bisherigen BZÖ kaum helfen. Sein dortiger FPÖ-Ableger erhielt zuletzt 3,8 Prozent der Stimmen.

Doch in der Langzeitplanung für Bundeswahlen 2013 hat vieles viel Sinn und kann blaue Chancen für den zweiten Platz und eine Königsmacherrolle bedeuten. Im Konjunktiv, weil langsam herauskommt, dass es politstrategische Superpläne nicht gibt und das meiste im ungeplanten Hurrastil geschieht. Die Internet-

adresse fpk.at etwa gehörte nach der Parteigründung einem Flie-
senlegerbetrieb. Ja, die Wiedervereinigung von FPÖ und BZÖ
kann ein Coup sein. Ihre Umsetzung im Eilzugstempo, ob als
Hypo-Verschleierung oder nicht, war dilettantisch. Es wurde vergessen, für die Klubstärke und das Zählen bis fünf die Fäustlinge
auszuziehen. Das halb eingestehend, wurde der Runde Tisch im
ORF trotz FPÖ-BZÖ-Rudelauftritt zur Karikaturshow. Jörg Haider wäre das nicht passiert.

Exkurs: In memoriam Jörg Haider

Jörg Haider ist tot. Dem Weltuntergang durch Verlust des Lebens-
menschen, so sein Generalsekretär zum Todeszeitpunkt 2008 Stefan Petzner, stand das öffentliche Beileid für die Familie gegenüber.
Hinzu kamen seitens von Nicht-BZÖ-Politikern salbungsvolle An-
erkennungen der politisch merkwürdigen Art. Petzners Leid macht
als persönliche Betroffenheit eines engen Freundes betroffen. Und
aus. Das Beileid ist ehrlich und ehrenwert, jedoch ohnehin klar.
Über die Glaubwürdigkeit von Krokodilstränen wissen wir, dass
fast nirgendwo mehr gelogen wird als auf Begräbnissen.

Bemerkenswert ist, dass kurz vorher der Tod von Fred Sinowatz unter ferner liefen abgehandelt wurde. Dieser war Bundeskanzler und Minister, Haider Provinzkaiser. Der rote Burgenländer stand drei Jahre lang an der Spitze der stimmenstärksten
Partei, der blau-orange Kärntner führte über Jahrzehnte den je
nach Wahl Zweit- bis Fünftplatzierten an. Neufeld im Burgenland blieb trotzdem ein blinder Fleck auf der Landkarte und sein
prominentester Sohn namens Sinowatz wurde von den Medien
nicht einmal ignoriert. Als der Jörg aus dem Bärental starb,
schickte der arabische Sender Al Jazeera Journalistentrupps aus
und mietete in Wien ein Studio, um live zu senden.

Demzufolge muss Herr Haider aus Sicht der politischen Kommunikation irgendetwas richtig gemacht haben. Im Umkehr-

schluss gilt für seine Mitbewerber und Österreichs Medienlandschaft das Gegenteil. Angesichts emotionaler Grenzgänge wurde Haiders Talent als rationaler Stratege total unterschätzt. Man bewunderte bestenfalls den gigantischen Werbeaufwand für FPÖ-/BZÖ-Kampagnen, ohne die Herkunft der Gelder zu hinterfragen. Dabei bezogen sich Haider'sche Tabubrüche keinesfalls allein auf den Umgang mit der nationalen Vergangenheit, heimischen Minderheiten und fremden Kulturen. Er spielte neue Spielregeln des Wettbewerbs der Politik Mediendemokratie ungleich früher als von ihm als Altparteien titulierte Mitbewerber.

Seine Zielgruppenorientierung war punktgenau, lange bevor Stanley Greenberg der SPÖ „microtargeting" beibrachte. Ebenso altgediente Politikbeobachter erinnern sich an gespenstische Hintergrundgespräche in den achtziger Jahren: Haider legte von der offenen Leber weg dar, wann und wie er den Etablierten ihre Wähler wegnehmen würde. Zunächst den frustrierten Mittelstand der feudalen ÖVP, damals unter Josef Riegler, später Arbeiterstimmen der SPÖ mit dem Großbankier Vranitzky an der Spitze.

2008 analysierte Haider knallhart, Protestwähler auf Stammtischniveau hätten sich von der Regierung ab- und der FPÖ zugewandt. Für das BZÖ blieben bürgerliche Enttäuschte, welche mit dem pseudo-staatsmännischen Florett und nicht der Keule für Rundumschläge zu holen waren. Prompt gewann Haiders Ein-Personen-Stück in der Nationalratswahl fast 200.000 Stimmen von der ÖVP.

Das Chamäleon Haider hatte viele Gesichter, um sich perfekt auf jede Gruppe einzustellen. In Kärnten wurden zweisprachige Ortstafeln verweigert und auf den Wegweisern sollte Laibach statt Ljubljana stehen. Dann fuhr er zu einer Veranstaltung nach Slowenien, um seine Begrüßungsworte in der Landessprache vorzutragen. Mit der Entschuldigung, diese noch nicht gut zu können und glaubhaft sein herzliches Bemühen versichernd, beim nächsten Mal besser zu sprechen.

Da hätten sich Politiker anderer Parteifarben eher im Grab umgedreht, in dem Haider nun liegt und in das sie ihn stets wünschten. SPÖ und ÖVP hielten Parteitage noch als Funktionärstagung mit dem Charme der fünfziger Jahre ab, als Haiders damalige FPÖ das Event-Management amerikanischer Konvente übernahm. Mit dem Lied „The Final Countdown" als Auftakt und in den Himmel steigenden Luftballons am Ende.

Für Lobhudelei besteht freilich selbst in kommunikativen Nachrufen kein Anlass. In einer Wochenzeitung hieß es 1999: „In jedem Wahlkampf führt die FPÖ vor, dass sie systematisch Dossiers über politische Gegner und andere unliebsame Personen anlegt, aus denen sie Beschuldigungen hervorzaubert – bevorzugt in Situationen, in denen der Angegriffene nicht aus dem Handgelenk kontern kann, in TV-Diskussionen zum Beispiel." Auch das war eine Innovation. Haider nutzte Logiken des Fernsehens in modernen Wahlkämpfen um Welten besser als hausbackene Gegenüber. Nicht nur wegen der Präsentationstafeln und seiner „Sound byte"-Politik.

Haiders Vereinfachung von Botschaften orientierte sich am Wirtschaftssystem, wo Unternehmensberater ihre Empfehlungen auf „Keep It Short And Simple" (KISS-Formel) reduzierten. „Keep it short, stupid" hieß es in der FPÖ-Werbung 1999 für „Zwei echte Österreicher" in Gestalt Jörg Haiders und Thomas Prinzhorns. Drei Worte mit enormer Senkung der Informationskosten. Komplexe Sachmaterien sprach Haider als „Ausländerpolitik" durch sein Image an, um die Meinungsbildung der Wählerschaft mit dem geringst möglichen Aufwand zu manipulieren. Schon „Er hat Euch nicht belogen!" aus dem Jahr 1994 wurde in der schnelllebigen Fernsehwelt nie überprüft.

Die Sendung „Vera" mit FPÖ-Bundesparteiobmann Jörg Haider und dessen Tochter Cornelia am 25. September 1998 ist unverändert der Muster- und Sündenfall von „talk show-politics" im öffentlich-rechtlichen ORF. Die FPÖ wollte aufgrund der unseriösen Finanzgebarung in Niederösterreich nicht in Nachrichtensendungen interviewt werden. Schließlich hatte Peter Rosenstingl kreativ abgerechnet und seinen Wohnsitz verlegt. Anders ausgedrückt:

Er unterschlug Parteigelder und flüchtete nach Südamerika. Der Wechsel von Robert Hochner zu Vera Russwurm garantierte Haider nichtsdestoweniger ein perfektes Sympathiemanagement.

Apropos Garantie. „Agenda setting" kapierte Haider, indem er sprachliche Injurien so austeilte, dass vor allem kritische Medien ihm mit Sicherheit unbezahlbaren Berichtsplatz verschafften. Vielleicht verstanden dortige Journalisten als Verwandte im Geiste ihre Themensetzung für das jeweils eigene Zielpublikum ähnlich. Haider maximierte mit Unappetitlichkeiten Wählerzahlen, liberale Blätter pushten mit der Empörung über ihn und seine Aussagen ihre Auflagen.

In den US-Senatswahlen 2000 in Missouri wurde übrigens Mel Carnahan gewählt, nachdem (!) er bei einem Flugzeugabsturz ums Leben kam. In der Kärntner Landtagswahl 2009 siegte das BZÖ mit großem Vorsprung. Der wahre Spitzenkandidat lag ebenfalls bereits unter der Erde und hieß Jörg Haider. Es gibt nichts, was es nicht gibt.

Ja, Vergleiche hinken. Bei Begräbnissen sind sie eine Gratwanderung. Doch vor Jörg Haider war Bundespräsident Thomas Klestil der letzte Spitzenpolitiker, welcher im Amt verstarb. Eine Gegenüberstellung des politischen und medialen Echos drängt sich auf. Die Bilanzen könnten nicht unterschiedlicher sein. Die internationale Politik machte Klestil zum Post-mortem-Weltverbesserer. Haiders finaler Weg wurde von verallgemeinernder Weltpressekritik begleitet.

Hingegen zeigte des damaligen Bundeskanzlers Alfred Gusenbauer differenzierte Trauerrede bei Jörg Haiders Begräbnis, wie man einen Verstorbenen pietätvoll würdigt, ohne scheinheilig zu sein. Trotzdem wurde der Begriff lebensmenschliche Pietät zum instrumentalisierten (Un-)Wort des Jahres 2008. Ein BZÖ-Politiker, der etwas nicht hören will, kann anderen ab sofort entsprechende Losigkeit vorwerfen. Medien waren dabei entweder Hofberichterstatter ohne Kritikfähigkeit oder Leichenfledderer jenseits der Geschmacksgrenze.

Dafür endete das Medienspektakel Kärnten gegen die Klestil-Welt mit einem karawankischen Kantersieg. Bei den Live-Übertragungen ist der ORF aus dem Vergleichschneider, weil in beiden Fällen ein paar Stunden zelebriert wurden. Nach dem Tod des formal ungleich höherrangigen Bundespräsidenten ist der Staatssender freilich nicht auf die Idee gekommen, eine ganze Woche quasi verordnete Trauermusik zu spielen. Für den Landeshauptmann sah man das auf kärntnerisch anders.

Stirbt ein Regionalkaiser aus Nachbarländern, gibt es übrigens in unseren Nachrichten eine Kurzmeldung mit Kürzestporträt. Die Vorstellung, dass das Fernsehen mit Live-Einstiegen seine Bestattung überträgt, ist absurd. Deutsche Anstalten waren jedoch samstags in Klagenfurt. Haiders Parteigänger können das kaum als Wertschätzung empfinden, denn gerade sie werfen zu Recht globalen Schlagzeilen vor, sich in ihrer Plakativität wenig um lästige Details der Kärntner Politik zu kümmern.

2004 erwiesen außerdem neben 10.000 Besuchern offizielle Delegationen aus 36 Ländern Klestil die letzte Ehre, darunter 23 Staatsoberhäupter. Wladimir Putin reiste mit einer 160-köpfigen (!) Delegation an. Die USA wurden durch eine steirische Eiche vertreten. Beim Begräbnis Jörg Haiders in Klagenfurt war unter den über 25.000 Gästen nur der Regierungspräsident aus Swerdlowsk in Sibirien angesagt. Auch das ist ein Vergleich.

Wir werden sehen, wie der Vergleich weitergeht. Eine Quizfrage dazu: Kennen Sie die Karl-Borromäus-Kirche? Nein? Sie wussten nicht, dass sie auf dem Wiener Zentralfriedhof steht? Es würde auch niemand auf die Idee kommen, diesen Ort der Ruhestätte Klestils und aller Bundespräsidenten seit 1951 als Pilgerstätte der kultischen Art anzusehen, egal ob für Gemäßigte oder Extreme. Im Fall des Kärntner Landeshauptmanns und des Bärentals ist das weit weniger klar und womöglich zu befürchten.

Kapitel 6:

Das Elend der Parteien – und der Demokratie

Die Parteien haben ihre Branche Politik ruiniert, weil sie unwillig sind, ausgerechnet von der zuletzt gebeutelten und moralisch versagenden Wirtschaft etwas zu lernen. Dort heißt es: Was immer Du im schärfsten Wettbewerb auch tust, schütze Deine Branche! Das wird Kommunikatoren in Werbe-, PR- und Marketingseminaren eingetrichtert. Selbst bei härtester Konkurrenz hat keiner etwas davon, wenn durch gegenseitige Beschimpfungen Produkte und Wirtschaftszweige in Summe ein Negativimage bekommen. Wenn zum Beispiel zwei Handybetreiber voneinander sagen, beim Telefonieren mit den Geräten des jeweils anderen bekäme man Krebs, schadet das beiden. Haben vorher fast 100 Prozent ein Handy gekauft, so werden es aufgrund der allgemeinen Skepsis nur noch 60 oder 70 Prozent sein. Wer von den Schlechtrednern stärkere Einbußen erleidet, das ist relativ unwichtig. Von der Pleite bedroht sind dieser und jener gleichermaßen.

Doch sind ruinierte Branchen inzwischen ein Problem, das bis hin zum Sport als Insel der seligen Superhelden reicht. In der Leichtathletik etwa wird weltmeisterlich gelaufen, gesprungen und geworfen. Schneller, höher und stärker. Rekorde lassen sich jedoch schlecht vermarkten, weil ein Generalverdacht medizinischer Manipulation mitschwingt. Mangels Problembewusstseins wurde zu lange nicht das Branchenimage gerettet, sondern das Böse bloß der Gegenseite – früher Ostblocksportlern, heute afroamerikanischen Modellathleten – angedichtet. Im Radsport hat sich das Vorurteil eines Rennens wandelnder Apotheken endgültig durchgesetzt. Mit kommunikativem Wahnwitz hatten zuvor Berater von Jan Ullrich vermittelt, dass es heimische Lichtgestalten und fremde Fieslinge gibt.

In Österreich hoffen nur noch die Skifahrer, dass jedes Wort gegen sie auf ewig Landesverrat ist, obwohl bei anderen Sportarten die Behauptung finanzieller Machenschaften und des Dopings salonfähig ist. Für Imageschwächen der Schwimmer etwa war nicht Markus Rogan verantwortlich, sondern die verspätete Kommunikation beim geldgeilen High-Tech-Wettrüsten eines bislang kleidungstechnisch puren Sports. So wurde zum Stammtischthema, ob Anzugmacher oder Ärzte eines Schwimmers besser sind. Da zog man in letzter Sekunde die Reißleine und tritt wieder in der Badehose an.

Unabhängig von ihrer Rolle beim Doping ist nicht einmal die Wissenschaft davor gefeit, einander aus Streitlust unseriöse Methoden vorzuwerfen und damit ganze Disziplinen ins Zwielicht zu stellen. Geschönte Studien und falsche Daten sind von der Medizin bis zur Meinungsforschung manchmal in aller Munde. Wobei das Problem nicht das Aufzeigen von Fehlverhalten ist, sondern der Rundumschlag, alles wäre gepanscht. Im Kulturbereich redet man ohnehin fast lieber über Gemeinheiten hinter den Kulissen von Festspielen als über deren Aufführungen. Die Medienbranche bekommt ihr Fett als korrupter Intrigantenstadel ab und ist Quelle dafür. Wenn man nur jeweils die eigene Zeitung als qualitätsvoll hinstellt und der Rest Revolverblätter sein sollen, so erklärt das, warum Journalisten in den Vertrauensindizes hinten rangieren. Oder es ist blattunabhängig die Sensationsgier nach Geschichten schuld, wobei als Quelle und Ausgangspunkt irgendwer den jeweils anderen möglichst mies dastehen lassen will.

Noch mehr ist natürlich das Image der Wirtschaft selbst ruiniert. Bei Milliardenbetrügern vom Typ Bernard Madoffs ist kein Mitleid angebracht, doch Klischees von lauter Abzockern treffen alle. Auch mittlere Manager, die kaum mehr als Schrebergärten verwalten und sicher keine Millionen verdienen. Wobei sich manchmal Kreditgeber und -nehmer als unüberlegte Medienarbeit wechselweise vorwerfen, mit Geld nicht umgehen zu können.

Trotzdem haben Wirtschaftswerber gemäß dem skizzierten Handyfall den Parteistrategen etwas voraus: Red Bull würde niemals behaupten, dass andere Getränkehersteller eine Brühe zum Erbrechen verkaufen. Das und entsprechende Reaktionen der Konkurrenz würden bloß zur öffentlichen Meinung führen, sämtliche Energy Drinks seien ein unsere Gesundheit gefährdendes Gesöff. Stattdessen beschränkt ein hochprofessionelles Marketing diese Debatte weitgehend auf medizinische und mediale Fachkreise. Beschuldigen sich zwei Tourismusgemeinden, bei der jeweils anderen würde Kloake aus den Wasserleitungen fließen und das Essen zu Dauerdurchfall führen, so werden Reisende beiden Gemeinden großräumig ausweichen. Die logische Schlussfolgerung eines solchen Negativwettbewerbes ist, dass es in der ganzen Gegend zu sehr stinkt.

Demonstratives Schulterklopfen ist dagegen kein Wundermittel, ein seriöser Umgang auch unter Mitbewerbern schon. Niemand verlangt, dass die Konkurrenz Tag für Tag in den Himmel gelobt wird. Ein billiges Hochjubeln der Branche würde Wirtschaftskunden und Wähler gleichermaßen schnell misstrauisch machen. Dennoch ist Sachlichkeit statt Stinkefinger gefragt, um Kunden längerfristig an sich zu binden. Politische Parteien verweigern sich dieser Logik und untergraben zudem als politische Einzelkämpfer ihre eigenen Koalitionen. Damit wird jedweder Teambegriff, den wir aus der Wirtschaft kennen, ad absurdum geführt. Die Arbeit von Teams versteht sich in der Unternehmenslehre nicht als Selbstzweck, sondern ist das bestmögliche Mittel zur nachhaltigen Zielerreichung. Teammitglieder anerkennen Ziele, welche sie nur gemeinsam erreichen können.

In der Theorie ist das eine gute Beschreibung der Bundes- oder Landesregierung. Die Praxis ist von Teamunfähigkeit geprägt. Dabei geht es nicht darum, dass Team und Fähigkeit positiv besetzte Begriffe sind und im Unterschied dazu Einzelkämpfer bereits von der Wortwahl her schlecht klingt. Das Hauptargument für eine gute Zusammenarbeit sind analog zur Wirtschaft banale Kosten-Nutzen-Analysen: Wird aus den Regierungspartnern kein geschlossenes Team, so können weder SPÖ noch ÖVP im Bund oder Land irgendeinen ihrer Vorschläge durchsetzen. Nullkommanull umgesetzte Wunschvorstellungen sind freilich sogar weniger als der schlechteste Kompromiss im Sinn des kleinsten gemeinsamen Nenners.

Kooperierende Unternehmen oder Unternehmensteile in der Wirtschaft und deren Mitarbeiter stehen auch selten in heißen Liebesbeziehungen zueinander. Das gilt nicht einmal für die Erotikbranche. Die Teamarbeit ebenda ist trotz Madoff & Co effizienter als unter Politikern. Deren versteckte Zielsetzungen sind das Dilemma. Jeder Parteipolitiker verfolgt parallel zum Regierungsprogramm persönliche Ziele. Zum Beispiel, sich für höhere Ämter zu qualifizieren oder das eigene Fachgebiet zum wichtigsten Thema zu machen. Das ist menschlich und in der Wirtschaft genauso. Doch muss die Politik deshalb jeden ökonomischen und managementtechnischen Unsinn, der zur Weltwirtschaftskrise geführt hat, nachmachen?

Das Sprachproblem der Politik

Ein Copyright hat die Politik sowieso schon. Sprachlich handelt es sich um Maulhelden und Triebtäter. Eine Debatte, was Politiker mit ihren Aussagen (nicht) anrichten dürfen, wäre mindestens so notwendig wie ein Ehrenkodex der Wirtschaft. Das Musterbeispiel liefert dabei der BZÖ-Mandatar Peter Westenthaler, welcher rechtskräftig wegen in einem Gerichtsprozess bewiesenen Falschaussagen verurteilt wurde. Er hatte bestritten, bei einer Wahlfeier die Verprügelung eines früheren Mitstreiters durch Westenthalers Leibwächter und Begleiter zumindest mitbekommen zu haben. Das war unwahr. Nun ist für das Strafrecht die Justiz zuständig.

Das Parallelurteil seitdem radikal verminderter Funktionschancen ist für Westenthaler als blauorangen Berufspolitiker und Sprachtäter vermutlich ohnehin schlimmer.

Laut Aussage eines Richters zählte jedoch Westenthaler zu jenen Zeugen, die vor Gericht relativ dumm daherlügen. Glück im Unglück für ihn war, dass – geschönt zitiert – seine Aufforderung, Öffnungen des Gesäßes aus dem Lokal zu entfernen („Haut's die A... ausse!"), nicht als Anstiftung zu einer Gewalttat gewertet wurde. Doch wo stoßen Politiker unabhängig von Rambo Westenthaler im ethischen Sinn an die Grenzen des sprachlich Erlaubten? „Armloch" als konsequente Bezeichnung für einen Mitbewerber etwa könnte im Wahlkampf genial sein, weil nicht klagbar und vage an etwas anderes erinnernd. Zugegeben wird an Stammtischen umgekehrt über Politiker mit gemeiner Wortwahl geschimpft. In Leserbriefen der Boulevardblätter heißt es seitens des Volkes, alle Volksvertreter wären verlogen, korrupt oder schweinemäßig unintelligent. Das wiederum verklausuliert, um den Ausdruck saublöd zu vermeiden.

Wir verlangen also von denen da oben eine höhere Moral, wenn wir ihre Sprache anprangern. Zu Recht. Als Bruno Kreisky Simon Wiesenthal Nazi-Kollaborateur titulierte, war das eine beiläufige Tat der Worte und führte zu einer Geldstrafe. Die absurde und miese Unterstellung hatte jedoch von gestoppter Vergangenheitsbewältigung bis zur Salonfähigkeit ähnlichen Unsinns von Ewiggestrigen dramatische Folgen. Angesichts dessen war Jörg Haiders Verunglimpfung des Namens des Präsidenten der Israelitischen Kultusgemeinde Ariel Muzicant, der mit einem Waschmittel verglichen wurde, übler als Westenthalers Gerede, weil im Stil unseliger Zeiten. Von einem Wiederholungstäter, der zuvor schon den Präsidenten des Verfassungsgerichts namentlich verspottete. Jemand, der Adamovich heißt, würde vielleicht keine gültige Aufenthaltsbewilligung haben. Und das in einem Land, wo vor allem die Nazis politische Propaganda mit Namensverunstaltungen betrieben. Derart sprachliche Aus(t)ritte mit scheinbarer Harmlosigkeit und üblem Hintergrund passieren laufend.

Auch anderswo. Der CDU-Abgeordnete Nitsche verließ seine Partei, nachdem er rassistisch und sexistisch über „Multi-Kulti-Schwuchteln" und mehr schimpfte. Doch in Deutschland tritt man zurück, in Österreich wird das Wahlkampfstrategie. In Tirol etwa seitens der FPÖ gegen einen Grünen wegen dessen sexueller Orientierung, vom Bundesparteichef in jedes Publikum gebrüllt. Die Lösung wäre eine unrealistische Selbstbeschränkung der Politik, sich eben nicht bereits infolge der Wortwahl die eigene Branche zu ruinieren. Der Slogan, man sei nicht im Mädchenpensionat und es werde eben pointiert formuliert, zählt zum Standardrepertoire von Westenthaler & Co. In einem Internetforum ist hingegen eine Grundregel formuliert: Ein Politiker sollte wenigstens so viel geistige Reife entwickeln, um nicht zu klingen wie seine Wähler ab dem ersten Promille. Mit Entgleisungen schafft man es allerdings leichter in die Medien, was ungeachtet des Alkoholspiegels zu oft als Wert an sich empfunden wird.

Dabei geht es nicht um den mit scheinheiliger Moral erhobenen Zeigefinger. Politische Diskussionen dürfen lebhaft sein. Im Parlament geht es manchmal hoch her. Phasenweise erinnert die parlamentarische Atmosphäre an ein Fußballstadion. Allein La-Ola-Wellen sind unmöglich, weil sich nur Anhänger der jeweils eigenen Partei mit Inbrunst als Berufsklatscher betätigen. Grölende Zwischenrufe dafür inklusive. Einzelne Redner versuchen im Stil von Popstars, die Zuseherränge mit großen Gesten einzubeziehen.

Traurig ist nur, dass der geistige Wert mancher Ausführungen besser zu einer feuchtfröhlichen Wahlkampfveranstaltung für den härtesten Kern der Getreuen passt. Oder in die TV-Duelle des Fernsehens. Worum es ja in gewisser Hinsicht geht: Im Plenum sind 183 Zuhörer, vor dem Fernsehbildschirm sind es Hunderttausende. Die Folgeberichterstattung erreicht Millionen. Ungeachtet des Medienspektakels sind allerdings Einschränkungen der

Redefreiheit dümmer, als es die dümmste Rede des dümmsten Abgeordneten aller Zeiten sein kann.

Österreich hat eine unselige Geschichte, was Fremd- und Selbstausschaltungen von Volksvertretungen betrifft. Hierzulande wurden vor weniger als 70 Jahren noch Menschen erschossen und vergast, die politisch ihre Meinung geäußert haben. Es sollte deshalb geradezu Pawlow'sche Reflexe des Misstrauens geben, parlamentarische Tätigkeiten keinesfalls zu beschränken. Politik ist ein Wechselspiel von Argumenten und deren plakativer Darstellung. Das ist keine Erkenntnis der Neuzeit, sondern stammt aus den Schriften von Aristoteles und Cicero. Diese meinen sinngemäß: Mediale Inszenierungen in der Politik sind erlaubt, doch niemals darf ein Minimum von inhaltlicher Seriosität unter- und/oder ein Maximum an Showcharakter überschritten werden. Dass diese Bandbreite eingehalten wird, dafür sind die Politiker selbst verantwortlich und scheitern kläglich.

Koalition als kaputte Marke

In der Wirtschaft spricht man von einem kapitalen Markenschaden, wenn das Image eines Produkts so nachhaltig beschädigt ist, dass es niemand kaufen will. Das Vorurteil, es würde sich um nutzlosen oder gar gefährlichen Schrott handeln, ist so verfestigt, dass den Herstellern gar keine Chance für den Versuch eines Qualitätsbeweises eingeräumt wird. Koalitionsregierungen sind unabhängig von den ihnen angehörenden Parteien in die Kategorie der nach Volksmeinung stets leistungsschwachen und schädlichen Ladenhüter einzuordnen.

Das beweisen zahlreiche Nationalrats- und Landtagswahlen. Alle danach denkbaren Koalitionsformen haben zumeist kapitale Imageschwächen. Setzen ÖVP und SPÖ ihre Zusammenarbeit fort, ist es wie in Tirol oder im Burgenland ein Wechselspiel der Verlierer. Oder eine Großpartei gewinnt, ohne Mut für Neues zu haben. In Tirol haben 2008 etwa die regionalen Regierungsparteien in Summe 20 Prozentpunkte eingebüßt und blieben trotzdem zusammen. Dasselbe passierte im Burgenland 2010, nur dass es da viel geringere Verluste gegeben hatte. Also hätte die rotschwarze Proporzregierung sagen sollen, ungeachtet der Krise in Summe bloß ein einziges Mandat abgegeben zu haben. Und das, obwohl mit der Liste Burgenland eine neue Oppositionspartei die Bühne betrat sowie Stimmenzuwächse der FPÖ nach deren Desaster vor fünf Jahren sicher waren.

Statt das als Erfolg zu kommunizieren, erging man sich auf Bundesebene – während die Landesparteien wenigstens einen Waffenstillstand ausriefen – in gegenseitigen Amokläufen, der jeweils andere wäre ein Loser oder an die Wand geknallt. Wobei für diese Wortwahl Politiker der Großparteien jede Menge Zitate lieferten. Derart sich selbst vernichtend waren nicht einmal Pyrrhus und seine Rivalen.

279 Jahre vor Christi Geburt beklagte König Pyrrhus von Epirus nach dem Triumph bei Asculum über die Römer seine Verluste: „Noch so ein Sieg, und wir sind verloren!" Seitdem spricht man von Pyrrhussiegen, wenn Gewinner von Schlachten in Wahrheit geschwächt aus diesen hervorgehen. In der Politik erleben wir das nahezu täglich. In der Großkoalition des kleinen Österreich drängt sich das Beispiel auf, dass am Ende des Tages von der an sich guten Idee des Transfer- vulgo Transparenzkontos nur übrig bleibt, ob Initiator ÖVP oder Widersacher SPÖ triumphieren. Dasselbe in Rot-Schwarz erleben wir bei der Mindestsicherung. Für und Wider wird nicht sachlich diskutiert, sondern einander im politischen Dauerstreit an den Kopf geworfen.

Gewinner einer seriösen Themendebatte wäre die Sozialpolitik. Stattdessen ergehen wir uns in Spekulationen, ob sich Werner Faymann oder Josef Pröll als Heerführer im Medienkampf durchsetzt. Die Folge ist ein soziales Schlachtfeld mit bildlich gesprochen blutüberströmten Soldaten, die jedoch keine Ketchup-Filmfiguren sind, sondern österreichische Bürger. Im übertragenen Sinn sind wir es, die bluten.

Doch sind die Alternativen zu den Großkoalitionären vielversprechender? 2010 jährte sich der Regierungsantritt der schwarzblauen Koalition zum zehnten Mal. Jenseits der Reminiszenzen stellt sich die Frage, was von der historischen Aufregung für das politische System geblieben ist. War das Jubiläum ein Nullereignis, das bloß zum dankbaren Kommentatorenthema wurde, weil gerade keine Wahlspektakel anstanden? Ja.

Die nüchterne Bilanz ergibt das Paradoxon von Turbulenzen, ohne dass sich viel geändert hat. So sind viele Schlagwörter der ÖVP-/FPÖ-Regierungszeit ein an Sisyphus erinnernder Dauerbrenner vulgo Verwaltungsreform oder – Stichwort Nulldefizit – von der Wirtschaftskrise überrollt worden. Seit dem Ende der angeblichen Wende ist alles wie früher. Es regiert neuerlich eine klein gewordene Großkoalition, die wahlarithmetisch die FPÖ 2009/10 dorthin führte, wo sie bereits in den neunziger Jahren war.

Obwohl Heinz-Christian Strache in Bund und Ländern keine Stimmenzahl der Haider-FPÖ von 1996 bis 1999 übertroffen hat, sicherten ihm Protestwähler genauso ein sattes Plus. Daraus folgen für SPÖ und ÖVP erneut Gretchenfragen nach einer Koalition mit der FPÖ. Analog zu 1999 eiert vor allem die SPÖ herum und hat kaum Rezepte gegen blaue Slogans beim Integrationsthema sowie bei der Abwanderung von Arbeiter- und Jungwählerstimmen. Strache steht dafür wie Jörg Haider vor dem Problem, Wahlerfolge in reale Machtzuwächse umzusetzen. Die Parteisorgen dabei sind identisch: Wie hält man im Regierungsfall Wähler bei der Stange, die 2008 noch zu drei Viertel wollten, dass man Fundamentalopposition bleibt?

Jenseits des Protests kämpft die FPÖ beim Kernthema Wirtschaft und Arbeit um mehr Glaubwürdigkeit, es auch inhaltlich besser zu wissen. Schon als Teil der Regierung war die Sozialpartnerschaft als vorparlamentarischer Raum ein Lieblingsfeind, weil man dort brustschwach vertreten war. Doch sind Wirtschafts- und Arbeiterkammer, wie mehrfach erwähnt, mehr respektiert denn je. Sogar der ÖGB hat als Gewerkschaft das BAWAG-Debakel überstanden, während Gewerkschaftsgründungen der FPÖ eine Fußnote der Geschichte sind. Die Blauen in der Regierung sind also alles andere als eine Offenbarung. Sie haben vielmehr den Ruf, keinen Arbeitsplatz zu retten außer ihren eigenen.

Das Dilemma verschärft sich demnach, weil andere Regierungsvarianten als eine GroKo der Großkoalitionäre um nichts populärer sind. Wollen SPÖ oder ÖVP mit den Grünen koalieren, ist das auf nationaler Ebene rechnerisch absurd und in vielen Ländern wie Tirol und dem Burgenland bloß eine Verliererhochzeit. Mit der FPÖ würde man Wahlkämpfe salonfähig machen, die Rassismen, Islamfeindlichkeit und Antisemitismus plus sexistische Ausritte enthalten. Dreier- oder gar Vierervarianten sind sowieso unrealistisch, weil grün und blau inkompatibel sind. Somit befinden sich alle Koalitionsformen in schlechter Startposition. Wer einer Koalition nicht angehört, wird zum Sieger.

Das führt zu paradoxen Konstellationen: SPÖ-Sorgenfalten in allen Ländern könnten sich in ein breites Grinsen verwandeln, wenn auf Bundesebene als neue Regierung das schwarz-blaue Schreckgespenst den angeblich unsozialen oder menschenfeindlichen Wunschgegner abgibt. Im Gegenzug wären es gute Nachrichten für ÖVP-Landesparteien, gegen vermeintlich unfähige rot-grüne Unsicherheitsminister ins Feld ziehen zu können. Der Grund ist eine extreme Regierungsverdrossenheit. Mit verlockenden Aussichten für Parteistrategen. Der Haken an derartigen Pervertierungen der politischen Kommunikation ist, dass in Demokratien jenseits der Parteifarben tiefer Abscheu gegen die Regierenden ein Grundsatzproblem darstellt.

Hilflosigkeit und Ohnmacht der Parteien

Was machst Du für mich? Das werden Parteien in wirtschaftlichen Krisenzeiten gefragt. Als konkrete Bitte um Hilfe, nicht als abstrakte Frage nach den gesellschaftspolitischen Idealen. Konservative, sozialdemokratische oder freiheitliche Werte machen aus Wahlvereinen eine Gesinnungsgemeinschaft – doch in schlechten Zeiten sind Ideologien oft bloße Wunschträume. Den Menschen geht es um greifbarere Dinge. Einem Mindestpensionisten, Arbeitslosen oder Sozialhilfeempfänger mit dem Ideal- und Ideologiebild der besten Welt aller Welten zu kommen, empfinden Betroffene und Solidaritätsleistende gleichermaßen als Affront. Wer Angst um seinen Job oder die Berufschancen seiner Kinder hat, will Genaueres hören.

Als vieles noch besser war, haben Österreichs Parteien für einzelne Wählergruppen konkrete Antworten gefunden: Parteiunabhängig als Evergreen versprochen wurden Rentenerhöhungen. Die SPÖ machte außerdem Hacklerregelungen zum Wahlkampfschlager. Auch wenn es in Wahrheit statt körperlichen Schwerstarbeitern dem Büropersonal hilft, kann niemand dem frühzeitigen Pensionsrecht seine Konkretheit absprechen. Die ÖVP hat zusätzlich für Wirtschaftstreibende von der Senkung der Körperschaftssteuer bis zu sozialen Absicherungen greifbare Hilfestellungen vorzuweisen.

Steuerliche Begünstigungen nicht entnommener Gewinne sind inzwischen mangels solcher in und nach der Wirtschaftskrise keine Hilfe. Doch „Abfertigung" sowie „13. und 14. Gehalt" gelten als etwas Konkretes für alle Einpersonen-, Kleinst- und Kleinunternehmer. Die Wortwahl der Wirtschaftskammer und des ÖVP-Wirtschaftsbunds mag absurd sein – Abfertigung und Zusatzgehälter bekommen Angestellte und nicht Unternehmer, doch bezeichnet man deren soziale Zusatzleistungen einfach genauso – und erfüllt trotzdem ihren Zweck der Klientelpolitik. Was jedoch bringen Parteien für die Summe der vorwiegend männlichen Arbeiter und der zumeist weiblichen Angestellten mit kleinem oder mittlerem Einkommen? Je nach Definition handelt es sich um bis zu 25 Prozent der Wählerschaft. Diese große Gruppe ist von den Auswirkungen der Wirtschaftskrise massiv betroffen. Da genügen keine Dauerverweise auf das Bemühen, um jeden Arbeitsplatz zu kämpfen. Was gut gemeint ist, kann kaum über die Hilflosigkeit der Regierungsparteien eines Kleinstaates im Chaos der EU-ropäischen Wirtschaft hinwegtäuschen.

Die Ohnmacht der Regierung müsste für die Opposition von blauorange bis grün ein aufgelegter Elfmeter sein. Das zeigen auch die Wahlergebnisse. Freilich als Protestwahl und nicht wegen des Vertrauens in oppositionelle Lösungskompetenzen. Ex-SPÖ-ÖVP-Wähler haben den Glauben in die eigene Partei verloren. Sie glauben trotzdem nicht, dass eine FPÖ-BZÖ-Grün-Stimme ernsthaft den Wirtschaftsaufschwung sichert. Also sind Oppositionsparteien inhaltlich im noch ohnmächtigeren Tiefschlaf.

Die Regierungsbeteiligung der ÖVP kann jedoch als Quadratur des Kreises angesehen werden. Dabei geht es darum, aus einem gegebenen Kreis ein Quadrat mit demselben Flächeninhalt zu konstruieren. Sogar mit Lineal und Zirkel ist das mathematisch unlösbar, und die ÖVP brauchte für die Renovierung ihrer sechs Hauptbünde mindestens ein geometrisches Hexagon. Wirtschafts- sowie Arbeiter- und Angestelltenbund müssen bereits vom Namen her unterschiedliche Positionen vertreten. Mit Mehrheiten in allen Länderkammern sind schwarze Wirtschaftstreibende besser aufgestellt, vertreten jedoch nur etwa 350.000 Wähler. Setzt sich der straff organisierte Bauernbund durch, dominiert auch eine zahlenmäßige Minderheit.

Der etwas schwachbrüstigere ÖAAB bleibt auf der Strecke, obwohl 1,2 Millionen angestellte Wähler – plus Beamte als letzte Hochburg – zu holen sind. Besinnt man sich im Seniorenbund auf althergebrachte Werte, um das katastrophale Wahlresultat unter Pensionisten zu kaschieren, werden Junge ÖVP und aufgeschlossene Teile der Frauenbewegung damit wenig anfangen. Genauso können Volksparteien in Niederösterreich und Vorarlberg mit ihrer Kampfstärke und absoluten Mehrheiten kaum mit den Kärntner Kollegen Schulter an Schulter voranschreiten. Dort ringt man in Landtagswahlen darum, nicht ewig unter 20 Prozent der Stimmen zu verharren. Was Oberösterreichs Josef Pühringer vielleicht als gut empfindet, weil es Amtsinhabern hilft, wird Wilfried Haslauer aufgrund der Herausfordererrolle des Zweiten in Salzburg als schrecklich ansehen.

Wird die ÖVP liberaler, um ihren mit strukturkonservativen Quastenflosslern – so der Meinungsforscher Peter Ulram 2004 – verglichenen Zustand in Städten zu verbessern, protestiert das reaktionäre Hinterland. Besinnt man sich auf Uralt-Werte, laufen Wechselwähler davon. Beim Bedienen katholischer Kirchgänger als Rest-Stammwähler werden Nicht- und Andersgläubige ignoriert. Zugegeben wurde in der Mathematik die Kreisquadratur zum Verkaufsschlager. Allerdings, weil nicht mathematische Dilettanten massenhaft glaubten, bizarre Lösungen zu haben.

Bei der SPÖ hat man die siamesischen Zwillinge Partei und Gewerkschaft durch das Am-Schopf-Packen der Gelegenheit des BAWAG-ÖGB-Skandals mühsam getrennt, um sie nachher wieder zusammenzuführen. Das mag innerparteilich zur Befriedung beigetragen haben. Ein Wahlschlager war es angesichts der katastrophalen Wahlergebnisse in Folge nicht. Unabhängig von der Parteifarbe schafft man es also nicht, uralte Strukturen aufzubrechen. Als Kanzlerpartei muss vielmehr die SPÖ mit gewerkschaftlichem Druck im Hintergrund Dinge fordern, die sie realpolitisch in der Staatsverantwortung nie und nimmer umsetzen kann. Von einer Vermögenssteuer, die sich auf Superreiche beschränkt und trotzdem viel Geld in die Staatskassa bringen soll, bis zum österreichischen Alleingang einer Transaktionssteuer für Finanzströme. Letzteres klingt gut, weil keiner so genau weiß, was da dazugehört. Bei der Besteuerung des Vermögens hilft das budgetär nur so richtig, wenn auch den gehobenen Mittelstand treffend, welchen als große Wählergruppe keiner verärgern will.

Die vielen Strömungen von SPÖ und ÖVP merkt man spätestens in laufenden Koalitionsverhandlungen. 2008 führte das dazu, dass mehr oder weniger seriös gezählte 54 Ministernamen in angeblich gut informierten Medien kursierten. Ohne Anspruch auf Vollständigkeit. Das lag einerseits an der Sehnsucht der Medien, irgendetwas zu den Gesprächen hinter verschlossenen Türen sagen zu wollen. Andererseits wird es für Parteien immer schwieriger, unter den denkmöglichen Regierungsmitgliedern einen zu finden, der den Job wirklich macht.

Personalmangel in der Politik

Kirchen und politische Parteien unterscheiden sich. Das eine ist die soziale Organisationsform von Religion. In dieser finden sich Menschen mit gemeinsamen Wertvorstellungen zusammen. Das andere sind institutionalisierte Gruppen, deren Mitglieder mehr oder weniger derselben Ideologie anhängen und dieselben Vorstellungen für die Organisation der Gesellschaft haben.

Doch Kirchen und Parteien haben zugleich eine Menge gemeinsam. Beiderseits gibt es massenhaft Mitläufer. Bloße Taufschein-Christen sind sogar häufiger als Besitzer eines Parteibuchs ohne rechten oder linken Glauben daran. Analog dazu leiden Kirchen wie Parteien unter dramatisch steigendem Personalmangel. Das betrifft sowohl die Rückläufigkeit der Kirchgänger als auch eine sinkende Zahl von Parteimitgliedern und hat keinesfalls bloß mit Priester- und Politikerskandalen zu tun.

Noch 1970 waren fast 90 Prozent der Bevölkerung römisch-katholisch, heute sind es zwei Drittel. Was weniger an nicht christlichen Zuwanderern als an den Kirchenaustritten liegt. In Parteien werden teilweise Mitglieder von Teilorganisationen doppelt und deren Familien zusätzlich nummeriert, um auf bessere

Statistiken zu kommen. Für Funktionen gestaltet sich da wie dort die Suche nach geeigneten Personen mühsam. Es gibt keine Studie darüber, wie viele Katholiken Papst werden wollen, doch ist der Priestermangel als Beleg der Unattraktivität eines Berufszweiges mit Berufung unbestritten. Umgekehrt ist der Ruf von Parteien so schlecht, dass sich die Begeisterung für eine Übernahme öffentlicher Posten in engen Grenzen hält.

Das Negativimage der Bundespolitik ist altbekannt, doch auch in einer Gemeinderatswahl stehen die Bürgermeisterkandidaten nicht gerade Schlange. Oft finden Amtsinhaber keinen Herausforderer, was längerfristig den Regeln des demokratiepolitischen Wettbewerbs widerspricht. Entgegen allen Vorurteilen gegenüber Politikern kommt übrigens zum bestenfalls mittelprächtigen Image nicht nur bei Kirchenfürsten eine vergleichsweise schlechte Bezahlung. Jeder Manager verdient mehr. In der Politik sind Bundesräte und Landtagsabgeordnete vielleicht überbezahlt, Minister oder Bürgermeister sicher nicht. Engagierte Gemeinderäte bekommen praktisch gar nichts für ihre Mühen.

Insbesondere jedoch sind Großkirchen und Großparteien gleichermaßen in Pyramidenform gestaltet. An der Spitze gibt es einen oder wenige Entscheidungsträger und Gremien, vom Fundament aus muss man – in vielen Kirchen ohne geschlechtsneutrale Schreibweise – mühsam Ebene für Ebene hinaufklettern. Ein Unterschied ist bloß, dass Quereinsteiger im Bischofsrang ausgeschlossen sind, während bei Parteien gerne über solche spekuliert wird, wobei das mehrheitlich nur als Wahlkampfgag dient.

Apropos Frauen: Sie sind die Mehrheit des Volkes und trotzdem nicht bloß in kirchlichen Organisationen unterrepräsentiert. Österreichische Parteilisten und somit unsere Volksvertretungen zeichnen sich selten durch Quoten der Weiblichkeit aus. Im Nationalrat sind es derzeit jämmerliche 27 Prozent. Noch viel schlimmer ist der unzureichende Vertretungsanteil für sprachliche und ethnische sowie religiöse (!) Minderheiten. Doch das ist eine andere Geschichte.

Der politische Personalmangel führte 2010 sogar dazu, dass es in der Wahl für das höchste Amt im Staat Kandidaturen zum Billigstpreis gab. Nur kurzfristig sah es danach aus, die Bundespräsidentschaftswahl würde zur Mutter aller Schlachten. Heinz Fischer gegen Erwin Pröll als Härtematch im Stil von Catchbewerben. Frei nach Helmut Qualtinger und dem Werbeguru Luigi Schober sozusagen pure Napalm-Brutalität.

Am Ende gab es den Heifi-schen Alleingang mit 80 Prozent der Stimmen. Der Schmutzfaktor wenigstens beschränkte sich dadurch auf Besudelungen des Amtes und seiner Notwendigkeit. Der Boulevard wollte da vielleicht seinen Frust über mangels vieler Wahlkampfinserate entgangene Werbeeinnahmen ausleben. Hinzu kamen parteitaktische Störmanöver bis hin zur angeblichen Kandidatur Hermann Maiers mit dem Kopfsponsor Raiffeisen als Mastermind. Das war vermutlich eine geschickte Ente, um als ÖVP am Tag einer nationalen Rede Werner Faymanns am Medienkuchen mitzuknabbern.

Doch das Bild des Vakuums seriöser Gegner von Fischer war eine Verlockung für Wunschkandidaten aller Art. Deren Kosten-Nutzen-Rechnung ging mit Sicherheit auf. Rudolf Gehring als skurriler Fundamentalist der christlichen Art erreichte mehr als fünf Prozent der Stimmen. Hinzu kam in wenigen Wochen mehr Aufmerksamkeit, als seine Zwergpartei in den Jahren davor erfahren hatte. Wir hatten dabei Glück, dass nur Herr Gehring seine Chance ergriff. Denn beliebige Unternehmen und Organisationen hätten bloß ihre Mobilisierungskraft in 6000 Unterstützungserklärungen investieren und ein bisschen Geld für Pro-forma-Wahlwerbung ausgeben müssen. Der Ertrag ist die monatelange Präsenz in allen Medien Österreichs. Im redaktionellen Teil war jede Menge Platz dafür reserviert, was immer man gesagt hätte. Das wäre anderenfalls mit Euros nie im Leben zu bezahlen.

Was hielt also studierende Audimaxisten, missionarische Tierschützer, sensationsgeile Boulevardzeitungen oder brustschwache Börsenfirmen von der Kandidatenfindung ab? Nicht einmal Imageverluste waren zu befürchten. Was ist Schlimmes daran, in gepflegter Rede mit Herrn Fischer über die Republik zu philosophieren? Einen Wahlkampf in Hosenregionen unter der Gürtellinie hätte es nicht gegeben, nur ein Armutszeugnis der Demokratie. Die sichere Niederlage wäre nicht zum Vorwurf gemacht, sondern fast jedes Ergebnis als Achtungserfolg kommentiert worden.

Das strategische Ziel wäre somit im Spaziergang erreicht: Der eigenen Person und jedwedem Anliegen ein Echo zu verschaffen, das in Jahren mühevollster Medienarbeit unerreichbar bliebe. Man konnte das strategische Ziel der medialen Geilheit übrigens ruhig verraten, weil etwa der ORF als öffentlich-rechtlicher Sender sich nicht anmaßen durfte, einen Präsidentschaftsbewerber wegen vermeintlicher Chancenlosigkeit nicht auftreten zu lassen. Seit Richard Lugner ist alles erlaubt. Oder wurde bereits vergessen, dass dieser als Kandidat für das Bundespräsidentenamt 1998 über 400.000 Wähler hatte? Sein wahres Ziel dürften weniger diese zehn Prozent der damals gültigen Stimmen, sondern eine Befriedigung des Selbstdarstellungstriebs und/oder eine grenzgeniale Werbekampagne für sein Unternehmen gewesen sein.

Es gab nur eine einzige Gefahr für Möchtegern-Präsidenten mit taktischem Gespür. Niemand ist gefeit, von Parteien in rülpsender Form vereinnahmt zu werden. Neben dem BZÖ war es die staatstragende ÖVP, welche mangels Eigenkandidatur Gewehr bei Fuß stand, ungefragte Lobgesänge für jeden anzustimmen, der nicht Fischer heißt. Lediglich die Unwählbarkeit von Barbara Rosenkranz und Rudolf Gehring verhinderte das.

Was wir angesichts des Personalmangels in der Politik freilich nie vergessen sollten: Politiker sind Menschen. Wir beschimpfen sie jedoch oft genug mit Tiernamen, oder wir erwarten als Idealtypus die Mischform der Fachkompetenz von Albert Einstein, der Leistungskraft von Arnold Schwarzenegger und der bedingungslosen Menschenliebe von Jesus Christus. Trotz Auferstehung wird freilich der Letztgenannte mit an Sicherheit grenzender

Wahrscheinlichkeit keiner Partei als Kandidat zur Verfügung stehen.

Solche Wunschträume des perfekten Politikers sind also fern der Realität. Was wir unterschätzen, ist der Komplexitätsgrad politischer Psychologie, welche Landeskaiser, Regierungschefs und Staatsoberhäupter zu dem macht, was sie wirklich sind. Also stellen sich ein paar Fragen über demokratisch gewählte Volksvertreter, die in keiner Wahlkampagne beantwortet werden:

Haben Politiker in ihrer Persönlichkeitsstruktur ein Verlangen nach Macht oder umgekehrt eine Scheu vor zu großer Entscheidungsmacht? Will jemand mit viel Risikobereitschaft Erfolg haben, oder versucht er nur Fehler zu vermeiden? Was ist bei einer neuen Eigenidee als Erstreaktion im Hinterkopf emotional stärker: Hoffnung auf Unterstützung oder Angst vor Zurückweisung? Sind politische Pläne vom Außendruck „Ich muss da etwas machen!" oder von der inneren Motivation „Ich wünsche mir, dass ...!" geprägt?

All das sind menschliche Faktoren, die mit der bestmöglichen Kompetenz und ehrenwertesten Motivation eines Spitzenpolitikers nichts zu tun haben und sich trotzdem nicht ausblenden lassen. Barack Obama hat jenseits der Beliebtheit ein starkes Machtstreben, in Österreich sind ungeachtet der Leutseligkeit Erwin Pröll und Michael Häupl zweifellos Machtmenschen. Jörg Haider wollte vielleicht in Wahrheit nur geliebt werden. Wladimir Putin, Nicolas Sarkozy und Silvio Berlusconi nehmen Fehler zugunsten eines Leistungs- und Erfolgsstrebens skrupellos in Kauf, Werner Faymann will womöglich bloß keinen Fehler machen.

Dimitri Medwedew als Putins Nachfolger und Angela Merkel scheinen getrieben von weltpolitischen und -wirtschaftlichen Notwendigkeiten, was dringend getan werden muss. Josef Pröll hätte demgegenüber wahrscheinlich Visionen und wird dennoch im komplexen Interessengeflecht der ÖVP-Klientel zum Getriebenen. Alle internationalen Beispielfälle lassen sich von medialen Einflüsterungen kaum beeinflussen, im Mikrokosmos Österreich ist das bei allen Genannten fraglich. Selbst größtmögliche Selbstreflexionen des jeweils Betroffenen plus genialste Beratungshilfe reichen jedenfalls nicht aus, sich vollständig darüber hinwegzusetzen, was in einem steckt.

Die Fragenliste ist fortsetzbar: Wer sucht Augen- und Körperkontakt, kann zuhören und/oder hat Geduld, längere Texte zu lesen? Ist ein Politiker vom Charakter her veranlagt, Dinge zu dramatisieren oder zu unterschätzen, und wer reagiert mit Ausgeglichenheit? Wird jemand bei politischem Gegenwind leicht nervös, neigt zu an Depression grenzenden Tiefs, fühlt sich von aller Welt verfolgt, wird hyperaktiv oder bleibt gelassen?

Jenseits der Tiefenpsychologie ist interessant, was eigentlich Politikerkarrieren ausmacht. Ein Politiker allgemein und Minister besonders soll engagiert, kompetent und integer sein. Frustriert, ahnungslos und korrupt ist weniger gut, doch dafür braucht es weder Meinungsforscher noch Expertenrunden. Offenbar besteht große Unsicherheit, ein Qualifikationsprofil für Politiker detaillierter zu beschreiben. Für Minister ist das in der Theorie einfacher. Er oder sie muss ja nur Fachkompetenz, Erfahrung im Management und Kommunikationsfähigkeit mitbringen. Dummerweise hat keiner alle drei Dinge zu hundert Prozent. Oft wird sogar das eine vom anderen ausgeschlossen. Naturwissenschaftler nahe dem Nobelpreis müssen nicht in der Lage sein, ihre Genialität medial zu vermitteln. Volkstümliche Selbstdarsteller scheitern kläglich an der Führung eines Beamtenapparats. Verwaltungsakrobaten sind nicht zwangsläufig mit allen Sachmaterien vertraut.

Es erfolgt aber die Rekrutierung von Personal für Ministerlisten ohnehin nicht bloß nach fachlichen Kriterien. Freundlich formuliert geht es um Ausgewogenheit nach Teilorganisationen einer Partei, weniger geschönt ist es eine Günstlingswirtschaft und oft mit parteiinterner Intrigenfreude garniert. Unklar ist, ob die Parteioberen dabei Chefs der Perfidie oder arme Getriebene sind. Wenn etwa Josef Pröll keinen Bauernbündler zum Landwirtschaftsminister und keinen Wirtschaftsbündler zu dessen ökonomischen Amtskollegen macht, muss er ausgleichend schon sehr kreativ sein. Tut er es doch, ergibt sich das Dilemma, warum für den Arbeiter- und Angestelltenbund nichts übrig bleibt. Werner Faymann hat mit der Strategie wahlgekämpft, dass er Kerngruppen an sich bindet. Nach der Wahl musste er mit den Gewerkschaftern beginnend seine Ämter mit den Härtesten der Harten besetzen.

Diese Logik wird in den Ministerbüros und an sonstigen Schaltstellen noch brutaler fortgesetzt. 2000 bis 2006 konnte die ÖVP dominieren, weil deren Büros und Mitarbeiter an Schaltstellen ihre FPÖ-Pendants infolge von mehr Erfahrung und Fachwissen über den Tisch zogen. Verunglückte Minister waren nur die Spitze plakativer Konzepte ohne Tiefgang und dünner Personaldecken. Ein Signal wären Quereinsteiger aus Wirtschaft und Sozialarbeit beziehungsweise NGOs oder auch Migranten. Angesichts der parteiinternen Machtverteilung gibt es das nicht, das Volk bleibt bei der Regierung draußen.

Die unreife Demokratie

Österreich ist ein Entwicklungsland. Demokratiequalität und geistiger Wohlstand hinken dem wirtschaftlichen Reichtum hinterher. Im Fall Eberau verkündeten Obrigkeiten, dass ihre Gemeinde ein Asyllager beherbergen wird. Wer meinte, für so eine Zweckwidmung ihres Wohnzimmers hätte man das Volk fragen sollen, wurde von links zum Rassisten oder Asozialen erklärt. Oje, pauschale Unterstellungen des Floriani-Prinzips sind genauso ein Vorurteil, weil auf der Annahme brandstiftender In- oder Ausländer basierend. Von rechts wurde dafür jedwede Kritik sofort mit nationalem Gegröle vereinnahmt. Ministeriell kam der absurde Auftrag, statt seines Wohnzimmers andere Zimmer der Heimat vorzuschlagen.

Nun sind Gemeinden keine Privatgemächer und der Vergleich ist schlecht. Doch wenn der oberösterreichische Landeshauptmann Josef Pühringer in der Außensicht bilanzierte, Volksbefragungen ermöglichen nirgendwo Asyl, ist das eine Bankrotterklärung der Demokratie. Pühringer mag gemeint haben, dass Politiker nicht bloß aus eigener Entscheidungsangst das Volk befragen dürfen. Was richtig ist. Gewollt oder ungewollt sagte er jedoch indirekt, dass es Themen gäbe, welche für das Volk zu sensibel oder zu unverständlich seien. Das ist auf lange Sicht Unsinn. Man darf eben nicht in Sekundenschnelle dummdreist fragen, ob in der Grazer Winterkälte vor zwei Jahren Mohammed ein Kinderschänder war. In der Schweiz wurde dadurch der Volksentscheid über den Bau von Minaretten zum Elchtest für salonfähigen Rassismus. Doch kapitulieren Politiker vor intelligenteren Fragestellungen an das Volk? Trauen Parteien sich und ihren Wählern eine Sachdebatte nicht zu? Wurde verlernt, inhaltlich zu informieren und zu argumentieren?

Ja. Deshalb führt auch der Befragungsweg in die Sackgasse. Gegenstandpunkte werden nicht toleriert. Was also, wenn es in Eberau 50,01 Prozent für das Asylzentrum gegeben hätte? Im restlichen Südburgenland, wo einen Monat später dasselbe gefragt wurde, könnte die kleinstmögliche Mehrheit dagegen herauskommen. Mit Radikalinskis auf allen Seiten. Doch auf das Burgenland zu schimpfen, greift viel zu kurz. In Kärnten mag man sich das Ergebnis von Volksentscheiden zur Verwendung des Slowenischen gar nicht vorstellen. Infolge unserer Unreife sind Minderheiten speziell zu schützen und Mehrheiten sollen nie über sie abstimmen. Daraus folgt allerdings nicht, dass das Volk nicht entscheiden darf.

Historisch gesehen hat Österreich gemeinsam mit Deutschland ein Defizit der Direktdemokratie. Aus guten Gründen. Weil besagtes Volk von der Propagandamaschinerie der Nazis indoktriniert wurde, setzte man 1945 lieber auf Parteien und repräsentative Demokratie. Im Fall allzu direktdemokratischer Elemente

wären zudem das germanische Grundgesetz 1949 und der alpen-
ländische Staatsvertrag 1955 am Widerstand der Alliierten gescheitert.

Heute sind damals richtige Argumente überholt. Es ist Zeit,
über eine Stärkung der Einbeziehung des Volkes nachzudenken.
Traurig genug, dass das in der jüngeren Vergangenheit beim Ver-
fassungskonvent nicht geschehen ist. Was da in der Langzeit-
debatte zum Tabu erklärt wurde, hat uns als Ho-ruck-Befra-
gung von den Wiener Hausmeistern – in der Bundeshauptstadt
wurde im Februar 2010 über deren Existenz nebst Fahrzeiten der
U-Bahnen, Hundeführerscheinen, Citymaut und Ganztagsschule
abgestimmt – bis zum Eberauer Flüchtlingslager eingeholt.

Na und? Wenn man sich zu Begehren, Befragungen und Ab-
stimmungen des Volkes bekennt, muss eine gefestigte Demokratie
deren Vermengung mit Wahlkämpfen locker aushalten. Wer das
puristisch ablehnt, soll sich offen als Gegner der Direktdemokratie deklarieren, das ist ein legitimer Standpunkt. Unangebracht sind gespieltes Entsetzen oder echte Naivität, dass analog
zu jeder politischen Auseinandersetzung in der Öffentlichkeit bei
Volksbefragungen allerlei mitspielt.

Was soll's, dass wahlkämpfende Verfechter und Gegner einer
Volksbefragung gleichermaßen jedes Wort im Hinblick auf die
Landtagswahl abwägen? Das tun Parteien sowieso. 1978 ging es
ursprünglich um ein Atomkraftwerk und am Ende plötzlich um
Befürwortung oder Ablehnung der Person Bruno Kreisky. Zwen-
tendorf war für ihn der Anfang vom Ende. Überall in der Welt
können Volksentscheidungen zu Vertrauensfragen für und wider
Regierungen instrumentalisiert werden. Stört uns das, müsste
beim Hurra-Populismus der Schweizerischen Volkspartei in der
Tell'schen Heimat statt völkischer Mitsprache der Landvogt in
die hohle Gasse zurückkehren.

Sinnvoller ist es zu überlegen, auf welche Art mehr Direktdemokratie im wahllosen 2011/12 und den Folgejahren durchge-
führt wird. Was wäre, zum Beispiel, mit verpflichtenden Abstim-

mungen ab einer Unterschriftenzahl von 10 oder 20 Prozent der Wahlberechtigten auf Gemeinde-, Landes- oder Bundesebene? Genauso wichtig ist, ob es intelligentere Begleitmusik gibt als jetzt. Gelingt es einen seriösen Informations- und Diskussionsprozess vorzuschreiben und realpolitisch zu leben, sind Gefahren des Niederstimmens von Menschenrechten mittels boulevardesker Kampagnen nach Verbrechen weniger groß. Der Haken ist bloß, dass wir uns selbst nicht genug Demokratiereife zutrauen.

Schließlich gibt es sogar beim Befragen des Volkes Schutzmechanismen qualifizierter Mehrheiten als Zusatzoption. Zusätzlich 50 Prozent und einer Stimme in der Gesamtbevölkerung können Zustimmungen in allen Bundesländern oder zwei Dritteln der Gemeinden verlangt werden. Oder eine parallele Mehrheit unter betroffenen Minderheiten. Das beugt sowohl Missbrauch vor als auch, dass eine laute Minderheit die schweigende Mehrheit vereinnahmt.

Der wissenschaftliche Raum ist nicht besser als Kärnten: Für berechtigte Anliegen wird das Audimax der Universität von Studierenden besetzt. Der abwesenden Mehrheit wird diktatorisch mitgeteilt, an welchen einzig wahren Ort der Meinungsäußerung sie sich zu begeben hat. Wer fernbleibt, wird als reaktionärer Nichtstuer bezeichnet. Solange er Glück hat, die Eskalationsstufe lautet Faschist. Bei den Internetwahlen für das Studentenparlament wurde nicht für und wider debattiert, sondern der jeweils anderen Seite vorgeworfen, bei ihrer Wunschwahlmethode bloß besser tricksen und manipulieren zu wollen. Was wiederum kein Sonderproblem der Universitäten ist: Im siebten Jahrzehnt nach 1945 ist der demokratiepolitische Grundkonsens am Nullpunkt.

Naiv wäre es, nur eine direktdemokratische Unreife zu orten. Auch das Verständnis des Verhältniswahlrechtes ist weniger tief als der Neusiedlersee. Sollten als wahlarithmetische Möglichkeit Stimmen- und Mandatsmehrheit in einem Bundesland abweichen, wird die Hölle los und das Bush-Gore-Wahldrama in den

USA 2000 ein vergleichsweise laues Lüftchen sein. Wir würden in Österreich feststellen, trotz Medientheater bei jeder Wahl das eigene Wahlrecht nicht zu durchschauen. Wie das Mandatsermittlungsverfahren nach d'Hondt wirklich geschieht, übersteigt den Horizont der meisten Politikberichterstatter, obwohl es um nichts Geringeres als die Kür unserer Volksvertreter geht.

Auch sonst ist nur theoretisch alles ganz einfach. Nach der Wahl werden Stimmen gezählt, und es gibt mehr oder weniger klare Verhältnisse. Doch genügt der Hinweis auf die Nichtwähler als oft größte Gruppe, um Tücken der Mehrheitsberechnung aufzuzeigen. Bei Volksbegehren wird das Rechnen noch schwieriger. Für diese gab es in Österreich zwischen 75.525 und 1.361.562 Unterschriften. Das sind 1,31 bis 25,74 Prozent der Wahlberechtigten.

Also hat sich stets mindestens eine Dreiviertel-Mehrheit nicht zu dem Begehren geäußert. Was von Unterstützern und Gegnern missbräuchlich als schweigende Zustimmung oder eigentliche Ablehnung interpretiert wird. Das bereits erwähnte Beispiel mit höherem Aktualitätsgrad sind die Proteste an den Universitäten. Virtuelle Schlachten, wer im Internet für oder gegen Hörsaalbesetzungen ein paar tausend Mitglieder mehr hat, sind kein zulässiges Kriterium, wer die Mehrheitsmeinung für sich reklamieren kann.

Protestbefürworter und -gegner neigen trotzdem zur rhetorischen Vereinnahmung derjenigen, die nichts sagen. Selbst wenn 300.000 demonstrieren und ebenso viele dagegen auf die Straße gehen, bleiben 9 von 10 Österreichern, über deren Meinung wir nichts wissen. Auch eine Urabstimmung unter allen Studierenden würde vielleicht bloß die absolute Mehrheit der sich nicht Beteiligenden bringen. Ist Stillschweigen versteckte Zustimmung? Das kann sein. Wer jedoch dem Audimax fernbleibt, kann genauso Skeptizismus ausdrücken. Oder beredtes Schweigen zeugt von Gleichgültigkeit. In den Wahlen der Österreichischen Hochschülerschaft (ÖH) gab es eine satte Mehrheit von fast 75 Prozent (!)

Nicht-Wählern. Das kann gleichermaßen schwache Akzeptanz, defensive Kritik oder völlige Ignoranz der ÖH ausdrücken.

Komplexe Gemeinwesen würden zugegeben nicht funktionieren, wenn alle zu 100 Prozent ihrer Zeit 100-prozentig politisch aktiv sind. Das ist zudem unrealistisch. Demokratien bestehen nach Ralf Dahrendorf aus einem kleinen Teil aktiver Öffentlichkeit, welche sich am politischen Geschehen beteiligt. Viel mehr Menschen sind bestenfalls latent aktiv, ab und zu wählen gehend und kaum mehr tuend.

Das allein wäre kein Drama, doch wie viele haben sich von der demokratischen Öffentlichkeit total verabschiedet? Eine Demokratie wird ungewollt zur Diktatur, wenn einer beziehungsweise ganz wenige aktiv und 99,99 Prozent passiv sind. Die Frage, ob mehr oder weniger als die Hälfte nichts machen darf, bleibt offen. Entscheidend ist die Durchlässigkeit der Grenzen. Wer bisher passiv war, muss jederzeit vom Schweigenden zum Lautstarken werden können. Nicht nur gemäß Verfassung, sondern realpolitisch und ohne jedwede Diskriminierung.

Die schweigende Mehrheit hat oft viel gesehen, wenig gesagt und gar nichts getan. Kaum sind Schreckensherrschaften vorbei, wird behauptet, es hätte sich um die Tyrannei einer Minderheit gehandelt. In Österreich will vor rund 70 Jahren niemand bei den laut Schreienden mit ihren Uniformen, Stiefeln und Schlagstöcken dabei gewesen sein. Ruhig Zustimmende gab es ungleich mehr. Das österreichische Problem der Inaktivität reicht allerdings mehr als 200 Jahre zurück, gilt doch die Regierungszeit von Joseph II. – Sohn Maria Theresias und Erfinder des Beamtenstaates – als Wurzel der Untertanenmentalität. Das war von 1780 bis 1790.

Der Zwang des Wählens

Bei der letzten Wahl um Sitze in der Volksvertretung EU-ropas konnte in Österreich keine Partei weginterpretieren und/oder schönreden, wer in Wahrheit überlegen voranlag. Die als Erst-platzierter ins Ziel schnaufende ÖVP erhielt knapp 850.000 Stim-men, denen rund 3,5 Millionen Nichtwähler gegenüberstanden. Mit anderen Worten: Es gab über viermal mehr nicht wählende Bürger, als der Wahlsieger an Zuspruch bekam. Nur 12 Prozent der Wahlberechtigten waren für die ÖVP als vermeintlichen Tri-umphator. Für alle anderen Parteien sehen diese Zahlen noch schlimmer aus. Für die SPÖ etwa war weniger als jeder Zehnte, für das BZÖ kaum jeder Hundertste.

Also sind Wahlforschungsdaten über Stamm- und Wechsel-wähler, Wahlmotive der verbliebenen Parteianhänger oder Wahl-verhalten nach Alter und Geschlecht relativ unwichtig. Die Po-litikwissenschaft sollte lieber mehr über das Phänomen der Nichtwähler wissen. Für Parteien gilt dasselbe, weil ja bei den Daheimgebliebenen ein Vielfaches der von irgendeinem Mitbe-werber gewinnbaren Stimmen zu holen ist. Nur ein kleiner Teil der Nichtwähler sind ständige Wahlverweigerer, von nichts und niemandem ansprechbar.

Führende Nicht-Wahlmotive sind selten mangelnde Informa-tion oder persönliche Verhinderung, sondern fast immer die sub-jektive Unattraktivität der zur Wahl stehenden Parteien und eine allgemeine Politikverdrossenheit. Falsch ist freilich die nahe-liegende Vermutung, dass die Ärmsten der Armen so denken. An sich wäre es logisch, dass zum frustrierten Nichtwähler wird, wer sich in unserer Gesellschaft als 50plus-Jähriger unabhängig von der Parteifarbe seit Jahrzehnten benachteiligt fühlt.

Früher wählte man wegen Brot- und Butterthemen, weil eine Partei Grundbedürfnisse wie gute Wohnungen oder sichere Ar-beitsplätze garantierte. Heute wird stärker eine Ohnmacht der Politik empfunden, welche bloß Spielball wirtschaftlicher Ent-wicklungen ist, ohne glaubhafte Chance, solche zu beeinflussen. Aber Pustekuchen, das gilt nur für eine – zugegeben große – Handvoll Nichtwähler. Desinteressierte Total-Ignoranten und fundamental-oppositionelle Protestierer kommen hinzu.

Doch mindestens ein Viertel der Nichtwähler gehört der gutbürgerlichen Obermittelschicht mittleren Alters und mit mehr als mittlerem Einkommen an. Im Beruf sehr aufstiegsorientiert und objektiv im Polit- und Wirtschaftssystem klar privilegiert, tun saturierte Modernisierungsgewinner nichts, um ihre Stimme wenigstens zum Systemerhalt und gegen Extremismen abzugeben. Das verstehe, wer will.

Wehklagen über das politische Desinteresse sind in den fünf bis sechs Minuten nach Bekanntgabe einer niedrigen Wahlbeteiligung am lautesten. Vor allem wenn diese, wie etwa in der Wahl zum Europäischen Parlament 2009 und der Bundespräsidentschaftswahl 2010, unter 50 Prozent ausmacht. Genauso werden von der Arbeiterkammer- bis zur Hochschülerschaftswahl Interessenvertreter oft in Wirklichkeit von einer Minderheit ausgesucht. Dass die Gründe dafür in fünf oder sechs Jahren Versäumnissen liegen, bedenkt man nicht.

Zuletzt forderte der Grazer Soziologe Max Haller deshalb eine Wiedereinführung der Wahlpflicht. Diese gab es für den Bundespräsidenten bis 1982, bei Nationalratswahlen in drei Bundesländern bis 1992. Auf Landtagsebene wurde sie bis 2004 sukzessive abgeschafft. Allgemein reichte das Spektrum der Pro-Argumente von einer demokratischen Verpflichtung bis zur Bekämpfung von Politikverdrossenheit. Das sind ehrenwerte Motive, welche vor allem in jungen und / oder instabilen Demokratien symbolische Berechtigung haben. Doch soll in liberalen Staaten durch den Wahlzwang in persönliche Freiheitsbereiche eingegriffen werden? Der Wahlkampf um Zwangswähler erhöht zudem das Parteispektakel, und nicht die Qualität politischer Auseinandersetzungen. Engländer sprechen gar von einer Eselsstimme, welche von zwangsbeglückten Wahlpflichtigen nach dem Zufallsprinzip vergeben wird. Auch zeigen niedrige Wahlbeteiligungen den Gewählten ihre geringe Legitimation, während sie nach Pflichtwahlen trotz ähnlich schwacher Anerkennung mit stolzer Brust herumlaufen.

Internationale Vergleiche belegen noch mehr Probleme. Das B nach dem A einer Wahlpflicht ist deren Sanktionierung. Mit Geld- und im Extremfall Haftstrafen. Entweder eingesperrte Nichtwähler aus Überzeugung müssten ihre Demokratie vor dem Gerichtshof für Menschenrechte anklagen, oder die Praxisbeispiele führen ins Kuriositätenkabinett. In Brasilien ist die Bußzahlung minimal, man wird durch stundenlanges Anstehen bei der Geldhinterlegung bestraft. Anderswo in Südamerika – so in Bolivien – zahlen reiche Wahlverweigerer die Strafe locker und Arbeiter verlieren einen Monatslohn.

In Griechenland wiederum ist regelmäßiges Wählen an sich Voraussetzung für die Ausstellung eines Reisepasses. Das ist ein sehr seltsamer Freiheitsgedanke. Ich sperre jemanden in den Grenzen meines Landes ein, bis er sein freies Recht zu wählen endlich in Anspruch nimmt. Ausreiseverbote sind eigentlich in Diktaturen üblich. In Australien oder Chile können Menschen bei wiederholtem Fernbleiben von der Wahl verhaftet werden. Bedeutet das, dass Wiederholungstäter lebenslang hinter Gittern landen und eine Regierung sich deshalb als Retter der Demokratie feiern lässt?

In Singapur werden Nichtwähler gar aus den Wählerlisten entfernt, bis sie gute Gründe glaubhaft machen, warum sie doch abstimmen wollen. Das hat mit Demokratie sowieso nichts mehr zu tun, wenn eine staatliche Behörde entscheidet, ob die Begründungen für das freie Wahlrecht einer Person ausreichen. Die Gründe des Nichtwählens sollten uns jedoch aus demokratiepolitischen Gründen zu denken geben.

Bei der Wahl des Bundespräsidenten blieb, siehe oben, jeder Zweite zu Hause. Eine mögliche Erklärung sieht so aus: Ich bin zu faul, um mein wertes Gesäß in Richtung Wahllokal zu bequemen. Ich bin zu blöd, um den Stimmzettel mit einem von drei möglichen Kreuzchen richtig auszufüllen. Ich halte Wahlen für eine unsinnige Sache, weil ein starker Mann wie Hitler hergehört. Ich lebe medial auf dem Mars und habe keine Informationen zur

Wahl erhalten. Ich bin total desinteressiert und verzichte sogar auf mein Stammtischbier, wenn dabei über Politik gesprochen wird. Ich war persönlich verhindert – aufgrund eines Krankheitsfalles, Autounfalls oder im Falle, Besseres zu tun zu haben.

Ich bin ein trauriger Scherzbold, der sich in der Wahlzelle für Donald Duck oder Batman entschieden hat, obwohl diese als nicht natürliche Personen ohne österreichische Staatsbürgerschaft nicht passiv wahlberechtigt waren. Ich bin für das US-System der „Write in"-Stimmen für ursprünglich nicht kandidierende Personen, weil da hätte ich auf jeden Fall Hugo Portisch, Hans Dichand oder Hansi Hinterseer gewählt, welche obige Bedingungen und das vorgeschriebene Mindestalter von über 35 Jahren erfüllen. Ich bin den Aussagen meines Mannes, meiner Frau, meiner Eltern oder meines Rauhaardackels gefolgt, dass diese Wahl sowieso für den Waldi – so heißt der Dackel – ist.

Ich wollte gegen das politische System Österreichs protestieren und verlange eine totale Verfassungsreform. Ich wollte mich über das Amt des Bundespräsidenten beschweren. Ich wollte mich über das bestehende Angebot an Kandidaten aufregen. Ich wollte der ÖVP einen Gefallen tun, deren Politiker gesagt, angedeutet oder spirituell sich gewünscht haben, dass es eine geringe Wahlbeteiligung und viele ungültige Stimmen gibt. Ich wollte nicht Rosenkranz oder Gehring wählen und als Sozialistenfresser trotzdem der SPÖ und Fischer eins auswischen.

All das waren gestern mögliche Gründe von rund 50 Prozent Nichtwählern und für fast ein Zehntel ungültiger Stimmen. Das Innenministerium zählt bloß Letztere, aus dem Stimmenrest lässt sich die Nichtwählerzahl errechnen. Eine offizielle Motivforschung findet nicht statt. Daraus resultieren als Möglichkeiten: Erstens rotschwarzblaugrünorange Parteiheinis zimmern sich ihre Lieblingserklärung zurecht und posaunen eine solche durch alle Medien. Zweitens Journalisten, Politikwissenschaftler und Wirtshausbrüder machen dasselbe, weil Antschi-Tanten, hübsche Studentinnen und Saufkumpane ihnen dies oder das erzählen.

Drittens könnten wir die (Meinungs-)Forschung und Studien für den Erkenntnisgewinn heranziehen. Seriös gemacht, sind diese vielleicht ja besser als ihr Ruf unter den selbst ernannten Selbstinterpretatoren.

Wahltagsbefragungen als der Weisheit zugegeben nur vorletzter Schluss besagen, dass es zwei Gruppen von Nichtwahlmotiven gab. Einerseits Einschätzungen, dass der Wahlausgang wenig Spannung versprach. Niemand hatte das Gefühl, gerade auf seine Stimme käme es an. Andererseits Protest und Enttäuschung über die Politik aller Parteien. Das ist das wirkliche Problem.

Ausblick:
Was Wahlen außer Ergebnissen bringen werden

Über das Jahr 2010 hinaus gibt es Wahltrends, welche früher oder später eintreffen werden: Wer sagt etwa, dass wir weiterhin am Wahltag wählen? Bei der Briefwahl ist das jetzt schon großteils nicht der Fall. Wahllokale können auch an vorverlegten Wochenenden und -tagen oder in Ämtern wochenlang offen haben. Zugegeben besteht das Risiko, dass in letzter Sekunde Unerwartetes passiert und jemand seine voreilige Stimmabgabe verflucht. Doch Enttäuschungen über zu schnell gelobte Parteien gibt es nachher sowieso bis zu fünf Jahre lang. Der Zugang zum Wählen hingegen soll möglichst leicht gemacht werden. In der US-Präsidentschaftswahl 2008 hat ein Drittel der Wähler vor dem Wahltag abgestimmt.

Irgendwann wird nicht bloß durch Ankreuzen eines Zettels abgestimmt, den wir in Holzschachteln werfen. Internetwahlen sind im Mai 2008 an Universitäten probiert worden und werden trotz nicht sofortiger Wiederholung sich irgendwann als ergänzende Wahlmethode durchsetzen. Vorausgesetzt es gelingt, den Wahlprozess unverändert für jeden Bürger transparent zu erklären. In den USA haben die an Einarmige Banditen erinnernden

Wahlmaschinen 2000 Schiffbruch erlitten, nichtsdestoweniger dominieren Computerverfahren im Wahllokal und nur wenige Prozent der Wähler füllen ein Blatt Papier aus.

Infolge der Fortsetzung der mittlerweile halbgroßen Koalition steht die Debatte um das Mehrheitswahlrecht vor dem Dilemma, dass einerseits der Generalverdacht einer Benachteiligung von Kleinparteien weiterlebt. Andererseits fehlt zur Umsetzung die Zwei-Drittel-Mehrheit der Großen. Trotzdem wiegt das Argument eines personenbezogenen Wahlrechts schwer, um die Distanz zwischen Bürgern und Abgeordneten zu verringern. Dass Parteiorganisationen dadurch geschwächt werden, ist keine Naturkatastrophe.

Nicht allein deshalb werden Politiker nicht ewig in der Lage sein, Forderungen nach mehr Direktdemokratie abzulehnen. Nun ist nicht alles automatisch Gold, wenn es durch Beteiligung des Volkes glänzt, doch verpflichtende Volksabstimmungen ab einer bestimmten Unterschriftenzahl in Volksbegehren sind wünschenswert. Schließlich muss dem ohnehin ein konkreter Gesetzentwurf zugrunde liegen. „Soll Josef Fritzl aufgehängt werden?" und sonstige Hurra-Populismen sind keine zulässigen Fragestellungen. Das Aufhängebeispiel ist übrigens fiktiv, keine politische Partei und kein Medium hat dem Volk in einer Abstimmung oder Umfrage darauf eine Antwort abverlangt. Doch können sowohl populistische Parteien als auch der mediale Boulevard ausschließen, dass in ihren Reihen der Gedanke daran von manchen oder vielen als reizvoll empfunden wird?

Unabhängig von Wahlen oder Volksabstimmungen ist Demokratie freilich viel mehr als alle heiligen Zeiten an der mehr oder weniger richtigen Stelle etwas anzukreuzen, ob mit dem Bleistift oder elektronisch. Die unsicherste Zukunftserwartung ist leider, ob sich das politische Interesse erhöht. Politik ist derzeit fast ein festgeschriebenes Minderheitenprogramm. Mehrheitsfähig wird sie jenseits von Wahlergebnissen erst, wenn auch eine Mehrheit sie interessant findet.

Kapitel 7:

Nach der Wahl ist vor der Wahl: Fazit und 10 Gebote

Das Rad ist eine tolle Sache, jedoch nicht gerade die jüngste Errungenschaft der Technik. Nur in der Politik erfindet man Räder unverdrossen neu, obwohl sie am Ende stets gleichförmig rund sind. Wenigstens gilt das für Wahlkampfsprüche. So verkündete die FPÖ 2010: „Wir wählen, wen wir wollen!" Damit warb die ÖVP bereits 1986 für Kurt Waldheim und spielte genauso (un-)bewusst mit fremdenfeindlichen bis antisemitischen Emotionen. Doch in ihren Sprüchlein sind alle Parteien Wiederholungstäter.

Gleichermaßen versprachen die ÖVP 1971 „90.000 neue Kindergartenplätze" und die SPÖ 1975 „Für jedes Kind das Recht auf einen Kindergartenplatz". 2002 hieß es „Ein Abfangjäger oder 20.000 neue Kindergartenplätze". Offen bleibt, wo wir bei rückläufigen Geburtenraten die Kindlein dafür hernehmen. Dass laut SPÖ 2006 der Verzicht auf den besagten Abfangjäger auch 2000 freie Stellen schuf – also ein Zehntel der Plätzchen für die Allerjüngsten –, war eine Abwandlung von „Das 30-Milliarden-Ding. 250.000 Arbeitsplätze" (Bruno Kreisky 1975) und „Jobs, Jobs, Jobs" (Viktor Klima 1999). Theoretisch müssten wir also längst mehr Arbeitsplätze als Arbeiter haben. Die Forderung nach Mindestlohn oder Grundsicherung – sprachliche und inhaltliche Differenzen der Begriffe kümmerten offenbar keine politische Laus – wurde von der FPÖ 2002 erhoben und gab es zuvor von der steirischen ÖVP 1984, der SPÖ 1990 und den Grünen 1999.

„Unser Handeln braucht Werte" von Heinz Fischer war da zugegeben neutraler. Trotz über 10.000 Meldungen landete man immerhin bei Internetsuchmaschinen im Frühjahr 2010 stets beim Bundespräsidenten. Wurden die Worte ohne genaues Zitat eingegeben, fanden sich fast sieben Millionen Einträge mit einem Gesamtbild, das weniger zur Person Fischer und dessen Image passt. Es dominierten wirtschaftlich-religiöse Slogans mit ein bisschen Ethik als Würze. Ähnlicher Wortkombinationen bedienten sich Finanzdienstleister und Unternehmensberater. Hinzu kam Kirchliches bis hin zu einem bundesdeutschen Erzbistum. Nur bei einer Firma für Kältetechnik stellten die Parallelen zum politischen Wettbewerb hoffentlich eine ungewollte Ironie des Bundespräsidenten dar. Doch der Spruch war jeweils derselbe.

Unbestritten haben also Politiker beim Plakatieren ihres Einsatzes für das Volk trotz verbaler Endlosschleifen mit beschränkter Glaubwürdigkeit zu kämpfen. Die Jahre 2009 und 2010 waren dabei von Präsidentschafts-, EU-ropäischen Parlaments-, Landtags- und Kammerwahlen geprägt. Beginnen wir jedoch ein Fazit bei der kleinsten Einheit von Volksvertretungen, denn fast jeder zweite Österreicher konnte im März 2010 auch seine Gemeinderäte küren. Zudem wird ja ständig betont, dass die Lokalpolitik ein Refugium sei, wo trotz deftiger Sprache unsere Politiker nicht pauschal mit den übelsten Kraftausdrücken abgetan werden. Nationale Parteichefs aller Farben werden mehrheitlich schenkelklopfend als Dolme verunglimpft. Das Image der Bürgermeister ist dagegen zwischen populistischem Ortskaiser und populärer Respektperson angesiedelt. Durchaus zu Recht, doch mit einer Menge Doppelmoral dahinter.

So gibt es unter den Gemeindebewohnern 52 Prozent Frauen. Bei der rund 2300 Mann starken Bürgermeister-Streitmacht beträgt ihr Anteil drei Prozent. In immerhin 15 EU-Ländern sind es mehr als dreimal so viel und bis zu einem Drittel. Nur in heimischen Männerkaff-Orten sind oberste Volksvertreterinnen fast undenkbar. Die Vorstellung einer ledigen oder geschiedenen und voll berufstätigen Bürgermeisterin, womöglich als Alleinerzieherin mit zwei Kindern, gilt als Gottseibeiuns.

Genauso gibt es Vorurteilsdörfer, in denen ein Schwuler als Gemeindechef Schrecken der homophoben Gesellschaft wäre. Es kann nicht sein, was angeblich nicht sein darf. Tag für Tag mit dem konfrontiert zu werden, was jahrzehntelang als Tabu verdrängt wurde, ist für zartbesaitete Stereotypen auf Gemeindeebene zu viel des Guten. Obwohl es in Österreich beispielsweise mit über 750.000 Menschen mehr Homosexuelle gibt, als in fast jeder Landtagswahl gültige Stimmen gezählt werden.

Da das dominante Gebäude auf dem Dorfplatz der Kirchturm ist, wäre die Aufregung über Moslems an der Spitze der Schäfchen eines Dörfleins noch größer. Obgleich etwa katholische Kirche und Gleichgeschlechtlichkeit momentan einen traurigen Beigeschmack haben. Doch 15 anerkannte Religionsgemeinschaften sowie 400.000 Österreicher islamischen Glaubens sind dafür nicht Grund genug.

Zudem können pseudo-katholische und vordergründig heterosexuelle Männer mit schwarzrotblauen Bürgermeistern gut leben, bloß bei der Hautfarbe endet die Toleranz. Wer von schwarzafrikanischen und / oder asiatischen Eltern geboren wurde, mag nach dem Alaba-Vorbild Fußballstar bei FC Bayern München werden – und hat als vermeintlicher Drogendealer null Chance auf ein öffentliches Amt. Die Gemeindepolitik ist eben das wahre Spiegelbild der Gesellschaft, im Guten und im Schlechten.

Was die politischen Parteien betrifft, so stehen sie mit ihrem Image sowieso am Rande des Abgrunds. Zum Glück können sie Ende 2010 mehr als zwei Jahre lang nachdenken, in welche Richtung der nächste – große und vielleicht entscheidende – Schritt erfolgen soll. Durch zeitliche Zufälligkeit der Gesetzgebungsperioden findet 2011 und 2012 in Österreich weder auf Landesnoch Bundesebene eine plangemäße Wahl statt. In unserer Ära der jahrelange Körpersünden angeblich heilenden Wochenendkuren haben also ausgerechnet Parteien über 24 Monate für ihre Runderneuerung zur Verfügung. Sie sollten das nutzen.

Die Grünen als Medienopfer?

Bei den deutschen Nachbarn befände sich Eva Glawischnig im Schlaraffenland. Der dortigen Schwesterpartei wurden im Sommer 2010 sogar 25 Prozent der Stimmen zugetraut. Noch mehr Wähler waren der Meinung, dass die Stimmungslage für die Grünen günstig sei. Parteichefin Renate Künast lag, obwohl alles andere als ein charismatischer Medienstar, laut ZDF-Politbarometer im Beliebtheitsranking praktisch gleichauf mit der Bundeskanzlerin.

In Österreich sieht das ganz anders aus: Der 30. Mai 2010 war für die Grünen der längste Tag. Bis ein mickriges Mandat erobert und der Einzug in den burgenländischen Landtag gesichert war, dauerte es schlaflose Nächte. Erst in der Folgewoche und mit den Briefwahlstimmen hatte man es um 0,15 Prozentpünktchen geschafft. Ausreden haben einen schalen Beigeschmack, denn auch in Kärnten 2009 wurde das Minimalziel nur haarscharf erreicht.

Es war sozusagen arschknapp. Dieser Ausdruck stammt vom grünen Übervater Alexander Van der Bellen. Heute lassen sich Grünpolitiker lieber auf Endlosdebatten ein, ob Kleinstgewinne oder -verluste im Promillebereich von Salzburg über Vorarlberg bis Oberösterreich nicht ohnedies toll sind. In der EU-Wahl freilich gab es ein sattes Minus. Doch da folgten eher Klagen über ein Klein- und Schlechtreden der Grünen. Nur im Wiener Wahlkampf hatte man dafür keine Zeit, weil die Parteichefin in Interviews das Verhalten eines Überläufers zur SPÖ und Abspaltungen plus Gegenkandidatur in zwei Bezirken erklären musste.

Zwischen den Medien und den Grünen hat sich eine Art Hassliebe entwickelt. Noch mehr als andere Parteien sind Grünpolitiker auf die mediale Öffentlichkeit angewiesen. Bei den übrigen Wettbewerbsfaktoren – die Organisation in möglichst allen Gemeinden und Gesellschaftsbereichen sowie Geld für Kampagnen – ist man zu schwach. Lange schafften die Grünen es, im Verhältnis zur Parteigröße überdurchschnittlich viel und mehrheitlich positiv in Fernsehen, Radio und Zeitungen vorzukommen. Das hat sich geändert und kann durch das Internet nicht ausgeglichen werden. In Diskussionsforen oder Blogs sind Anhänger der Grünen zu oft unter sich und zerfleischen sich gegenseitig.

Dabei bezeichnen sich nach Angaben des „Journalisten-Reports" bis zu einem Drittel der politischen Berichterstatter als mögliche Grünwähler. Das ist das Drei- bis Achtfache von den jüngsten Wahlergebnissen der Partei. Auch Journalisten mit nicht grüner Parteivorliebe würden sie gerne als Koalitionspartner von SPÖ oder ÖVP sehen. Im Gegensatz dazu gelten FPÖ-Politiker in Medienkreisen als Feindbild.

Also wird den Grünen bewusst oder unbewusst mehr Aufmerksamkeit gewidmet. Umgekehrt führt das zu einem extrem misstrauischen Beäugen des Parteihandelns. In Analysen schlägt das Pendel der journalistischen Objektivität in die Gegenrichtung aus: Weil sich niemand dem Vorwurf einer Kommentierung nach dem privaten Wahlverhalten aussetzen will, sind Urteile über das Versagen der Grünen schnell zur Hand. Hinzu kommt, dass journalistische Grünsympathisanten leicht unzufrieden und enttäuscht sind. Während Wahlerfolge der FPÖ von einer Mehrheit der Journalisten als zu hoch empfunden und gerade deshalb überhöht dargestellt werden, haben die Grünen für ihre Kritiker immer zu wenig erreicht.

Das führt zu einer Lebenslüge der Partei, sich ein wenig von den Medien verfolgt und verlassen zu fühlen. Dabei sind die Wahlergebnisse objektiv durchwachsen und es fehlt die klare Strategie, etwas dagegen zu tun. Schlimmer noch: Es gibt unverändert strukturelle Großbaustellen und niemand kann eine Wiederholung der wienerischen Spaltungstendenzen ausschließen. Die Ausgangslage für die nächsten Landtags- und Nationalratswahlen ist zudem alles andere als ideal. Auf Bundesebene sind nur Stimmen des Haider-BZÖ auf dem Wählermarkt frei verfügbar. Da können ÖVP, SPÖ und FPÖ punkten. Die Grünen nicht. Einmal zurückgeholte Stimmen des Liberalen Forums kann man kein zweites Mal gewinnen. Die Luft nach oben ist daher zu dünn.

Strategisch gibt es für die Grünen keine Patentlösung, aber eine logische Parole: Volles Risiko! Faule Kompromisse in der Themensetzung sind sinnlos, weil ein Prozentpünktchen mehr oder weniger, das ist in der Nationalratswahl 2013 egal. Was zählt, sind Spitzenergebnisse in allen Ländern als Chance für eine Regierungsbeteiligung. Die Grünen müssen dafür aufregen und provozieren. Altbekannte Positionen von und für Frauen bis Umwelt stehen in ihrer gesellschaftspolitischen Bedeutung außer Streit und bringen trotzdem keine neuen Wähler.

Für welche Risikovariante sich Glawischnig & Co entscheiden sollen, ist schwieriger zu sagen. Sie könnten etwa offensiv den Vorschlag der EU-Kommission befürworten, das Pensionsalter auf 70 Jahre zu erhöhen. Oder sagen, dass Eingriffe in bestehende Pensionen früher oder später notwendig sind, um nicht jüngere Leistungsträger auszubeuten. Das klingt nach Harakiri mit Anlauf, doch nur drei Prozent der Pensionisten wählen grün. Es gibt demnach wenig zu verlieren. Bei den nicht beamteten Erwerbstätigen im besten Alter wären starke Gewinne möglich. Oder die Grünen riskieren im Gegensatz dazu Verluste bei der Kernklientel der unter 30-Jährigen und der Bildungsbürger und finden endlich ein Thema, um gezielt Österreicher in Pension anzusprechen.

Doch die Koalitionschance nach der Nationalratswahl 2013 ist klein und in weiter Ferne. Jahrzehnte als quasi pragmatisierte Oppositionspartei führen irgendwann zur Frustration. Vor allem jedoch wird man so für die Medien nach und nach langweilig. Das wäre für die Grünen der Anfang vom Ende.

Der Überlebenskampf des BZÖ an der Wahrnehmungsgrenze

Bei den Olympischen Winterspielen 1992 schrieb eine schwedische Tageszeitung auf einer ansonsten völlig leeren Seite nur zwei Sätze: „An dieser Stelle wollten wir über die Erfolge unserer Sportler berichten. Doch es gibt keine." Das könnte man problemlos auf das BZÖ übertragen. Ein Subkapitel über dessen Perspektiven und Zukunftschancen ist mangels solcher im Grunde überflüssig.

Die Bilanz des BZÖ in Landtagswahlen seit 2008 und nach dem Tod des Parteigründers Jörg Haider sieht so aus: Blamable 0,72 Prozent der Stimmen in Niederösterreich. Schlappe 1,2 Prozent in Vorarlberg. Mickrige 2,8 Prozent in Oberösterreich. 3,7 Prozent in Salzburg stellen den Spitzenwert dar. In Wien und der Steiermark, wo zuletzt im Herbst 2010 gewählt wurde, wurde die peinliche Serie der ein- bis dreiprozentigen Ergebnisse glorreich fortgesetzt. In der Bundeshauptstadt hat man sich zudem trotz des Status einer Zwergpartei mehrfach gespalten. Als einzige Erfolgsmeldung blieb, dass das wienerische BZÖ 2010 im Unterschied zu 2005 knapp vor den Gnomkollegen der KPÖ landete. Man ist in keinem Landtag vertreten, seit in Kärnten aus dem BZÖ die FPK wurde. Im Burgenland und in Tirol hat man nicht einmal kandidiert. Dabei hatte Parteichef Bucher die Parole ausgegeben, in den Ländern und Gemeinden Fuß zu fassen.

In Japan würde eine derartige Leistungsbilanz zum Gedanken führen, die Sache mit einem ehrenvollen Selbstmord via Schwertsturz zu beenden. Was jedoch macht das BZÖ? Seine Politiker verweisen trotzig auf einzelne Gemeinderäte sowie die orangen Bürgermeister in Sankt Roman und Antiesenhofen. Dort leben weniger als ein Dreitausendstel der Wähler. Nichtsdestoweniger sind die Orte das Lieblingsbeispiel Ursula Haubners, immerhin als Landesobfrau in Oberösterreich und Haider-Schwester. Zugleich spricht man fröhlich von bundesweiten Umfragen für das

BZÖ mit angeblich bis zu zehn Prozent der Stimmen. Das grenzt an absurdes Wunschdenken mit kräftiger Realitätsverweigerung. Seit dem Tod Jörg Haiders ist das BZÖ in der Wahrnehmung der Wähler kaum vorhanden.

Es bedarf also einer Extra-Erklärung, warum das BZÖ überhaupt Teil dieses Schlusskapitels zur Lage der Parteien nach den Wahlen 2010 ist. Allein das beschreibt ein Grundproblem der Orangen. Niemand schreibt gerne über Kleinstparteien mit einer geringen Wählerzahl und daher wenig bis gar nicht interessierten Lesern. Piraten-, Männer- oder Tierrechtspartei (all diese gibt es in Österreich) machen aus medialer Sicht mehr neugierig als das BZÖ. Nicht aus Bösartigkeit – im Unterschied zur FPÖ und Heinz-Christian Strache löst das BZÖ mit Herrn Bucher keine Negativreflexe der Journalisten aus –, sondern weil der Nachrichtenwert objektiv gegen null tendiert.

Formal freilich orientiert sich die Parteienauswahl der politischen und journalistischen Berichterstattung an der Vertretung im Parlament. In diesem ist das BZÖ bis 2013. Dasselbe Auswahlkriterium gilt übrigens für ORF-Sendungen. Also wird die orange Parteispitze von den „Sommergesprächen" bis zu den Fernsehdiskussionen vor der nächsten Nationalratswahl 2013 regelmäßig im Fernsehen vorkommen. Offen ist die strategische Frage, wofür man das als Plattform nutzen will. Die offizielle Antwort sind zehn Grundsätze im Parteiprogramm. Von der Menschenwürde über Bildungschancen bis zum Leistungsgedanken. Heimat inklusive. Politbeobachter anerkennen, dass nichts davon ins Extreme abgleitet. Schon gar nicht tut das Buchers ruhige und sachliche Art. Das meiste hat man freilich irgendwann von irgendeiner Partei schon gehört.

Die Schlüsselfrage lautet, ob das BZÖ einen Markenwert hat. In Anlehnung an die Wirtschaft und deren Kunden kommt es für Parteien in der politischen Kommunikation darauf an, dass Wähler bei der Namensnennung sofort an Personen und Themen denken, die Emotionen auslösen. SPÖ und Soziales, ÖVP und

Wirtschaftskompetenz, FPÖ und Ausländer oder Grüne und Umwelt – ungeachtet aller Imageschwächen der Parteien sind das häufige Assoziationen. Doch was sind Inhalte der Marke BZÖ? Als Spontanreaktion bringt man höchstens Parteispaltungen und einen Toten damit in Verbindung. Mit der Leiche Haiders wahlkämpfen, das hat einmal in Kärnten geklappt und funktioniert dennoch nicht als Langzeitplan.

Also ist es naheliegend, wenn BZÖ-Politiker von der ruhigen Sachlichkeit zurück zur verbalen Panzerfaust wechseln. In den Parteireihen stehen immerhin die Herren Ewald Stadler und Peter Westenthaler. Beide sind a) so liberal, als wäre Che Guevara ein Rechtsradikaler gewesen, sowie unterscheiden sich b) bloß dramatisch in ihrer Sprachgewandtheit, über welche nur Stadler verfügt, nicht jedoch in der Radikalität ihrer Worte. Das Problem jenseits der Gesinnung: Im steirischen Landtagswahlkampf wurde das Auffallen um jeden Preis längst versucht, um am Ende genauso unterzugehen. Gezielte Provokationen bringen Platz in den Medien, machen aber weder sympathisch noch wählbar.

Zieht Bucher da nach, bedeutet das einen Markenwechsel weg vom angeblichen Liberalismus. Der Haken dabei: Der Spagat von liberal bis national klappte nur als Liste Jörg Haider in der Nationalratswahl 2008. Von allen Spitzenkandidaten war er das stärkste Wahlmotiv. In Kärnten schaffte er fast 40 Prozent der Landesstimmen. Das waren trotz der Kleinheit des Bundeslandes ein Viertel aller BZÖ-Wähler. Nun hat die FPK mit Uwe Scheuch das BZÖ abgelöst und sich mit der FPÖ zusammengetan. Beide haben südlich des Packsattels jede Menge Startschwierigkeiten und kärntnerische Finanzdebakel am Hals, doch abtrünnige Wähler wandern überallhin – vor allem ins Lager der politisch Verdrossenen –, nur nicht zum BZÖ. Auf der Personenebene gibt es keinen Nachfolger für Haider.

So droht als unpassender Vergleich das Schicksal des Liberalen Forums. Parteien sind langfristig nicht als Wiener Wasserköp-

fe mit dem Nationalrat als einziger Basis erhaltensfähig. Ohne
Gründungsvater ist das Scheitern bei Wahlen programmiert. Dem
BZÖ bleibt nur die diffuse Hoffnung, dass bis 2013 etwas passiert und sich verändert, um das Wunder der Bestandssicherung
zu ermöglichen.

Die FPÖ als Feindbild: Wohin die blaue Reise geht

Medien und Journalisten mögen die FPÖ nicht. Das ist keine
Unterstellung, sondern belegbar. Für den „Journalisten-Report"
wurden fast alle politischen Berichterstatter Österreichs befragt,
und weniger als fünf Prozent bekundeten als private Parteipräferenz ihre Sympathie für die Freiheitlichen. Wären also nur Journalisten wahlberechtigt, müsste die FPÖ um den Einzug in den
Nationalrat bangen. Obwohl sie in der österreichischen Bevölkerung über 20 Prozent liegt und zuletzt bei der Landtagswahl in
Wien rund 26 Prozent der Stimmen erreichte.

Die ÖVP als Mitte-Rechts-Partei wird nach ihrem bundes-
hauptstädtischen Wahldebakel von den Medien bestenfalls aus
Gründen der Pietät totgeschwiegen und hat trotzdem vier- oder
fünfmal mehr journalistische Anhänger als die am rechten Rand
empfundene FPÖ. Seit Jörg Haider machen da die Blauen aus der
Not eine Tugend. Ihre „Gegen die da oben!"-Strategie bezieht
sich neben der Regierung auf Medien und ist manchmal gegen
jeden gerichtet, der dort auftritt.

Das passt zur Proteststimmung der sogenannten Modernisierungsverlierer. Diese fühlen sich von der Politik benachteiligt und
genauso seitens der Journalisten missverstanden. Man wählt die
FPÖ auch aufgrund der subjektiven Gemeinsamkeit, sich medial
schlecht behandelt zu fühlen. FPÖ-Strategen können daher als
Opposition im Bund – und als Regierungspartei in Kärnten durch
den inszenierten Kampf gegen Wien – alle Meinungsführer zum
Gegner erklären. Haben solche ein höheres Amt, ein höheres Ein-

kommen oder einen höheren Bildungsgrad, so werden geschickt Neidkomplexe geschürt.

Als Paradoxon hat sich zwischen der FPÖ und ihren Kritikern ein Spiel entwickelt, das für alle Beteiligten rentabel ist. Mit Angriffen auf Journalisten und Prominente von Kultur bis Wissenschaft verschaffen sich Heinz-Christian Strache & Co eine starke Medienpräsenz. Das gelingt bei den Themen Islam und Ausländer durch polarisierende Aussagen, was FPÖ-Wähler mobilisiert.

Umgekehrt punkten Qualitätszeitungen sowie Künstler und sogar Wissenschaftler durch Solidarisierung im eigenen Umfeld, wenn sie von der FPÖ attackiert werden. Sprachliche Umarmungen seitens blauer Politiker wären hingegen verdächtig. Beide Seiten profitieren also vom Dauerstreit, wenn sie ihn emotional aus- und durchhalten. Rein aus wahltaktischer Sicht wird durch die heftigsten Kritiker Straches in Tageszeitungen und Wochenmagazinen dessen Job zur Stimmenmaximierung sehr erleichtert. Auf dieselbe Art schrieb man vor Jahren Haider groß. Verhindern muss die FPÖ nur, dass ein Negativimage der Partei auf breitenwirksame (Gratis-)Zeitungen übergreift. Beim Ausländerthema gibt es dort viele FPÖ-Unterstützer, doch Boulevarddebatten über sehr rechte Positionen von Barbara Rosenkranz und Martin Graf kosteten Stimmen.

Ansonsten besteht für die FPÖ nur ein Restrisiko, dass sich die Rahmenbedingungen für ihre Politik verändern. Infolge der Wirtschaftskrise war etwa noch 2009 mit bloßem „Dagegensein" allein wenig zu gewinnen. Oppositionsparteien mussten glaubwürdig und sachbezogen Alternativen aufzeigen, woran die FPÖ kläglich scheiterte. Selbst der leiseste Anflug von Lösungskompetenz kann Strache mit purem Protestgeschrei nicht gelingen. Sogar in der triumphalen Wienwahl waren lächerliche 16 Prozent der eigenen (!) Wähler der Meinung, die FPÖ hätte die besten Konzepte gegen Arbeitslosigkeit. Ebenfalls eine Minderheit traute ihren Lieblingen zu, die Stadt in die richtige Richtung zu führen.

Warum gleichzeitig die Mehrheit der Anhänger mittlerweile eine Regierungsbeteiligung will, das ist ein Kuriosum.

Zugleich ist das gewünschte Siegerbild der FPÖ trotz permanenter Medienschelte nur in Zeiten der automatischen Vervielfachung von Stimmen möglich. Weil die Partei nach dem Knittelfelder Parteitag 2002 ins Bodenlose stürzte, waren von 2008 bis 2010 Wahlsiege garantiert. Bisher gab es Zuwächse zwischen 3 und 13 Prozentpunkten. Schwierig wird es in den wahllosen Jahren ab 2011 und wenn die Partei 2013 mit den guten Ergebnissen von jetzt verglichen wird. Hinzu kommt, dass die FPÖ etwas Greifbares erreichen muss. Als ewige Fundamentalopposition steht die FPÖ für Regierungsgespräche im Abseits. Das dürfte unter den Karriere- und Machtbewussten in den eigenen Reihen für Unruhe sorgen und ist für eine politische Partei nicht Sinn der Sache.

In Salzburg und der Steiermark konnte die FPÖ nicht Zünglein an der Waage spielen. Obwohl die Kür des Landeshauptmanns rechnerisch jeweils von den FPÖ-Abgeordneten abhing. Doch es gab am Ende da und dort eine rot-schwarze Zusammenarbeit. Diese beschert nach dem Vorbild der neunziger Jahre Strache einerseits relative Wahlerfolge und verbannt ihn andererseits auf die Oppositionsbank. Bevor er irgendwo mit absoluter Mehrheit in die Regierung einzieht, sind alle rechten Recken im Pensionsalter. Womit SPÖ und ÖVP ihr Ziel ja erreicht hätten. Die Frage ist, ob der Schwächere von ihnen das ähnlich nüchtern sieht oder der Verlockung erliegt, anstatt mit besserer Politik die Gewinne der FPÖ in Grenzen zu halten.

Die FPÖ hat durchaus erkannt, dass sie als reizvoller Lockvogel nicht ständig Fundamentalopposition im Brutalo-Stil sein sollte. Im Frühjahr wurde eine Verbreiterung der medial auftretenden Parteipolitiker verkündet. Stolperstein ist die dünne Personaldecke mit mangelndem Bekanntheitsgrad. Nicht zufällig muss Strache als Protestwahlkämpfer überall heimlicher Spitzenkandidat sein. Neue und gemäßigte Akteure sind kaum vorhanden.

Von Vizeparteichef Norbert Hofer abwärts kennt eine Minderheit die FPÖ-Vertreter. Was in einigen Fällen gut ist. Der sachpolitische Flankenschutz für Strache in den Medien ist dadurch jedoch zum Scheitern verurteilt. Bekannt sind bloß Blaue aus Kärnten, welche momentan mehr Klotz am Bein sind. Natürlich macht die Fusion mathematisch Sinn: Erreicht die nunmehrige FPK das letzte Ergebnis des BZÖ, so bedeutet das bundesweit einen Zuwachs von zwei bis drei Prozent. Ohne Haider und angesichts der Kärntner Politikverdrossenheit plus skandalträchtiger Altlasten muss die Rechnung jedoch nicht aufgehen.

Noch schwieriger wird es, wenn irgendwann Büros von Ministern und Landesräten mit Fachleuten zu besetzen sind. Daran ist Haider 1999/2000 gescheitert, als einzelne Minister fast zur Lachnummer wurden und ihre Mitarbeiter von der erfahrenen ÖVP über den Tisch gezogen wurden. Wo die FPÖ am Ende der blauen Reise 2013 sein wird, ist demnach offener als je zuvor.

Die ÖVP auf der Suche nach dem greifbaren Erfolg

ÖVP-Parteichef Josef Pröll kann mit der Gesamtaufstellung von Wahlergebnissen in seiner Amtszeit irgendwie leben. Es gab ein kleines Plus auf niedrigstem Niveau in Kärnten und einen halbwegs vertretbaren Rückstand auf die Übergegnerin Gabi Burgstaller in Salzburg. In der Hochphase folgten das Halten der absoluten Mehrheit in Vorarlberg und der große Stimmenzuwachs in Oberösterreich. Im Burgenland wurde ein Totalabsturz verhindert. Dem stehen rein von der Zahl her weniger Misserfolge gegenüber: das Festsitzen auf dem zweiten Platz in der steirischen Wahl und katastrophale 14 Prozent der Stimmen in Wien.

Doch was wurde von der ÖVP wirklich Greifbares erreicht? Nichts. In Salzburg scheiterten die Verhandlungen um eine Rückgewinnung des Landeshauptmanns. Statt mit der FPÖ zu koalieren, blieb die ÖVP der kleinere SPÖ-Partner. Dasselbe in Weiß-

Grün gab es in der Steiermark. Es ist unsicher, ob jemals wieder solche Wechselchancen da sind. In Kärnten muss die Partei nun jahrelang dementieren, ein profilloser Steigbügelhalter des Chamäleons FPÖ-BZÖ-FPK zu sein. Die vorarlbergerische und oberösterreichische Macht war ohnehin gegeben.

Pressearbeiter der ÖVP sehen inzwischen jedes Medium als SPÖ-Sprachrohr, das am Ende der schwarzen Aufbruchstimmung schuld ist. Das ist ein psychologisch verständlicher Verdrängungsmechanismus, um nicht zu sehr in der Tiefe auf interne Fehlersuche zu gehen. Bei den Journalisten freilich herrscht für das Zetern der ÖVP kein Verständnis mehr, seit deren Kommunikation rund um die Bundespräsidentschaft bizarr war. Statt für Erwin Pröll als chancenreichen Risikokandidat, für eine respektable Kandidatur etwa durch eine jüngere Frau oder für den Verzicht mit Anerkennung Heinz Fischers hatte man sich für verkorkste Weißwahlaufrufe entschieden. Mit dem Appell für ungültige Stimmen sollte zudem die Nichtwählerzahl in die Höhe getrieben werden. Das gelang, wurde jedoch von den medialen Meinungsführern als einer staatstragenden Partei unwürdig verteufelt.

Der schwarze Flurschaden war gewaltig. Bis heute schwankt daher das Mediengefühl der ÖVP auf Bundesebene ein bisschen zwischen begründeter Wehleidigkeit und fiktiver Verschwörungstheorie. Sicher hat die SPÖ, zum Beispiel, bei den großen Boulevardmedien Wiens mittels eines exzellenten Kontaktnetzes und wegen geschickter bis skrupelloser Inseratkampagnen der Stadt sowie des Bundeskanzlers einen Wettbewerbsvorteil. Zugleich ist es objektiv so, dass die internationale Finanzkrise als perfekt zur ÖVP-Wirtschaftskompetenz passendes Umfeld nicht für ewig zum Selbstläufer in Fernsehen und Zeitungen wird.

Das hat nichts mit einer ÖVP-Abneigung der Medien zu tun. Nach Umfragedaten des „Journalisten-Reports" verorten sich die politischen Berichterstatter knapp mehrheitlich als links der Mitte. Umgekehrt bevorzugen weniger als 20 Prozent der Journalisten in ihrer Privatmeinung die ÖVP. Die SPÖ steigt mit unter 10 Prozent allerdings viel schlechter aus. In Zeiten des Themenwandels von der puren Krisenbekämpfung hin zu Fragen der Verteilungsgerechtigkeit wird es einfach schwieriger, das Leistungsträgerprinzip der ÖVP zu kommunizieren.

Dabei versucht die Partei in ihrem Auftreten sich einiger Klumpfüße zu entledigen. Die Neuaufstellung des Arbeiter- und Angestelltenbunds führt ein bisschen weg vom Bild betonierender Beamtengewerkschafter. Doch um unter den Angestellten mit Sicherheit klar vor der SPÖ zu sein – sonst wird die ÖVP niemals eine bundesweite Wahl gewinnen –, reicht es bei Weitem nicht. Die berühmt-berüchtigte Mittelschicht sieht sich, so in der Privatwirtschaft tätig, von der ÖVP mehr benachteiligt als gefördert. Der Wirtschaftsbund hingegen legte zu Jahresbeginn 2010 in der Kammerwahl nochmals zu, indem er erstmals auch soziale Sicherheit für Wirtschaftstreibende bewarb. Doch hat das wenig Auswirkung auf Landes- und Bundeswahlen sowie dortige Zielgruppen, weil mit den Unternehmern allein als Kleinstgruppe sind keine Blumentöpfe zu holen.

Ungleich wichtiger wäre es, bei den Pensionisten den Rückstand gegenüber der SPÖ und die Abwanderung zur FPÖ in Grenzen zu halten. In einzelnen Bundesländern wie Niederösterreich ist der Seniorenbund als Teil der ÖVP gut aufgestellt, doch anderswo beschweren sich die eigenen Mitglieder allen Ernstes, warum sie dauernd zu Parteiveranstaltungen eingeladen würden: „Wenn ich das gewusst hätte, wäre ich daheim geblieben!" Nicht viel besser sieht es bei den Frauenorganisationen aus, nachdem regelmäßig eine Geschlechterkluft im Wahlverhalten Siegchancen der ÖVP verringert. Warum auch sollte eine berufstätige und moderne Frau ausgerechnet schwarz wählen? Innenministerin Maria Fekter liefert sicher nicht die Antwort darauf. Mit Ausnahme von Wissenschaftsministerin Beatrix Karl ist ansonsten das weibliche Gesicht der Partei irgendwo zwischen hausbacken und nicht existent angesiedelt.

Schon jetzt läuft die Partei Gefahr, in uralte Fehler zu verfallen. Zu oft werden abstrakte Statistiken statt konkreter Beispiele argumentiert. Nur Staatssekretär Reinhold Lopatka mit seiner Nationalbank- und ÖBB-Kritik befolgt die Grundregeln politischer Kommunikation. In der Steuerdebatte steht die ÖVP mit ihren Bündeinteressen häufig als Neinsager da. War die ÖVP rund um Leistungsförderungen und das Transfer- vulgo Transparenzkonto 2009 permanent in der (Themen-)Offensive, so gelingt der SPÖ seit 2010 das Trommeln der Schlagwörter Vermögens- und Reichensteuer besser. Ob sie sich damit durchsetzt oder scheitert, ist letztlich egal.

Es geht im politischen Wettbewerb um ein Aktion-Reaktion-Schema. Gute Argumente helfen nichts, wenn stets nur re-agiert wird und andere die Tagesordnung vorgeben. Die ÖVP muss aufpassen, nicht in eine Defensivrolle zu geraten. Die Mühen der Ebene bis zur Nationalratswahl 2013 könnten sonst für Pröll & Co ungeachtet der bisherigen Favoritenstellung eine Bergaufschlacht werden.

Die SPÖ am Anfang und Ende

Der Soziologe Ralf Dahrendorf hat das Ende der Sozialdemokraten vorhergesagt. Er würdigte deren Leistungen für Demokratie und Sozialstaat, doch seine Hauptthese lautete: In Ländern mit relativem Wohlstand sind die Ziele des Klassenkampfs erreicht und von allen Parteien vereinnahmt worden. Deren Fortführung – etwa ein unfinanzierbarer Ausbau der staatlichen Sozialpolitik – ist keine Antwort auf Herausforderungen der Zukunft.

Seitdem gibt es auch in Österreich das Klischee, die SPÖ bewege sich vorwärts in die Vergangenheit. Rote Politiker beklagen nicht zu Unrecht, dass Politikberichterstatter wankelmütig sind. Diese schrieben nach den katastrophalen Landtagswahlen in Oberösterreich und Vorarlberg Trauerreden für die Ewigkeit. Als

Franz Voves in der Steiermark den Sessel des Landeshauptmanns mit Mühe und Not verteidigte, gab es von denselben Zeitungen Schlagzeilen am Rande der Wiederkehr von Jesus Christus. Zwei Wochen später verlor Michael Häupl in Wien seine absolute Mehrheit, und die Totengräber kehrten zurück. Ein Prozentpünktchen mehr hätte ihn unverändert allein regieren lassen, und vermutlich wäre besagter Jesus als Zeitungsheld des Wiener Boulevards neben ihm geradezu verblasst.

Doch ist Dahrendorfs Diagnose wahlunabhängig, dass es in modernisierten Dienstleistungsgesellschaften selten linke Mehrheiten gibt. 120 Jahre nach Gründung der Arbeiterpartei SPÖ sind nur noch zwischen 10 und 15 Prozent der Wählerschaft Arbeiter. Als entscheidende Wechselwähler gelten städtische Angestellte mit mittlerem Einkommen. Die SPÖ muss also in der Mitte und rechts davon Stimmen holen. Die Konsequenz ist ein strategischer Spagat.

In Oberösterreich versuchte es Erich Haider mit klassischen Positionen einer Linkspartei. Nach seinem Scheitern wurde die reine Lehre der Sozialdemokratie als Uralt-Slogan verteufelt, den Haiders Nachfolger trotzdem wiederholt. Als Hans Niessl im Burgenland mehr Sicherheit verlangte, galt das als rechtspopulistischer Verrat an den Wurzeln der Bewegung. In der SPÖ-Spitze neigt man deshalb zur Stimmungslage, so oder so von Besserwissern umgeben zu sein.

In der Studie „Journalisten-Report" steht, dass gerade die mehrheitlich links der Mitte erfolgende Selbsteinschätzung in den Ressorts für Innenpolitik Bundeskanzler Werner Faymann & Co zu schaffen macht. Weniger als fünf Prozent der politischen Journalisten fühlen sich der Partei nahestehend, doch verstehen sich viele privat als linksliberal, ohne ihre Ideale in der SPÖ wiederzufinden. Daher wird extrem genau geschaut, was die Partei schlecht macht.

Noch frustrierender ist das Gefühl von Dauervorwürfen aus den eigenen Reihen. Als Alfred Gusenbauer abgelöst und Werner

Faymann zum Messias wurde, soll ein Parteitagsdelegierter gesagt haben: „Wirst sehen, in kurzer Zeit ziehen wir über den genauso her!" Als Faymann seinen Wahlsieg 2008 auch den Jubelberichten in der „Kronen Zeitung" verdankte, wurde das von munter mitfeiernden Genossen als Kniefall vor dem Boulevard gegeißelt. Weil sich in der Steiermark besagtes Blatt und Spitzenkandidat Voves als Lieblingsfeinde sehen, haben die gleichen Parteifreunde Voves zum Hauptschuldigen einer möglichen Niederlage gemacht, um sich nach dem knappen Sieg als Schulterklopfer vorzudrängen.

Strukturelle Realitätsverweigerung ist inzwischen in der SPÖ eine Querschnittmaterie. Vor allem Jugendorganisationen der SPÖ erwecken den Eindruck, alles perfekt zu können. Der klitzekleine Nachteil ist, dass nur sie selbst davon überzeugt sind. Ein systematisches Konzept, warum junge Erwachsene SPÖ wählen sollten, fehlt. Die wichtigste Wählergruppe bleiben Pensionisten, und ausgerechnet diese blieben bei der EU-ropäischen Parlamentswahl sowie insbesondere der Wiener Landtagswahl zu Hause – oder begannen mit der FPÖ zu liebäugeln. Damit bröckelt der Pensionistenverband als letzte Bastion wahrer Parteiorganisation. In der Arbeiterschaft mobilisiert man in Großbetrieben und Facharbeiter, ungelernte Arbeiter von anderswo sind Strache-Jünger. Die SPÖ müsste zugleich Angestellte erreichen, die sowohl soziale Fairness als auch den leistungsorientierten Wettbewerb anerkennen. Die Zahl jener, welche von sozialen Sicherheiten der siebziger Jahre träumen, ist für Wahlerfolge zu klein. Zudem fehlt es der SPÖ an Glaubwürdigkeit, deren Bestand zu garantieren.

Mittlerweile wurde nach Startschwierigkeiten – der Ursprungstitel wies als unfreiwillige Parodie Namensgleichheit mit Strategien für Krisen- und Katastrophenschutz auf – ein Programm „Österreich 2020" ins Leben gerufen. Das Dilemma ist die Schere von gut klingenden Ideen und der Regierungsarbeit. Die SPÖ-Forderung, dass nicht unschuldige Arbeiter und Angestellte Folgen der Krise ausbaden, ist richtig. Bei ihrer Umsetzung steht der Bundeskanzler vor einer kaum zu bewältigenden Aufgabe. Der Stehsatz, dass Gerechtigkeit und Solidarität weiterhin Bedeutung haben, eignet sich bestenfalls für Kurzinterviews. Ansonsten wird der Widerspruch zwischen der Sehnsucht nach oppositionell-revolutionären Standpunkten und pragmatischen Regierungsnöten zur strategischen Schlüsselfrage der SPÖ, die man vor sich herschiebt.

10 Lösungsgebote anstatt eines Schlussworts

Es wäre ein Leichtes, als Fazit sprachverliebt über jede Partei zu schimpfen und deren Schwachpunkte aufzuzeigen sowie ein Buch lang dasselbe über Kuriositäten der österreichischen Politik, Wirtschaft und Kultur zu tun. Spätestens am Ende hunderter Seiten stellt sich die Frage, welche Lösungsansätze es jenseits des Wortwitzes gibt. Die Betonung liegt auf Ansätze. Gäbe es nun exklusiv perfekte Wunderideen zu lesen, müsste ich mein Autorenhonorar vervielfachen und könnte der Herausgeber den Buchpreis mit ein paar Nullen vor dem Komma ergänzen.

Leider gleicht das Schicksal von Analytikern jenem von Ärzten: Sogar die bestmögliche Diagnose bedeutet nicht, dass es Allheilmittel gibt. Manche Krankheiten sind unheilbar. Doch entwickelt sich die Medizin laufend weiter. Daher bilden statt einer Zusammenfassung 10 Gebote zur Neugestaltung des Systems Österreich und seiner gesellschaftlichen Teilbereiche das Buchende. Jedwede Verbindung mit religiösen Überlegungen wäre dabei unbeabsichtigt und rein zufällig. Auch die gebotene Reihenfolge hat mit Moses nichts zu tun. Die Gebote sollen dafür zum Nachdenken und Diskutieren anregen und sind aus meinem Blickwinkel des Kommunikationsmenschen zu verstehen.

1. Politik besser machen

Wer eine bessere Politik fordert, erntet in Österreich zynisches Auflachen. Trotzdem ist die banalste aller Lösungen die einzig mögliche Variante. Der Verzicht auf ihre Niederschrift wäre ein Armutszeugnis. Politik ist nichts anderes als die Verbesserung menschlichen Zusammenlebens in allen Gesellschaftsbereichen. Anders als etwa in den USA verweigern sich bei uns Regierende und Regierte, Gewählte und Wähler, Politiker und Politbeobachter in einem seltsamen Schulterschluss konsequent der ehrlichen Glaubensbereitschaft, dass in Zukunft irgendetwas besser wird.

Vom Bildungssystem bis zur Wirtschaftsentwicklung wird man eher mit Zweckpessimismus zum Medienstar. Optimisten verkommen zur Randnotiz. Bei aller berechtigten Skepsis müssen wir aufhören, mit sadomasochistischem Lustgefühl sich selbst erfüllende Prophezeiungen des Schlechterwerdens zu kreieren. Ich möchte am Jahresende sowohl in jeder Zeitung lesen als auch privat von allen Freunden hören, was in diesem Land Supertolles passieren könnte. Davon mag vieles Wunschdenken sein, doch wer nicht Wünsche formulieren kann, wird mit Sicherheit keine Erfüllung finden.

2. Tabus brechen

Ein gutes Rezept wider die heimische Gesellschaftsmisere ist ein Ende der Tabuthemen Geld, Tod und Sex. Weil Geld zu den Dingen gehört, über welche man nicht offen spricht, schwanken von der Budgetdebatte bis zur Verteilungsfrage alle auf den Mammon bezogenen Auseinandersetzungen zwischen peinlicher Berührtheit und Neiddebatte. Damit ist weder den Armen noch den Reichen geholfen. Sowohl Tod als auch Alter sind ebenso tabu. Ungeachtet des Medientheaters von den Pensionen bis zur alternden Gesellschaft findet auch aus Angst vor dem Tabubruch bloß ein halbherziges Palaver statt. Es geht nicht darum, wie lange die Österreicher vor ihrem Rentenalter arbeiten sollen. Subjektiv wichtiger ist, welche Zahl von Jahren jemand vom Ende seiner Erwerbstätigkeit an bis zum Tod im verdienten Ruhestand genießen darf. Diese Jahreszahl kann sich aufgrund der steigenden Lebenserwartung sogar vermehren, obwohl das Pensionsantrittsalter erhöht wird. Um so zu argumentieren, muss man allerdings über das Sterben sprechen und tut es nicht.

Das pikanteste Tabu der Alpenrepublik lautet Sex. Darüber wird viel gesprochen, doch großteils geschwindelt. Mediale erotische Reizüberflutungen und angeblich lauter Supersextypen sind dennoch harmlos. Zu hinterfragen wäre, inwieweit in einem Themenspektrum von Homosexualität bis Sex im Alter Doppel- und Scheinmoral dominieren. Haben Sie beispielsweise jemals ein mediales Wort über homosexuelle Pensionisten gehört oder gelesen? Eben.

3. Im Alter arbeiten

Insbesondere beim Tabubruch gilt, dass man nicht lügen soll. Vor allem im Generationendialog. Denn die Pensionsdebatte auf österreichisch ist erst im medialen Sommerloch 2010 punktuell richtig geführt worden. Was Experten seit ewigen Zeiten sagen, ist richtig: Es muss starke Erhöhungen des Pensionsalters, tief gehende Enttäuschungen der Erwartungshaltungen von In-Bälde-Pensionisten und sogar Eingriffe in bestehende Pensionen geben. Das Problem dabei liegt gar nicht so sehr in der wahltaktischen Feigheit der Politiker, sondern darin, dass die öffentliche Kommunikation beim Thema Pensionsreform eine Kehrtwendung um 180 Grad vollziehen muss.

Seit den Anfängen des Wohlfahrtsstaates wurde uns eingeredet, ein möglichst früher Pensionsantritt wäre erstrebenswert.

Nicht etwa nur in Fällen der Schwerstarbeit mit körperlicher Totalabnutzung, sondern als Supereinstellung und Lebensgefühl. Nun muss man in Rekordzeit vermitteln, dass stattdessen Arbeit bis ins hohe Alter Sinn des Lebens und sinnerfüllend ist. Seit dem Wirtschaftswunder bekamen leider ältere Menschen zu hören, dass sie für den Arbeitsmarkt zu wenig flexibel, zu unattraktiv, zu langsam, zu blöde oder zu sonst was wären. Wie kann heute irgendeine Partei glaubhaft kommunizieren, wir fänden es cool und es führe zu gesellschaftlicher Anerkennung, wenn ein 70-Jähriger arbeitet?

Genauso wurde seit Erfindung der Medienklischees eine zeitgeistige Gefühlslage der Leistungsgesellschaft gepflegt, junge Leute wären automatisch effizient und produktiv. Wer nicht jüngsten Datums ist, gehört zum alten Eisen und hat gefälligst bildhaft auf dem Parkbänkchen die Tauben zu füttern. Dieses Klischee verschwinden zu lassen dauert genauso lange wie seine Entstehung. Also fangen wir sofort damit an.

4. Mit Fremden kommunizieren

Sinngemäß ist das Thema Zuwanderung vulgo Ausländer gleichfalls ausschließlich kommunikativ zu lösen. Deutschkenntnisse sind jedoch höchstens ein allererster Schritt, um die sprachliche Leere zwischen In- und Ausländern zu füllen. Natürlich hätte ich eine Patentlösung wider Fremdenfeindlichkeit und -angst längst laut in die Welt hinaus gerufen. Im Leserbrief einer Tageszeitung fand ich weitere Fragen, deren Beantwortung mich überforderte:

Wie viele Österreicher kennen einen Flüchtling oder Asylanten als kleinste Gruppe unter den Nicht-Österreichern persönlich? Welcher Prozentsatz unserer Bevölkerung hat jemals Migranten zu sich nach Hause eingeladen? Wie sehr suchen und integrieren heimatliche Vereine bis zur Freiwilligen Feuerwehr aktiv neue Mitglieder, die keine österreichischen Staatsbürger seit Geburt sind? Wie groß ist der Anteil von Spendern für karitative Zwecke im Ausland, wo neben der anonymen Überweisung nach Einzelschicksalen gefragt wird?

Was ist die Sekunden-, Minuten- oder Stundenzahl, welche jeder unter uns zweifelsfreien Anti-Rassisten abgesehen von der Empörung über den Rassismus und Mitleidsgefühlen mit konstruktiven Taten und Überlegungen für eine gute Integrationspolitik verbringt? Könnte es sein, dass nicht allein mir darauf sowohl wissenschaftliche Antworten fehlen als auch bei der einen oder anderen Frage die Selbsterkenntnis nicht stolz macht? Wenn ja, was können Politik und Politiker daraus lernen, falls es ihnen ähnlich ergeht?

5. Demokratie reformieren

Mit Optimismus, Tabubrüchen und vager Fremdenfreundlichkeit ist es natürlich nicht getan. Das politische System muss sich selbst reformieren. Als Beispiel vieler Punkte, von denen jeder ein Buch wert wäre, sei angeführt: Stärken wir die direkte Demokratie dadurch, dass auf Bundesebene und in allen Ländern ab einer Unterschriftenzahl von zehn Prozent der Wahlberechtigten verpflichtende Volksabstimmungen eingeführt werden. Gerade Populisten oder populistische Medien, die das als Plattform für Selbstinszenierungen missbrauchen, müssen so ihre kruden Ideen einer Abstimmung unterziehen. Für Regierungspläne gilt sowieso, dass diesen eine Evaluation durch das Volk nicht schadet.

Beim Frauenvolksbegehren 1997, das von 644.665 Personen und somit 11,17 Prozent der möglichen Wähler(-innen) gestützt wurde, wäre jedenfalls dadurch eine konkrete Befragung des Volkes anstatt einer Mischung aus Schubladisierung und Zersplitterung der Inhalte erfolgt. Begleitet von intensiven Programmen der Politischen Bildung sowie sachlichen Informationskampagnen und in Verbindung mit anderen Elementen der Bürgerbeteiligung, wäre mehr Direktdemokratie wichtiger als eine Elitendiskussion rund um das Mehrheitswahlrecht, welche in Aufstiegszeiten der FPÖ so oder so nicht vermittelbar ist.

Entweder ein stärker Mehrheiten förderndes Wahlrecht schwächt gewollt oder ungewollt die FPÖ. Dann spielt man russisches Roulette mit dem Gewaltpotenzial hinter vielen Proteststimmen. Oder jemand forciert mit neuen Paragraphen der Mandatsberechnung die Mehrheitsfähigkeit der Blauen und hat das zu verantworten. Sinngemäß gilt je nach politischem Standpunkt dasselbe für die Grünen und andere Kleinparteien. Eine höhere Personalisierung der Politik – und eine verringerte Distanz zwischen Volksvertretern und Volk statt allgegenwärtiger Parteienmacht – kann man genauso gut durch vorsichtigere Wahlreformen erreichen.

6. Bund und Länder entflechten

Führen wir zugleich eine ehrliche Föderalismusdebatte, welche durchaus mit einer Stärkung der Länder und Gemeinden enden kann. Mehr Zentralismus ist nicht die vorgegebene Lösung, da sprechen intensive Bezüge der Bürger zu ihrem lokalen und regionalen Umfeld dagegen. Doch es muss Schluss sein, sich zwischen Bund und Land strukturkonservativ den Schwarzen Peter des Blockierens zuzuschieben. Und so miteinander verflochten sind, dass beiden die Bewegungsunfähigkeit droht. Stattdessen soll entweder der eine oder der andere zuständig sein.

Gerade weil ich im fünften Kapitel Eigenheiten der Bundesländer beschrieb, kann Verwaltungsreform trotzdem bedeuten, diesen mehr Geld, mehr Kompetenzen und mehr Verantwortung zu übergeben. Doppelgleisigkeiten kann man auch auf Bundesebene und in Ministerien abschaffen. Das schweizerische Vorbild einer Delegierung von Gesetzesmaterien nach unten, wo die Leute leben, hat viel für sich. Zu stoppen ist die wechselweise Verweigerung, am Scheideweg der fünffachen Verwaltung durch Gemeinden, Bezirkshauptmannschaften, Länder, Bund und EU-ropäische Union in alle drei Richtungen zugleich gehen zu wollen. Die Lösung könnte sein, dass erstmals in der Geschichte jemand aus der Fünferbande auf etwas verzichtet, obwohl es Macht und Geld bedeutet.

7. Politik finanzieren, aber ehrlich!

Demokratie darf und soll viel kosten, wir brauchen nur mehr Transparenz bei den Politik- und Parteifinanzen. Nach heftigen Spendendebatten bekennen sich alle dazu. Die Grünen haben ihre Geldquellen offengelegt, anderswo gibt es Lippenbekenntnisse. Der Knackpunkt: Für strenge Regeln mit scharfen Sanktionen ist man dummerweise jeweils dort, wo für sich selbst kaum Euros zu erwarten sind. Und umgekehrt.

Doch ist es Beifall heischender Unsinn, dass Parteien gefälligst weder durch öffentliche Mittel noch durch Spenden Geld bekommen. Das führt dazu, dass jene Politik machen, die genug Privatvermögen haben. So wäre das Kaiserhaus Habsburg am Ruder geblieben. Heute vielleicht in Konkurrenz mit Fiona Swarovski oder Dietrich Mateschitz. Erhalten als gegenteiliges Extrem Parteien gar keine Spenden, muss der Staat den Anteil der Parteimittel aus Steuergeld möglichst hoch halten. Obwohl wir im Verhältnis zur Zahl der Wähler bereits weltweit führend sind. Als logische Lösung bleibt also die Option strenger Spendenlimits.

Wenn Personen höchstens 1000 Euro und Organisationen nicht mehr als 5000 Euro einer Partei geben dürfen, so besteht kaum die Gefahr des zu großen Einflusses. Unternehmensgeld sowie ausländische Finanziers sind von Spenden auszuschließen. Was sinnvoll ist, weil Muammar al-Gaddafi das Zehnfache des Wahlkampfbudgets jeder beliebigen Partei aus der Portokassa auffetten kann. Statt Ho-ruck-Lösungen sollte die Politik den

Rechnungshof als Organ des Nationalrats mit einem Papier für Parteienfinanzierung betrauen. Ohne Zeitdruck, doch mit einer Selbstverpflichtung, es umzusetzen.

8. Medien stärken

Der Brückenschlag von den Parteifinanzen und Geldern der Politik hin zu den Medien ist leider ein Kinderspiel. Schließlich hat es sich in Österreich eingebürgert, dass mit Staats- oder Landesgeldern Inseratkampagnen bezahlt werden und man dafür als Politiker mehr Medienpräsenz erhält. Wenigstens das ist nachweisbar, der Vorwurf einer parallelen Jubelberichterstattung steht als Generalverdacht im Raum. Der politische Einfluss im ORF ist sowieso ein leidiges Dauerthema.

Die telefonische Interventionskrankheit als parteipolitisches Leiden ist freilich eine im Grunde leicht zu bekämpfende Krankheit. Doch sind schreibende Zunft und Fernsehjournalisten gleichermaßen einer simplen Erpressung ausgeliefert. Geldmittel für Redaktionen werden von vielen Zeitungsverlegern und den ORF-verantwortlichen Medienpolitikern nur in homöopathischen Dosen zur Verfügung gestellt, sodass ein gravierender Ressourcenmangel auf Kosten der Recherche entsteht. Indirekt haben Parteien dadurch die Garantie einer galoppierenden Schwindsucht von ihnen womöglich unangenehmen Geschichten, weil für diese zu wenig Zeit ist. Das ist viel wirkungsvoller als Generalsekretäre und Geschäftsführer jedweder Parteifarbe, die mit Schaum vor dem Mund einen Chefredakteur anrufen.

Generell ist das Ungleichgewicht von professioneller Öffentlichkeitsarbeit und Journalismus ein Problem. Die dafür zur Verfügung stehenden Mittel gleichen einem fußballerischen Länderspiel von Spanien inklusive des Zukaufs von Lionel Messi und Cristiano Ronaldo gegen Kasachstan ohne Filmheld Borat. Armin Wolf hat für einen Vortrag ausgerechnet, dass es in den Magistratsabteilungen Wiens mehr Kommunikationsangestellte gibt, als in der Bundeshauptstadt politische Journalisten leben. Mediale Inszenierer in Parteien wurden da gar nicht mitgerechnet.

Geldforderungen sind angesichts der skizzierten Tabus verpönt, doch wenn in politische Ressorts investiert wird, so steigen Medien- und Demokratiequalität automatisch sowohl parallel als auch exponentiell. Das Idealziel wäre ein Modell der – als positive Ausnahmen ja vorhandenen – spezialisierten und daher hochkompetenten Journalisten in den Bereichen Arbeit und Wirtschaft, Bildung und Wissenschaft, Integration und Zuwanderung, Soziales und Wohnen, Umwelt und Verkehr und vieles mehr – anstatt einer rapportierenden Berichterstattung über parteiliche Rülpser ohne Sachbezug.

9. Themen und Inhalte diskutieren

Als Politikwissenschaftler möchte ich zum erstgenannten Punkt der besseren Politik zurückkehren und – zugegeben als Steinwerfer im Glashaus sitzend – Medien in anderer Form schelten: Der Satz, Journalisten würden über politische Themen berichten, grenzt an eine glatte Lüge. Bei einer Fallzahl von fast 1000 Zeitungsartikeln zur Zeit des Wiener Landtagswahlkampfs beschäftigten sich laut Inhaltsanalysen zwei Prozent mit der Gesundheitspolitik und weniger als vier Prozent mit dem Arbeitsmarkt. Bildungs- und Wirtschaftsfragen rangierten in ähnlichen Bereichen der Unbedeutung.

Hingegen gab es zu 20 Prozent Beiträge über „Ausländer" – und mehr als 50 Prozent Geschriebenes ohne Inhalt im engeren Sinn, sondern über den Wahlkampf an sich. Von imaginären Koalitionsspekulationen bis zu fragwürdigen Umfragen. Oder als Wiedergabe unappetitlicher Plakate. Bei der FPÖ waren es in Summe über 90 Prozent der Meldungen, die sich allein mit dem politischen Wettbewerb und deren anti-islamischen und als ausländerfeindlich klassifizierten Slogans beschäftigten. Das kann man der Partei als erschütternde Themen- und Konzeptlosigkeit vorwerfen. Im Umkehrschluss beschäftigen wir uns in den Medien zu wenig mit der Qualität blauer Positionen zur öffentlichen Gesundheit, über pädagogische Leitlinien der Schule oder gezielte Inflationsbekämpfung. Diese Selbstbeschränkung der Medien erspart zudem anderen Parteien die Herausforderung, argumentativ wirklich Besseres vorlegen zu müssen.

Wider die eigenen Interessen als Experte für politische Kommunikation – und nicht für einzelne Politikfelder von Agrar- bis Wirtschaftspolitik – lautet daher mein flammender Appell für mehr Inhalte in der Berichterstattung: Liebe Journalistenkollegen, schreibt über die Themen und weniger den Politstreit! Es ist durch nichts bewiesen, dass Ersteres langweilig und das Zweite für den Leser unglaublich geil wäre.

10. Staatsgewalten anerkennen

Zu hoffentlich guter Letzt bedarf es eines Bekenntnisses zu den Säulen der Demokratie. Neben unabhängigen Medien zählt dazu die korrekte Trennung der Staatsgewalten, sodass das Parlament nicht zum Durchlauferhitzer von Regierungsvorlagen verkommt. In Marmor gemeißelt sollte eine ebenso unbeeinflusste Justiz sein. Zu beenden ist demnach der momentane Prozess, mit politischer Kommunikation den Rechtsstaat zu verunglimpfen und zu ruinieren! Das Vertrauen in die Justiz ist ein demokratiepolitischer Grundwert und liegt ungleich höher als jener von Regierungen und Parteien.

Doch ob Millionentransfers rund um eine Kärntner Bank oder die zwielichtige Privatisierung eines Wohnbauunternehmens – die öffentlichen Debatten als Begleitmusik fast jeden juristischen Vorgangs vom Schwerverbrechen bis zur Steuerhinterziehung zeigen den zentralen Stellenwert einer „litigation communication". Der englische Begriff meint systematische PR-Arbeiten während laufender Rechtsstreitigkeiten, um die Medienberichte über staatsanwaltschaftliche und gerichtliche Verfahren zu beeinflussen. Es wäre freilich naiv anzunehmen, dass einzig und allein unsere Justiz von Medienlogiken verschont bleibt. Das Recht soll auch nichts sein, das ohne Transparenz hinter verschlossenen Türen gesprochen wird. Zugleich liefert die Judikative selbst Stoff für mehr als berechtigte Schelte, wenn sie den Eindruck einer Beißhemmung gegenüber Politikern vermittelt.

Rechtsbehörden lernen daher gerade Paul Watzlawicks Grundsatz: „Man kann nicht nicht kommunizieren!" Es gibt keinen gegenteiligen Begriff für Kommunikation, weil es genauso vielsagend ist, in der Medienarbeit nichts zu tun. Öffentliches Schweigen wirkt höchstens noch viel schlechter. Doch darf die Justiz nicht schonungslos zum Spielball in der Politarena werden. Hinsichtlich des Verfahrens medialer Abläufe laienhafte Staatsanwälte und Richter im Wettbewerb mit kommunikativ skrupellosen Politikern oder hoch bezahlten Kommunikationsprofis sind nicht der Weisheit letzter Schluss. Das Dilemma ist, dass der Prozess einer hoffnungslosen Verknüpfung von Rechtsfindung und Medienkommunikation unumkehrbar ist. Vor den Auswüchsen muss man die Justiz schützen.

Der traurige Höhepunkt des Jahres 2010: Man konnte nicht sachbezogen diskutieren, welche der in Medien erhobenen Vorwürfe gegen Ex-FPÖ/BZÖ-Politiker bis hin zu Jörg Haider stimmten, illegal Gelder abgezweigt und sogar von Saddam Hussein Parteispenden angenommen zu haben. Die Haider'schen Nachfolger griffen nicht zu Rechtsmitteln oder brachten inhaltliche Einwände zur Glaubwürdigkeit von Dokumenten vor, sondern posaunten, dass Journalisten „als Schweinejournalismus" im Stil der Nazipropaganda des Hetzblattes „Stürmer" agieren würden. Zur Erinnerung: Der „Stürmer" diente den Nationalsozialisten zur medialen Aufbereitung der Stimmungslage für

den Massenmord an sechs Millionen Menschen. Das disqualifi-
ziert die an solchen Vergleichen beteiligten Politiker mindestens
als sprachlich extrem beschränkt und ohne demokratiepolitischen Grundkonsens, egal wer vom Inhalt her oder medienrecht-
lich recht hat.

Für ein elftes Gebot:
Der demokratiepolitische Grundkonsens

Wir brauchen also einen erneuerten Grundkonsens über Demokratie. Nur weil etwa Briefwähler durch puren Zufall bisher
nirgendwo entscheidenden Einfluss hatten, kann man die irr-
witzige Idee einer achttägigen Frist für das nachträgliche Eintreffen solcher Stimmen nicht achselzuckend abtun. In den meisten
Bundesländern kann man bis zum folgenden Wochenende einer
Wahl nachträglich abstimmen. Nämlich auf dem Postweg. Nach
Schließen der Wahllokale ist das streng verboten, jedoch unkon-
trollierbar.

Einen Vogel, den man im Kopf nicht haben sollte, schoss dabei
die wienerische ÖVP ab. Mittels Inserat wurde am Folgemontag
geworben, seine Briefwahlkarte zu versenden. Man stelle sich
vor, Mehrheitsverhältnisse würden dadurch entschieden. Über die
Berechtigung zum Regieren müssten Gerichte urteilen. Das in der
Öffentlichkeit entstehende Bild der Politik ist dementsprechend.

Parallel behaupteten FPÖ, ÖVP, Grüne und BZÖ, dass in
Wien ein großflächiger Wahlbetrug stattfand. Dazu gibt es zwei
denkmögliche Erklärungen, die beide erschütternd sind. Entweder die Vorwürfe stimmen und es laufen in der Stadtverwal-
tung und/oder der früher alleinregierenden SPÖ Gesetzesbrecher
herum. Oder die genannten Parteien erfüllen mit falschen Unterstellungen den Tatbestand der Verleumdung. Zugleich betreiben
sie Schindluder mit dem Vertrauen in Wahlprozesse als elemen-
taren Bestandteil jeder Demokratie.

Dazu passt ein ÖVP-Bürgermeister im Burgenland, der eigenhändig Wahlkarten fälschte. Das könnte irgendwie als geistiges Ausrasten eines Minderbemittelten durchgehen. Doch sprachen ihm die Gemeinderäte seiner Partei zunächst einstimmig (!) das Vertrauen aus, bevor er endlich zurücktrat. Damit wird von Unterrabnitz-Schwendgraben als Ort des Geschehens ausgehend ein demokratiepolitischer Flurschaden für ganz Österreich angerichtet. Falls sich übrigens die SPÖ darüber aufregt, sollte sie zeitgleich auf jenen Gemeindepolitiker der Sozialdemokratie in Niederösterreich hinweisen, der für dieselbe Straftat rechtskräftig verurteilt wurde.

Offenbar tendiert der Grundkonsens über die einfachsten Spielregeln der Demokratie gegen null. Parteien erwecken den Eindruck, neben der legitimen Härte eines Wahlkampfes wirklich alles für den Erfolg zu tun. Statt dass ordnungsgemäße Wahlen selbst beim heftigsten Konflikt außer Streit stehen. Wenn das nicht so ist, sollten wir uns nicht mehr über Inhaltsleere oder Schmutzkampagnen beklagen, sondern Angst um den Fortbestand der Demokratie haben. Bereits der Anflug eines leisen Verdachts entsprechender Gefahren sollte angesichts der historischen Erfahrungen in Österreich genügen, dass wir uns alle auf den demokratiepolitischen Konsens besinnen.

**Vom Schrittmacher
zum Krisenherd.**

Lendvai, Paul
„MEIN VERSPIELTES LAND"
252 Seiten, EUR 23,60
ISBN: 978-3-902404-94-7

»*Paul Lendvai ist nicht nur ein sensibler Beobachter Österreichs, sondern auch
ein bedeutender Mittler zwischen Ost und West.*«

Die Welt

»*Geprägt von kritischer Distanz, von tiefer Skepsis zu Nationalismus und
Populismus, gepaart mit fundiertem historischen Wissen, ist Paul Lendvais
Schaffen.*«

Der Standard

Ein dramatischer Szenenwechsel findet in Ungarn statt. Mit einer Zweidrittel-
mehrheit errichtet Ministerpräsident Viktor Orbán ein System der Allein-
herrschaft seiner rechtskonservativen, national-populistischen Partei.
Die Wirtschaftskrise könnte auch den rassistischen Rechtsradikalen, der drittstärksten Kraft, neuen Auftrieb verleihen.
Wie wurde der Schrittmacher der demokratischen Reformen zu einem besorg-
niserregenden Krisenherd? Was ist der Hintergrund des wirtschaftlichen
Niederganges und der verschärften Spannungen mit den Nachbarländern?
Im Spiegel der Begegnungen mit Schlüsselfiguren aus Politik und Wirtschaft
beschreibt einer der renommiertesten Ostexperten Europas ohne Tabus die
beunruhigenden Umwälzungen in seinem Heimatland.

Spannend.